Wang Yaowu Zhuan

Wang Yaowu
Zhuan

王耀武传

汪玉明　车志慧　曾庆豪 ◎ 著

中国文史出版社

目　　录

第一章

出身农家子弟
跻身黄埔精英

王耀武，原名哲让，字佐民。陆军中将。1904 年出生在山东泰安张镇上王庄一个普通农民家里。父进增，务农为生。王家仅山田四亩，环境清寒。王耀武排行第二。长兄哲坚，于部队任畜医，后早逝。三弟哲恩，随王耀武谋事，1948 年时任济南市田粮处处长。幼妹淑珍，初嫁补一旅军需主任吴时杰。王耀武于 1924 年 12 月考入黄埔军校第三期。1926 年 1 月毕业后，王被分配到国民革命军第一师三团四连任少尉排长。1927 年 2 月，他升任第一军补充团第二营少校营长。10 月，调任第二十二师第四团任第三营营长。1930 年 3 月，他被军长刘峙保荐为独立第二团中校团副，参加中原大战。9 月，被提升为独立三十二旅第一团上校团长。此后，王耀武便开始在从军路上独当一面，最终跻身黄埔系精英人物。

不甘出身贫寒，孑然一身寻出路

　　1904 年，山东泰安张镇上王庄，一个普通的农家庭院里传出一声啼哭，老王家从此又添了一位男丁。在重男轻女观念极其浓厚的山东泰安，男孩的出生无疑是一件大喜事。虽然这里是农村，但泰

3

安毕竟不是普通地方，历经几千年儒家礼教浸淫的农民们也比其他地方的人更加讲求礼数。激动的母亲高兴地端详着儿子，期待他能成为全家的骄傲。经过一番讨论，孩子的名字被定为哲让，字佐民，颇合孔孟先贤的教导，富有几分文雅。这个被定名为哲让的男孩，就是后来的王耀武。

王耀武幼时聪颖，在孩童游戏中常显露领导天分，并且侍亲至孝。王母时为家境发愁，王耀武常说"我长大当大官咱们就不住这小草屋了，您可跟我去大城市住洋楼"，王母喜而抚其额，说道："儿呀，娘可盼着那一天哩。"虽然家中环境不好，但王家仍送王耀武入学，全力栽培。

和其他农村孩子一样，小时候的王耀武秉承着孩子固有的顽皮。转眼到了九岁，王耀武进入私塾学习，拜张宝亭师傅读书。在清末民初的农村私塾，四书五经、千字文的陈旧教育内容本能地引起孩子们的抵触，王耀武自然也不例外。但在母亲的管束下，王耀武咬牙读了几年书，他以为熬过十年寒窗，即可成为"人上人"。民国肇造后的几年间，中国除了皇帝倒台外，几乎没有变化，反倒是内战愈演愈烈。战争的破坏，统治阶层的盘剥，使得中国农村的生存困境加剧。十九岁那年，王家家境更加败落，家徒四壁的王家无法供养儿子继续读书。穷人的孩子早当家，辍学后的王耀武也不得不离开熟悉的家园去寻求活路，自此他也掀开了人生的崭新一页。

和当时全国其他地方的农村一样，要摆脱贫困，要填饱肚子，要出人头地，就要勇敢地走向城市，去那个繁华之地寻求自己的安身立命之处。年轻的王耀武揣着少得可怜的盘缠，踏上了闯荡天涯之路。为填饱肚子，十九岁那年，他先辗转去了天津投亲，在天津租界里一家烟草公司充当干杂活的工人。说是工人，其实就是学徒工。每天除了搬运沉重的烟草外，还要做很多零活儿，十分辛苦。

按旧制学徒最少三年为期，第一年打杂，为师傅做免费劳动，负责打扫卫生、做饭、倒马桶、看孩子等，稍有不慎就会招致师傅和师娘责骂。忍受了这一年的辛酸，第二年才正式学艺，开始学习有关的技能，但仍少不了帮师傅干杂活儿。三年期满后，就得正式拜师。拜师的时间长短不一，短则一年，长则三年。拜师以后，待遇会稍有提升，师傅们开始给一些零用钱。拜师满后才能脱离师傅，独当一面，凭手艺赚钱活命。可以看出，旧时的学徒生活是异常艰辛的。在天津期间，污浊的工作环境、沉重的体力劳动、工头的蛮横霸道都大大出乎王耀武的意料，他第一次品味了打拼的苦楚。但王耀武是个能忍的人，他要出人头地，就必须忍痛工作。然好景不长，烟草叶子异味的熏呛令他无法继续从事此项工作。王耀武一路辗转，最终在上海落下了脚。上海是个繁华之地，他四处寻求机会，最终在一家十分有名气的泰康公司谋得学徒工的活儿。王耀武十分欢喜，要知道，在当时，这个公司是个知名度很高的公司，它生产的"大公鸡"牌饼干在全国销量都是很大的，甚至到新中国成立后，这家公司都是行业翘楚。能进这家公司当学徒工，王耀武算是交了好运了，这令一起求职的同伴们羡慕不已。

在泰康公司当学徒工的日子里，王耀武十分勤奋。他深知，这是他以后谋生的手段，如果不能把手艺学到手，那以后的日子更没希望。虽说他经历世事不多，但向往美好生活的冲动却始终存留。俗话说，人往高处走，水往低处流。在旧社会，学手艺不是一件容易的事。在那个凋零破敝的旧社会，谁都有可能遭到意外，但手艺人抗风险的能力显然更强，有人说，大灾大乱也饿不死手艺人。因此，有手艺的人都把这门手艺当成养家糊口的手段，从不轻易向外人传授，拜师学艺常常是一件十分困难的事情。尤其是做过学徒工的人，经历了如此的艰辛，终于练得一身手艺，都会摩拳擦掌另立

门户大战一场，王耀武自然也不例外。在泰康公司这样的大企业当学徒工，毕竟不同于跟个体师傅学艺，机器生产让手艺变成了纯粹的操作，尽管你能把机器转得很顺手，但要想另立门户当老板，显然不是那么容易的事，所以王耀武在勤奋之余又有几分不安。再好的技工也不过是替人打工。想到此，王耀武不免有些惆怅。

每次路过繁华的十里洋场，看到一幕幕富人们花天酒地恣意挥霍的情景，王耀武的内心都无比复杂。他也憧憬过上富足的生活，憧憬自己能成为老板、头面人物，但现实的境遇又令他感到前途暗淡。20世纪20年代的中国，是个风云激荡的时代，军阀混战，革命浪潮风起云涌，尤其是在繁华的大上海，工人运动、反帝斗争此起彼伏。对政治兴趣不大的王耀武虽不会想到参与其中，但也无法真正地无动于衷。黄浦江中外国军舰的横冲直撞，租界内外国人的趾高气扬，旧警察们的颐指气使，公司里工头们的尖酸刻薄，都在王耀武心中留下了深刻印象。他当时谈不上是进步青年，但年轻人心中的豪气和冲动却一点都不缺乏。他对这个社会很困惑，凭着找出路的本能冲动，他开始留心时事，别人丢弃的旧报纸他会捡来认真读读，别人谈论新鲜事时他会凑上来听听，似乎大家都是怨恨连连，但又不知道该如何改变。经过一段时间的熏陶，王耀武渐渐开始琢磨今后自己的人生。他太矛盾了，他太想改变了，他讨厌外国人的蛮横，讨厌军阀们的好斗，讨厌工头们的刁蛮，但他又向往上层人士的富足生活，向往成为一呼百应的头面人物。于是，他开始发生变化，白天他辛苦做工，晚上就收集报纸刊物找路子。他心里很清楚，他要得到的东西，是无法通过当学徒工这条路得到的。要自己当老板，他纵然有很好的手艺，但缺乏雄厚的开店资本，此路不通，就得换条路子。功夫不负有心人，终于他的面前出现了一条新路。

6

投报黄埔军校，从此踏上军旅路

一次偶然的机会，王耀武听说孙中山要开办黄埔军官学校，并且要在上海招生。其族兄王哲玉劝王耀武南下投考黄埔军校。王耀武心动了。从朴素的感受而言，他这几年对中国的现象看透了，所有的事情都是武人说了算，无论是帝国主义的军队，还是北洋军阀的部队，还是革命党人的军队，总之，只有加入军队，才可以拥有纵横捭阖的机会。从个人命运而言，他看重的是学校的牌子中有"军官"二字，他寻思着，军官学校，就是当军官的学校，将来就是个长官了，地位肯定很高。想到此，他下定决心，一定要考取黄埔军校。为实现这个梦想，他在干好工作之余，认真恶补各种知识，认真阅读报纸杂志，积极为考试做准备，并托朋友弄了一张高小毕业证书以备报名需要。1924 年冬，黄埔军校开始招生，他向老乡李丙炎借了些路费，前往广州投考。

或许是一时间投报黄埔军校的人才太多了，疏于文化知识学习的王耀武第一次吃了个闭门羹，第一批录取名单公布后，王耀武热切地去查询，被告知自己名落孙山。王耀武不是那种轻易放弃的人，他不甘心失败，继续夜以继日地为第二次考试做准备。熬到了第二次考试结束，王耀武踌躇满志，但现实又给他浇了盆冷水，考官告诉他未能被录取。倔强的王耀武并不甘心，继续坚持报考。功夫不负有心人，第三批录取结果出来后，王耀武榜上有名，他如愿成为黄埔军校第三批学员，成为进步青年眼中的精英人物。

等到军校开学的那天，王耀武意气风发地前去报到，走到学校门口时，他看到一副对联：升官发财请走别路，贪生怕死莫入此门。

他认真看了两遍，脑子里不断在思考，自己的选择到底对吗？原来自己热烈向往的黄埔军校不过如此，既不能升官又不能发财。想到这里，他内心很沮丧，但短暂的徘徊后，他转念一想，无论如何这要比在泰康公司当学徒工强得多，既然别无他路，不妨进来试试运气，说不定还能飞黄腾达。想到此，他迈步进入校门，经过简单的登记、分配后，他成为了一名黄埔军校的在校生。

军校生活单调而严格，这对于从小在农村长大且有过学徒工经历的王耀武而言，并不算难过。一入学，他就表现得很勤奋，出操、功课都用心，在他看来，既然进来了，就要尽力混出个样子，就是再苦再累，也比当初干学徒工强多了。在军校学习期间，他严遵校训，勤奋学习，赢得了学生队总队长对他的青睐。

在黄埔军校期间，王耀武的思想逐渐发生变化。如果说之前来的目的是寻机成就一番功名，经过军校的耳濡目染，他意识到了自己先前的目光短浅。在黄埔军校，他仿佛听到了孙中山在军校首开典礼上的训话："我们今天要开这个学校，是有什么希望呢？就是要从今天起，把革命的事业重新来创造，要用这个学校内的学生做根本，成立革命军。诸位同学就是将来革命军的骨干。有了这种好骨干，成立革命军，我们的革命事业便可以成功。如果没有好革命军，中国的革命还是永远要失败。所以，今天在这里开这个军官学校，独一无二的希望，就是创造革命军，来挽救中国的危亡。"革命，这个他很早就听过的词语，从来没有如此近距离地感受过，他认真琢磨着孙中山为黄埔军校定下的校训："三民主义，吾党所宗，以建民国，以进大同。咨尔多士，为民前锋，夙夜匪懈，主义是从。矢勤矢勇，必信必忠，一心一德，贯彻始终。"在军校课堂上，一批优秀的教官向学员讲授革命的道理，向学员传授军事技能。火热的战斗生活、澎湃的革命热情，这一切，都让王耀武感到兴奋。通过学习，

他对国家危亡的形势有了更深刻的理解，对孙中山呕心沥血革命建国的行动充满了由衷的敬佩，对各派军阀热衷内战的行径表示了极大不满。尤其是对军阀陈炯明投机革命、背叛孙中山的恶劣行径十分痛恨。

1924年北京政变发生后，孙中山收到冯玉祥等通电，希望孙中山能北上共商国是。10月31日，孙中山在广州主持大本营军政联席会议，讨论应付北方时局方略，决定俟后方部署略定，即行北上，与段、张共商统一建国方略，同时着力北伐，攻下赣、湘，并肃清东江陈炯明军。陈炯明背叛革命后，自封为"救粤军总司令"，据守东江，暗中与粤军军阀邓本殷和滇、桂军阀结合，企图乘孙中山北上之际进攻广州，恢复他在广东的统治地位。在此形势之下，为消除陈炯明势力对广东革命政权的威胁，组织东征是巩固广东革命根据地的首要任务。

12月24日，由胡汉民、廖仲恺、许崇智、蒋介石、杨希闵组成军事委员会，加仑任顾问，第一次东征计划确定为：兵分三路，以蒋介石统领的黄埔学生军和粤军许崇智部为右路，从南面经广九路，直趋汕头；以杨希闵统领的滇军为左路，从北面进攻五华、兴宁；以刘震寰统领的桂军为中路，围攻惠州。

1925年2月初至3月下旬，以黄埔学生为主力的东征军在海陆丰地区广大农民配合下，进展神速，粉碎了陈炯明企图将所有兵力集中惠州进犯广州的计划，占领了潮州、梅县等地。不到两个月时间，即击溃了陈炯明主力约三万人，迫使陈炯明率残部退缩江西、闽南。正当东征形势一片大好之时，参战的军阀部队在杨希闵、刘震寰等怂恿下背叛革命，向广州进行攻击。东征军被急令回救广州，广州国民政府同时下令免除杨希闵、刘震寰职务，在广州工人和农民的支持配合下，经过数日战斗，东征军歼灭桂、滇军两万余人，

广州转危为安。第一次东征中，黄埔军校学生军的战斗力受到人们瞩目，黄埔生成为人们眼中的骄傲。王耀武在军校学习之初，就对这段历史十分熟悉，他尤其敬佩黄埔学生军的出色表现，一种跃跃欲试的冲动在心中萦绕。

1925 年 9 月，由于东征军回师平定刘、杨，据守赣、闽的陈炯明卷土重来，重新占领潮州、汕头，计划进犯广州。为彻底消灭陈炯明叛军，国民革命军于 10 月 1 日开始第二次东征，蒋介石任东征军总指挥，周恩来任东征军政治部主任。这次东征，以国民革命第一军和学生军的教导团为主力，并动用了黄埔三期的学生。10 月初，东征军分三路纵队迅速出发。10 月 14 日，东征军攻克惠州，虽消灭了陈炯明主力，但其残余势力仍很强大。东征军又兵分三路，追剿残敌。在省港罢工工人和东江农民的配合下，东征军长驱东进，11 月初，夺回了潮汕、饶平，全歼陈炯明部一万余人。随后，东征军又对粤军邓本殷进行了南征，至 1926 年 2 月，歼灭了在琼崖负隅顽抗的邓本殷部，清除了对广州国民政府的威胁，使广东全省为革命军所统一。王耀武当时尚未毕业，也应征参加了东征。作战中他表现得十分勇敢，受到上级赏识，成为同辈中的佼佼者，开始崭露头角。在跟随部队作战过程中，王耀武表现出不同寻常的胆识，他不仅作战勇敢，而且善于动脑子，急难险重任务面前，他都能保持临危不乱，可谓有勇有谋。这个三期学生兵的表现引起了军校领导的注意，作为校长的蒋介石是否对王耀武有所耳闻，不得而知，但对于一起参军作战的师长、学长来说，王耀武的名字确实被人记住了。对于王耀武而言，从军打仗这个职业似乎引起了他的极大兴趣，曾经一度犹豫要不要跨进这个大门的王耀武最终下定决心，让自己的梦想在军营中成长。

在一年多的学习期间，王耀武经历了前所未闻的事情，军校严

肃紧张、充满战斗激情的生活，同学之间亲切的友情，尤其是东征期间刻骨铭心的战斗经历，都让王耀武感到自己当初的选择是正确的。在课堂上，他认识了周恩来、恽代英等一批充满正义感的师长，虽然他对老师们讲的观点未必能一一明白，但那种坚定执着、一身正气的精神令他折服，只是让他始料不及的是，几年后，自己走到了他们的对立面。当然，更令他感到高兴的是，在黄埔军校学习期间，他不止一次地见过最高领导人蒋介石。蒋介石，这个名字在当时的中国可谓家喻户晓。当年他在上海滩谋生之时，就经常听到这个令他感到敬畏的名字。当时的王耀武是个名不见经传的小人物，是个每天思忖生计的穷小子，对于蒋介石这个大名鼎鼎的人物，他只能想象一下他的样子而已。而今，他居然能见到蒋介石，甚至在此后的人生经历中，自己还能成为他的一员爱将，这是多么令人难以想象的事情啊。

　　他清楚地记得第一次看见蒋介石的情景。一天，学生总队向大家传达指示，校长蒋介石将莅临学校看望大家并训话，要求大家整束校内环境，并安排会场。王耀武是个勤快的人，听说蒋介石要来，他抑制不住心中的好奇与期待，认认真真地把自己承担的卫生清理任务高标准完成，并想办法把自己的军装弄得整整齐齐，一番军容的整理后，他随着同学们进入会场。军校不同于其他地方，进入会场后的各个队都开始高声拉歌，一个唱罢另一个再唱，这种氛围令人感到心潮澎湃。正当歌声嘹亮之际，军校值班军官跑上主席台，向会场下的学员们做出一个停止的手势，瞬间，歌声消失了，全场静悄悄，大家都屏住呼吸期待大人物的登台。过了一会儿，蒋介石身着戎装，手戴白色手套，头戴军帽，在一帮大小领导的陪同下缓步走上主席台，大家都瞪大眼睛看着自己的校长，甚至忘记了鼓掌欢迎。不知是谁带头鼓了一下掌，顿时，全场的人跟着热烈鼓掌，

这种阵势确实令人兴奋，王耀武更是拼命鼓掌，当持续几分钟的掌声停下来时，他感觉自己的手掌隐隐发痛，毕竟这是第一次目睹蒋介石的风采，王耀武的心情太激动了。随后，蒋介石开始训话，他用浓重的浙江口音向大家陈述，语气抑扬顿挫，王耀武已经记不清蒋介石都讲了些什么，但他那种神态、那种气势让王耀武记忆深刻。或许从那一刻起，王耀武就下定决心，跟着校长革命，义无反顾。

跻身名流，造就八面玲珑好手段

王耀武从小就很精明，读了几年私塾，又在天津、上海这种大城市见过世面，这使得他待人处事的手段特别灵活。王耀武军校毕业，分配到国民革命军第一师三团四连任少尉排长。当时第一师的师长是何应钦，团长是钱大钧。由于他作战勇敢、带兵得法，引起何应钦、钱大钧的注意，不久被晋升为上尉连长。王耀武得到经常与之打交道的福州地方法院郑推事的欣赏，随后郑推事将女儿郑宜芝许配给他，他们婚后育子女五人。其私生活甚为严肃简朴，不打牌、不吸烟、不讨小老婆。

王耀武本人颇有生意头脑。1929 年北伐完成之后，王耀武即托友人于武汉开办振兴饼干厂，获利甚丰。后又在长沙设分厂，振兴饼干公司成为王耀武的主要财源，分公司广设长沙、重庆等地。在抗战时期王耀武也派人在宁波、温州、广州等地贩售日用品（也顺便以低于市价一成的价格将胶鞋、卫生衣等日用品卖给官兵）。到山东之后他派经理室主任张望伯成立裕鲁公司大做买卖，派司徒履光为省银副理，利用省银资本做黄金美钞交易。虽然王耀武在军界以长袖善舞著称，投入大量金钱运动关系，而为后人所议论，但是少

有人注意王耀武的财源多来自其私人企业。

　　事实上王耀武在金钱上相当明理，也塑造了第七十四军的优良风气。在最艰苦的时代，王耀武允许部队长吃长夫缺，明白规定团长二十名，营长十名，连长五名，排长一名（独立排排长两名）。长夫缺每名是十五元，在吃缺后部队需用民夫时再临时征用并且给予酬谢，但严禁威迫强抓民夫。部队长严禁吃空额，所以第七十四军永远兵力完整。王耀武非常照顾官兵的一般生活，在第七十四军特支费中拨款成立子弟学校，一切免费。

　　王耀武在江西安福、广西兴安购买了田地，让年老伤残官兵开垦，两年后自给自足。垦殖工作由原第一七〇团团长扈国珍负伤退役后专责主持，成效甚佳。部队在驻地集训时准接眷属，但由军部统一派车船输送。后方办事处按月发给眷属食米以及军官薪饷之半数。在战斗结束后，对本军伤兵也是呵护备至。此外在军中成立互助会，官兵按级别每月扣薪百分之一到百分之五，凡有婚丧喜庆之用，可以申请补助。在整补编训时，垦田农场种植蔬菜水果，开荒蓄牧场养鸡鸭养猪鱼，由军中剩余经费作为开办费用，改善副食。1943 年冯玉祥巡视该师，对该师的生活条件表示嘉勉。这些措施深受第七十四军官兵的拥戴。

　　王耀武深知，自己在军内没有很深的根基，要晋升，除了作战有功外，还必须会打点关系，而这一切又是以金钱做基础的。于是，他一边善于经营财富，一边广泛开展公关活动。王耀武人缘颇好，上下关系都打点得十分顺畅。他很会送礼。如果是上司，他舍得花血本，而且态度诚恳，方式自然，使受礼者心安理得，无法回绝，当然，他们的回报就是尽心替王耀武办事。如果是同级，他也会备上厚礼，令人十分满意于王耀武的豪爽真诚，别人必以重感情回报。对于职务比较低的人，如长官身边的秘书、副官等人，能送的他也

送。王耀武深知，给这类人送礼，或许比直接给上司送礼的收效还大。同样的事别人办不了的，秘书就能办，几句美言就能让事情办得妥妥当当，他认为这是吃小亏占大便宜。

王耀武会送礼在国民党军中是有了名的。一是知道别人最需要什么，往往起到雪中送炭的作用，让人记一辈子。抗战时生活物资急缺，各式美国援助物资就成了紧俏货，在高级社交圈中，谁手里有杆派克金笔，老婆身上有件新潮皮衣就成了炫耀的资本。而王仗着自己是王牌军，有能力优先获得美援，于是什么派克金笔、美式大衣、高档食品就成了自己向上结交的礼品。

二是送礼的方式多种多样，对一些廉洁的官员，他也有办法把礼送出去。一次王想结交一个中将，但此人以廉洁自居，从不收受礼物。于是王在一次军事会议上假装忘记带笔，当众向此人借笔，散会后又当众还了回去，但已经神不知鬼不觉地换成了一杆派克金笔，还在笔筒里附了一张小字条，上书"弟佐民敬赠"。

第三是送礼不分贵贱。一般人送礼都是送领导或有所求的同事，而他连一些职位在他下边的人也送。只要他觉得有可能用得着或一些上级身边的人，甚至连司机门房之流也收到过他的礼物。这些人收到礼物自然受宠若惊，对这位和蔼可亲的王长官自然也是感恩戴德。

对于送礼，王耀武曾对身边人说："舍得舍得，有舍才有得。有些人一时可能用不到，但万一有事，自然会帮忙，这要比临时抱佛脚强。我现在给他们一块钱，以后可能给我的回报连十块钱都不止。"

王耀武在军中以长袖善舞著称，所谓刀切豆腐面面光者也。早年任补一旅旅长时，在南昌行营中拉拢了政训处处长邓文仪及行营参谋处第一科科长萧家栋，邓之妻弟黄寿卿转往补一旅任第一团第

一营营长，萧之胞弟萧家梁则获委为旅驻南昌通信处主任。在第五十一师时代，对重庆行营主任俞济时也多有打点，对戴笠更是全力周旋。1942 年夏，第七十四军调浙途经江山，王耀武特派副官处长向戴母问安。在第七十四军驻衡山期间，军统南岳干训班主任胡靖安常来王军处应酬打秋风，王耀武绝无吝色，所以王耀武在军界得到多方关照。在讲究人情的国军之中，王耀武在人际关系上的深厚基础应是第七十四军能够成为王牌军的侧面因素之一。王在第四方面军时代与美军有所接触，这批美军军纪太差，时常奸污民女。王耀武为之头疼不堪，行文美军营处要求保持军纪时，美方竟强词夺理，宣称其家属远在国内，来华军人不像东方人禁欲，希望能处理这类小事云云。王耀武只好派人从洪江地区找了批妓女应付。

当然，王耀武的八面玲珑是他的为官之道，生活中的王耀武也不失山东人的豪爽、简朴、真诚。这既是地域使然，也是从小的生活教育使然。王耀武的女儿王鲁云在提及父亲时曾这样叙述："我小时候跟着父亲的部队走，贵阳、桂林、长沙、汉口……都去过。父亲偶尔会回家来，一回家时，总是先把我抱起来，因为我是他唯一的女儿嘛。他是一个仁慈的父亲。作为军人，总是有点脾气的，但他平时语调多是平稳的，性格爽朗。他喜欢跟小孩子玩儿，老笑。有一次，他抱起我来让我说山东话，我就说了，他听后哈哈大笑，用标准的山东地方话说：'你的山东话还不行啊！'每逢我的生日，尽管他很忙碌，甚至'过家门而不入'，但总会细心惦记，总要托人送回一两样小玩意儿哄我开心。因为离开济南之前行色匆乱，这些东西都已经散失了。"

在王鲁云童年记忆中，父亲回家之时，母亲郑宜兰总会给他煮一顿好饭。郑是福建人，平时吃南方菜多，王耀武一回来，她肯定会做山东菜，比如水饺啊什么的。王耀武在家时，还会有很多人来

15

找他，"他会从早到晚都在忙，有来报告各种事情的，有的穿军装，有的着便衣"。王耀武治军恩威并用，在个性上自信、倔强、好胜，有山东人特有的豪爽、直率，而且难得的是，他的私生活极其严谨。王鲁云也提到，虽然王耀武与戴笠私交很好，但私下里却对其人渔色、暴虐等负面颇多微词。"父亲前半生事业中有母亲郑宜兰的影子，他们两人素来相敬如宾。在当时的社会背景下，高级军官金屋藏娇者比比皆是，父亲却从不拈花惹草。"王鲁云女士说，"父亲本人虽也不能免俗，广开财路，但从未骄奢淫逸、中饱私囊。"她提到，有一次，她亲眼见到父亲穿着一双新布鞋在污水里踩来踏去，颇为不解，就问缘故。父亲告诉她，小时候家里穷，母亲一人操持全家，节衣缩食，一双新布鞋总希望它能延长寿命。因为鞋底是细麻绳纳的，干透了的麻绳耐力有限，猛一用力，很易折断。所以，穿了新鞋就要在水里踩一踩，让麻绳吸足水分，增强韧性，自然也就耐穿了。在生活中，王耀武为人讲求边幅，但平素办公，除非迎来送往、宴请宾朋，否则绝不穿皮鞋，只穿粗布鞋。

　　"父亲不许我们打牌。不许任何人（打牌）。有一次我不小心暴露了出来——毕竟我是小孩子嘛。那一次，父亲照例把我抱起来问：'家里都好吗？'我说：'很好，母亲也没有打牌。'——这一句话漏了口风。父亲于是和母亲吵嘴。这也是我记忆中他们唯一的一次吵架。"王鲁云回忆说，"父亲一直在抗战前线，一年当中也就回来三四回。他是个很重感情的人，有一次他回家里来，很难过的样子，说某某卫士长牺牲了，这个卫士长是我们大家都认识的，所以我们跟着也很难受。这一点我记得比较清晰。"可见，经过生活的历练和军旅职业的熏陶，王耀武已经从一个懵懂的农村少年成长为一个心性成熟的高级将领。

16

第二章

投身反共阵营
积极"围剿"红军

王耀武是一员猛将，他在第二次东征陈炯明过程中就已表现出军人的英雄气概。本来，他可以成为一名真正的革命军人，但历史往往会书写出人意料的结局。

1927 年，蒋介石在上海发动了"四一二"反革命政变，导致了第一次大革命的失败。大革命失败之际，众多共产党员被杀害，革命群众受到恐怖镇压，曾经轰轰烈烈的大革命顿时陷入低潮。面对这种局面，很多人陷入了沉思。曾经的黄埔精英们出现了分化，同学们开始分道扬镳。这时的王耀武年方二十三岁，正是风华正茂之时，但他不懂得政治上的演变，认为"军人以服从命令为天职"是永恒的真理。这年 2 月何应钦在急于用人之际，把他调到第一军的补充团，任第二营少校营长，他的团长是何应钦的侄子何绍周。同年 8 月，这个补充团调往江西，参与堵击贺龙、叶挺领导的南昌起义部队。这是他首次与红军对垒，从此他投身反共阵营。

政治头脑淡薄，投入反共阵营

"四一二"政变后，蒋介石加紧了对共产党的"围剿"。1928 年10 月，何应钦在南京召见王耀武的时候，对他的工作表示满意，即

派他到嫡系部队的第一军第二十二师第四团任第三营营长。那时的军长是刘峙，师长是胡宗南。1928 年春，他的部队驻扎徐州郊区整训，不久即奉命参加第二次北伐，作战对象是张宗昌、孙传芳的军阀部队，战事顺利，北伐军所向披靡，5 月 1 日进抵济南。日本军国主义者庇护张宗昌，出兵干预，爆发了震惊中外的"五三惨案"。蒋介石深怕引发起中日战争，虽然手握正规军二十万人，却不敢对付不足万人的日本侵略军，下令绕道北进。当北伐军奉命撤离济南时，王耀武有意留在城垣配合李延年团死守济南。他在《自述》里写道："我当时十分不愿退出，我曾向上级坚请向日寇反击，未准，气愤满胸膛，忍痛退出济南。"当此之时，王耀武一度怀疑自己当初的决定是否正确，面对日本侵略者的飞扬跋扈，王耀武心底萌发了强烈的抗日思想。但此时的王耀武已经以校长的学生自居，忠于校长、忠于党国的意识已经深深地烙在他的脑海中，尽管极度愤懑，但他严守了校长的命令，绕道济南继续北伐。谁又能想到，这个曾经官阶不高的小人物在以后的抗战中竟能成长为抗日名将，令他的对手心生敬畏。

1928 年北伐很快结束了，接着又返回徐州郊区休整。在这期间他和刘峙的关系逐渐密切起来。刘峙同何应钦一样，对他十分赏识。1930 年 3 月，刘峙保荐他为独立第二团中校团副。不久即开赴河南参加现代史上最大的军阀混战——中原大战。作战对象是冯玉祥和阎锡山。战事绵延达半年之久，最后以冯、阎的失败而告终。由于他屡建战功，同年 9 月，刘峙提升他为独立三十二旅第一团上校团长，这个旅的旅长是刘峙的侄子刘夷。王耀武上任团长之前，刘峙特意召见他，做了一番交代："我希望你多多帮助刘夷，把他的部队整训得和第一师那样具有战斗力。"王耀武答应照办。上任之后，他精心训练部队，与士兵同甘共苦，一切不让刘夷操心，他的第一团

20

在独三十二旅成为训练有素的部队，使刘夷对他刮目相看，刘夷在刘峙那里自然说了不少王耀武的好话。可以说，刘峙对王耀武的飞黄腾达起到了重要作用，他帮助王耀武顺利完成了从营长到团长的转变，使其跻身到中层军官行列，并给了王耀武施展才能的重要平台。

大革命失败后，中共力量的发展受到重大挫折。面对严酷的白色恐怖，中国共产党人没有别的选择，只能以武装的革命来反对武装的反革命。在反动统治下，敌我力量对比悬殊，中国革命进入一个低潮时期。为挽救和复兴中国革命，中国共产党先后领导了以夺取中心城市为目标的三大武装起义。起义虽然先后遭到失败，但也直接推动了中共力量向农村转移，苏维埃区域开始在全国范围内出现，这引起了蒋介石极大恐慌。

1930 年 10 月，蒋介石、阎锡山、冯玉祥中原大战一结束，蒋介石立刻掉过头来，集中重兵向南方各革命根据地的工农红军发动大规模的"围剿"。可是，一次次"围剿"都以失败告终。

1932 年 6 月，王耀武所在的独三十二旅奉命赴江西"围剿"红军，王耀武时任团长，旅长为刘夷。刘夷为刘峙的侄子，指挥能力一般，只因刘峙的支持才当上旅长。蒋介石发动第四次对苏区的"围剿"后，该旅作为中央军被委以重任。"围剿"开始后，该旅由刘夷率领由修水向万载、铜鼓进击红军，因红军运用游击战术，使刘夷的部队到处扑空，周旋数月，毫无所获。战报传至蒋介石处，蒋介石十分恼火，耗费数月竟毫无所获，一怒之下将刘夷撤职，改派柏天民接替独三十二旅旅长，王耀武和柏天民本无任何渊源，在紧张的战斗时刻，两人合作颇为顺利，柏天民对王耀武信任有加，王耀武也极力为柏天民出谋划策。随军参加"围剿"红军，这是王耀武投身反共阵营后的第一场不义仗，也是王耀武从此扶摇直上的

21

重要转折点。

积极进犯苏区，受到召见提拔

1932 年 5 月，蒋介石对中央苏区红军的第四次"围剿"开始后，虽然国民党军在力量对比上占绝对优势，加之蒋介石征集心腹将领统兵作战，又亲自坐镇指挥，但参战的国民党部队仍然是败仗连连。作战开始前，蒋介石撤销了江西绥靖公署，改设赣粤闽边区"剿匪"总司令部，任命何应钦为总司令，陈济棠为副总司令。在蒋介石重金利诱下，粤军陈济棠部乘红军向东、西两路出击之际，以其第一军军长于汉谋指挥的十九个团部署在南雄和赣州、南康、大余、信丰地区。此后，中央红军抓住战机，及时实施了反击，于汉谋的部队没能占到便宜。8 月上旬，苏区中央局召开了兴国会议，会议经过争论，同意毛泽东提出的外线作战要在有把握的情况下进行的建议，决定红一方面军主力在赣江以东的地区北上作战，先消灭乐安、宜黄的国民党军队，再打由赣江以西获由南城、南丰等地前来的援军，进而威逼和夺取吉安。此时，王耀武所在的独三十二旅正驻守宜黄，一场恶战即将上演。

柏天民接任独三十二旅旅长后，即奉命开赴江西宜黄。宜黄县是苏区的战略要地，如果能固守宜黄则可形成对红军机动作战的重要牵制，同时宜黄深入苏区内部，如能固守宜黄则可依托此地形成对红军的步步"进剿"。鉴于此，蒋介石和何应钦都不约而同地主张用中央军来控制此地。中路军总指挥陈诚的主要作战计划是：在宜黄方面取守势，南丰方面待机而动，以主力由南城进攻广昌。独三十二旅是满员部队，整体作战实力较强，新上任的旅长柏天民也是

一员猛将，加之何应钦、陈诚对该旅的新秀王耀武比较赏识，有借此令王耀武打出名声的打算，因此，独三十二旅被上层点将进驻宜黄。宜黄县东邻南城、南丰县，南毗宁都县，西邻乐安、崇仁县，北接临川区。从地理位置看，宜黄是战略要冲，更是中央苏区的重要支撑点，如果宜黄失守，则苏区反"围剿"作战将面临极大困难。正是基于宜黄的重要地位，中央红军也十分注意夺取宜黄。一个弹丸之城，因其重要的战略地位，引得国民党军和红军格外重视，激烈的争夺战在所难免。

8月17日，彭德怀指挥红军第三军团，董振堂指挥红军第五军团，攻取宜黄，和国民党的孙连仲部第二十七师主力在城南鳌头山苦战两昼夜。8月21日晚，红军攻占宜黄。国民党军总司令陈诚为了阻止红军北上，避免各部队被红军各个击破，急忙调集第八师、十一师、十四师、二十三师、二十四师、九十师和第九路军等主力，围攻红军第一军团、第三军团和第五军团。8月31日，第十四师这支陈诚手下的嫡系精锐部队攻击宜黄，红军第三军团的第二师、第三师和第七军团的二十一师不敌，退出宜黄。9月3日，第十四师的李旅和独三十二旅开进宜黄，担守备任务。

当柏天民独三十二旅刚开进宜黄，宜黄镇又被再次而来的红军重重包围。宜黄城外，漫山遍野的红旗、嘹亮的军歌让柏天民胆战心惊，不知道这次"赤匪"究竟来了多少人马。柏天民站在城头，望远镜中尽是红军的工事，宜黄四周已经是红军的天下。是固守还是突围，柏天民举棋不定。固守吧，城外的红军尽是精锐之师，而且数量远多于己，一旦红军四面发起攻击，则他的独三十二旅实难支撑太久，自己刚被擢升旅长就面临全军覆没的结局，于心实在不甘。突围吧，似乎宜黄被红军围得铁桶一般，如果仓促突围，无疑成为红军的活靶子，加之自己对这里比较生疏，万一再次落入红军

包围圈，自己即便不战死，恐也要被生俘。柏天民不寒而栗。无奈之下，他一再向蒋介石和何应钦发电报，陈述当前危急，请求下一步动作。

远在南昌的蒋介石收到柏天民的急电后，也焦急万分，战事刚开，就有一个整编旅被困，弄不好就要被全歼，这对全军的士气将是不小的打击。他深知首仗的重要性，万不可让独三十二旅覆没，况且这是他的嫡系部队。护犊心切的蒋介石不断要求何应钦想方设法派部队援救柏天民，并命令空军用飞机向宜黄空投补给物资。但远水解不了近渴，为保全实力，经过与智囊讨论、协商，急电告知独三十二旅和李旅：如果有突围的机会，可以带领军队撤出宜黄，以图保存实力。一道最高军事领袖的电令，无疑是大赦令，两旅的中、高级军官立刻开会，讨论突围事宜。

会议室中，烟雾缭绕，气氛压抑、低沉，很少有人说话。多数人都主张撤退，但是怎么撤，谁的部队先走，谁掩护，大家又都沉默了。柏天民是临阵换将来当的旅长，这位有着浓重云南口音的将军有一种指挥不动手下各团团长的感觉。关键时刻，王耀武立身而起，侃侃而谈："红军善于攻点打援，我若突围，失去地利，必被全歼；如若死守，或可幸存。"接着，王耀武继续分析："红军虽勇，然武器装备太差，枪支稀少，多为大刀、长矛、梭镖，以此来进攻坚城，必然难以成功。我方除李旅的一部外，城中还有两千人的民团武装，用这么多的人马稳稳防守一座弹丸小城，应该不难。"

最后，他着重指出，如果撤退，将危及北面的临川，从而对蒋介石坐镇的南昌行营造成威胁，如果因此而使第四次"围剿"功亏一篑，即使部队安全撤走，却破坏了整个战局，在座的诸位恐怕难辞其咎。这话说得柏天民心中咯噔一下，他虽然是黄埔一期和陆军大学毕业，但因为是云南人，与龙云、卢汉走得近一些，不是蒋介

24

石的嫡系，现在城中的李旅只有一个团加一个连驻守，老柏就是宜黄最高的指挥官，如果问责，老柏知道自己是跑不掉的。

"好，就按佐民所说的办，本将军誓与宜黄共存亡，城在人在，城陷我亡，具体的守城战略就由佐民全权负责，所有将官必须听其号令，谁敢不听，我毙了他。"柏天民说道。其实，柏天民的书生气很浓，与战场上真枪实刀的残忍屠杀相比，柏天民更愿意到军事院校里去当一名学究。所以，后来他屡次申请到中央军校任教。

轰的一声巨响，整个宜黄都被震动得地动山摇。这是红军用爆破攻击，在预先挖好的坑道里埋上炸药，炸塌城门，打开一个缺口，攻入城内。

红军前仆后继地从缺口里冲入城内，早有预料的王耀武也早已在城门的两翼上筑有碉堡，在鼓楼上又架起数挺重机枪，组成了一道精密的火力网。

独三十二旅中一名来自四川的重机枪手大叫着，他的手指痉挛似的一直扣动着扳机，直到所有的子弹被倾泻一空。面对毫无空隙可言的火力网，红军伤亡惨重，只好撤退。第一次战斗充分显示了王耀武的军事指挥才能，给老柏留下了很深的印象。

几天之后，红军再次组织爆破进攻。这次进攻吸取了第一次的教训，利用夜间浓雾的掩护，预先埋伏了一支精选的二百人突击队在城墙脚下，一旦爆破成功，将最快地冲入城内。

可惜天不助红军，根据预先设计，城墙被爆破后应该向城内倒塌，哪里知道那位负责坑道挖掘的设计者水平有限，坑道长度与计划不符，城墙向外倒塌，二百多名红军壮烈牺牲。没有了枪炮声的战斗间隙，显得很清静，但是双方阵营内并不比战斗时轻松多少。救治伤员，掩埋战友，宜黄城内的老百姓在士兵的监督下，加紧修筑工事。

王耀武发布了一道命令：每个老百姓必须送两个沙袋做城防之用，否则以"通匪"论处。一时间，城内的布袋和布匹被抢购一空。有的老百姓没有袋子，只能用衣服和裤子装沙土。看着逐渐修复的城墙工事，王耀武略微心安了一些，但是想起红军的悍勇，又觉得不知道还能抵挡住对方几次进攻，可即使突围，也不免被红军歼灭的下场，只好继续坚守。

　　红军开始了第三次进攻，他们用云梯爬上城墙，奋勇进攻，大刀与刺刀铿锵飞舞，长矛与投枪呼啸飞掠，密集弹雨如蝗虫过境般铺天盖地，沉闷的喊杀与短促的嘶吼直使整座小城颤抖！铁汉碰击，死不旋踵，狰狞的面孔，带血的枪刀，低沉的号叫，弥漫的烟尘，整个战场都被这种原始博杀的惨烈气息所笼罩……独三十二旅非王耀武团的一些士兵终于尿了，仓皇逃进内线工事。但是在王耀武枪毙了两名逃兵后，他们又暴吼着冲出。独三十二旅的数挺机枪疯狂扫射，柏天民为鼓舞士气，也不得不亲临缺口处坐镇指挥。由于武器相差悬殊，红军被压制在城墙下，对内线工事一筹莫展。

　　王耀武派出贴身精壮的卫兵，在机枪的掩护下往城楼上爬，并投掷手榴弹。红军战士一个个地倒下，而后续部队却被缺口两翼的机枪阻挡住，一时间难以援助上城墙的突击队。王耀武趁机指挥两翼的火力来夹攻城墙上的突击队，红军顽强抵抗后，大部分壮烈牺牲。当然，独三十二旅和城中的其他部队都损失惨重，旅长柏天民也在这次战斗中受重伤。但是，在柏天民和王耀武的指挥下，独三十二旅坚守宜黄二十四天，红军始终没能占领这座小城。在整个失败的第四次"围剿"中，蒋介石对宜黄守卫战评价极高，称为"奇迹"。面对一败涂地的战事，他起用的军、师长们都先后被红军打得不知所措，反倒是小小的独三十二旅能够在红军主力的围攻下成功守卫宜黄，这既令他吃惊，也多少令他扳回了一些颜面。战后，难

26

掩惜才之心的蒋中正亲往医院看望、慰问老柏，对柏天民的善战给予了赞扬。柏天民作为书生气很重的儒将，显然比其他行伍出身的将领更具豁达心胸，面对蒋介石的嘉奖他没有揽功，而是一五一十地向蒋介石叙述了作战情况，尤其提到了王耀武力主守城的情节，对王耀武的表现十分称赞，积极为王耀武请功，并极力推荐王耀武接替旅长职务。此时的蒋介石或许对王耀武知之甚少，但柏天民的赞赏之词已令蒋介石十分好奇这个年轻人，王耀武的名字开始被蒋介石记在心上，他有意见见这个有胆有识的青年军官。

1932 年 10 月，蒋介石总结第四次"围剿"情况，对参战的军师旅主官进行了训话，并传话让王耀武来见自己。接到命令的王耀武颇感意外，自己区区一个上校团长，能受到总司令的亲自接见，这是难以想象的事情。王耀武心中既高兴又忐忑，他对有幸见到校长而由衷高兴，但他听说校长的脾气古怪，不知道此次接见是否会有其他事情，毕竟宜黄战役独三十二旅伤亡不小。来不及多想了，王耀武整理好军装，即赶往南昌行营晋见蒋总司令。第一次和最高领导人接触，王耀武不免紧张。南昌行营是蒋介石在南昌的办公场所，威严的哨兵持枪严密守卫着，能进去晋见蒋介石的人都是有相当级别的官员。如果说何应钦、陈诚、刘峙等人是这里的常客的话，王耀武一个上校团长几乎是没机会进入此地的。来到行营门口，王耀武再一次整束军容，向卫兵通报来见校长。稍等片刻后，哨兵让王耀武进入蒋介石办公室。蒋介石正在伏案看文件，楼里很安静，王耀武轻步走到办公室门口，倒吸一口气："报告。""进来。"听到充满威严感的回话后，王耀武推开门，啪，双脚立正，对着蒋介石行了一个漂亮的军礼："报告校长，黄埔三期学生王耀武前来晋见。"王耀武的声音十分洪亮，整栋楼都能听见。"佐民啊，你来了，快快坐下。"听到报告声的蒋介石抬起头，望着这个富有朝气的年轻上校

军官，连忙起身快步走到王耀武面前，拉着王耀武的手点点头，把他往旁边的沙发上让座。王耀武受宠若惊，哪里敢落座，紧张得满脸通红。"佐民啊，不要客气，今天请你来，就是要和你谈谈战事，你的情况我是知道的，年轻有为，坐吧。"听到蒋校长如此夸奖，王耀武心头十分激动，但他极力掩饰内心的兴奋，在一旁的沙发上正襟危坐。蒋介石和他谈起了这次"围剿"红军的战事，王耀武不敢多言，一直听校长纵论，当说起宜黄战役时，蒋介石赞誉有加，并认真地问王耀武："我有命令让你们在难于坚守时可以相机突围，你何以建议柏天民坚守？你是如何想的？"王耀武回答说："当时已经身陷重重包围，突围已不可能。与其突围失败而死，不如坚守与城共亡，何况宜黄是战略要地，一旦失守，即便付出一万人的牺牲也未必能够重新夺取。为整个战局着想，我们便下了与城共存亡、宁死也不放弃的决心。"蒋介石听后频频点头，连声称好。不知不觉谈话进行了快一个小时，蒋介石说："我看你是将才，应该给你更宽广的空间去发挥才能，柏天民已经保荐你来接任三十二旅旅长，不知道你有何打算？"蒋介石话一出，王耀武吃惊不小，尽管这是他的梦想，但来得这么快，他一时不知该说什么。但王耀武毕竟不是一般人，他深知独三十二旅的团长、旅长们都是黄埔一、二期学生出身，资历都比自己老，如果让自己统领该旅，他还真怕镇不住那些学长们。想到这里，王耀武说："学生刚任团长不久，战功未立，况资历尚浅，望校长容耀武再多锻炼，而且柏天民旅长指挥有方，学生不敢妄想。""哈哈哈，佐民谦虚固然可嘉，但我蒋某人用人唯才是用，你有这个能力，我决定让你任补充第一旅旅长，军衔为少将，希望你能把这支部队带成虎狼之师，我对你寄予厚望。"听到这番话，王耀武十分感动，当即表示："学生感谢校长栽培，定当不负校长厚望，加强训练部队，为党国效力，为校长争光。"蒋介石还向他说：

28

"补充旅由保定编练处的部队改编，士兵都是北方人，你带很相宜。三十二旅的团长、副旅长等都是黄埔军校一、二期的，你带不了。所以我调你任补充旅旅长。"听完蒋介石的话，王耀武深感校长对自己的细心关照，他只能拼尽全力唯校长马首是瞻。谈话结束时，蒋介石将王耀武送至楼下，这种待遇即便是陈诚等人也少有享受。此时的王耀武已经是个少将旅长，又有蒋校长厚爱，走出行营大门，他的脸上泛出志得意满的笑容。

王耀武这次被蒋召见是他一生中最重要的一步，既肯定他的战功，在面谈中又发现了他的胆识，从而给蒋留下了深刻的印象。王耀武的心情相当兴奋，自然受宠若惊。他后来在《自述》里写道："当时我对蒋先生用心之细和考虑的周详，既佩服又感激，认为他有识人之目，是个难得的好领导。对于柏天民的不嫉才妒能举荐我，亦非常感激。"正是宜黄之战，王耀武从一个名不见经传的小团长升任少将旅长，迈入了将军行列，尤其重要的是，蒋介石的亲自慰勉接见，表明他已经进入最高层的视野之中，自此被蒋介石纳入嫡系行列，这为王耀武以后的军旅生涯提供了坚实支撑。

重创北上红军，助其官阶擢升

对苏区的第四次"围剿"失败后，蒋介石很不甘心，1933 年 6 月，他再次召开所谓"剿匪会议"，进一步贯彻"三分军事、七分政治"的反共方针，并加紧部署对中央苏区的第五次军事"围剿"，在政略、战略及战术上都精心准备。7 月，蒋介石在庐山设立"军官训练团"，亲自兼任团长，分期抽集国民党党政军重要干部进行反共训练。军事部署上，蒋介石更是花费血本。为发动第五次"围

剿"，南京政府先后出动六十九个师、九个旅，总兵力在五十万人左右。直接用于"进剿"中央苏区的有五十五个师、七个旅，远远超过前四次"围剿"的兵力投入。主攻部队包括陈诚、薛岳、汤恩伯等国民党军精锐，对苏区形成空前压力。而第五次反"围剿"开始时，中央苏区主力红军约七万六千人，地方红军约三万人，部队总兵力仅十万余人，国民党军形成人数上的绝对优势。蒋布置于北路用于主攻的有二十八个师、五个旅，红军经过分兵防御可用于与之对抗的兵力不到对方的五分之一，正如中共中央判断的，在兵力上"我与敌常为一与四与五之比"。人数上的绝对优势加上武器和补给优势，使国民党此次"围剿"较之前几次有了更多的资本。面对蒋介石气势汹汹的"围剿"部署，各苏区及红军部队都感受到了空前的压力。不幸的是，此时的苏区已经深受王明"左"倾路线影响，尤其是在博古、李德等人的错误指挥下，苏区不断被蚕食，红军兵力日益萎缩。1934 年 7 月，中央苏区的形势已经十分严峻。由于博古、李德等人采取冒险主义的作战方略，主张"御敌于国门之外"，坚持打阵地战、正规战，前线战事节节失利，广昌、建宁等地相继失守，瑞金、宁都也频频告急。在这种情况下，为了吸引敌军兵力，减轻中央苏区的压力，中共中央书记处、中华苏维埃共和国中央政府人民委员会和中央革命军事委员会决定派遣红军第七军团以抗日先遣队名义北上，第六军团进行西征。

红七军团是中央苏区红军主力中比较新的一支部队，英勇顽强，善于野战。由于连续作战，红七军团人员和武器损耗都比较大，全军团约有四千人，经过突击补充才达到六千余人，长短枪也仅有一千二三百支。7 月初，接到中央命令后，军团长寻淮洲、政治委员乐少华、参谋长粟裕、政治部主任刘英等人率部由福建连城地区回到瑞金待命。7 月 6 日晚，红七军团从瑞金出发，星夜兼程开始向闽中

方向进军。7月下旬，红七军团相继攻陷大田、尤溪口、樟湖板以及闽江北岸的黄田和谷口等地。为吸引更多的国民党军队回援，缓解中央苏区东线的军事压力，根据中革军委命令，红七军团主力在攻占谷口后，突然改变方向，向水口、福州进军。8月1日，红七军团占领水口，在同日召开的大会上，红七军团正式以"中国工农红军北上抗日先遣队"名义活动。2日，抗日先遣队全速向福州进军。福州是福建省会，是国民党在福建的统治中心。抗日先遣队逼近福州，令蒋介石大为吃惊。为保住福州，负责进攻中央苏区的东路军总司令蒋鼎文匆忙从漳州飞抵福州，驻扎在闽东宁德、福安等地的国民党第八十七师主力也奉命回援。8月7日，抗日先遣队开始进攻福州，由于敌人力量强大，加之福州城防坚固，红七军团损失较大，旋即撤离福州。这一战虽促使部分国民党军队从中央苏区撤围，但也暴露了红七军团的实力。蒋介石决定全力围堵并消灭红七军团。此后，十五军刘茂恩部、四十九师伍诚仁部、补充一旅王耀武部、第七师二十一旅李文彬部，还有四个保安团和一些地主武装共同参加围堵红七军。

为了整合闽浙赣苏区的武装力量，11月4日，中央革命军事委员会电令，将红七军团与红十军合编为红军第十军团，红七军团改编为第十九师，任命原闽浙赣军区司令员刘畴西为军团长兼第二十师师长，乐少华为军团政治委员兼第二十师政治委员；寻淮洲任第十九师师长，聂洪钧任政治委员，刘英任政治部主任；苏维埃主席方志敏兼任闽浙赣军区司令员，曾洪易任省委书记兼军区政治委员，粟裕任军区参谋长（后改任红十军团参谋长）。关于红十军团成立后的任务，电令规定："十九师于整理后，应仍出动于浙皖赣边新苏区，担任打击'追剿'的敌人与发展新苏区的任务。二十师则仍留老苏区，执行打击'围剿'敌人与保卫苏区的任务。"由于中央红

军主力已离开苏区开始长征，所以电令还特别指出："军区及新组成的十军团统受中央军区项司令员（即项英）指挥，省委亦受中区分局领导。"根据中革军委电令的要求，11月18日，寻淮洲率领第十九师出其不意地突破敌人设置在玉山至开化之间的封锁线，长驱直入，向浙皖赣边挺进。红十九师一路击退浙江保安纵队的围追堵截，直逼昌化、于潜（今潜阳）和临安，震动杭州。随后，红十九师又转向皖南行动，进入安徽，攻克旌德，由泾县、宣城之间北上，威胁芜湖。红十九师灵活机动的作战方法卓有成效，有力地打击和牵制了敌人。然而，就在此时，中央军区发来指示，要求红十军团的三个师在开化、遂安、衢县、常山之间集结兵力，争取以运动战消灭敌人，创造浙皖赣边新苏区。同时决定，方志敏、刘畴西、乐少华、聂洪钧和刘英五人组成军政委员会，以方志敏为主席，随红十军团行动。

根据中央军区指示，方志敏和刘畴西率领红十军团部和第二十、二十一师于11月下旬离开闽浙赣老苏区，北上皖南，12月10日在黄山东南的汤口地区同寻淮洲领导的第十九师会合。红十军团进入皖南后，国民党军队开始增调围堵部队，企图一举歼灭红十军团。1934年12月12日晚，蒋介石发出急电，令浙江保安处处长俞济时担任"追剿队"指挥官，统辖第七师第二十一旅李文彬部、第四十九师伍诚仁部、补充第一旅王耀武部、浙江保安第二纵队蒋志英部，同时令赣浙闽皖边区警备司令赵观涛和安徽省主席兼保安司令刘镇华参与堵截，参加围堵部队有第五十五师李松山部、第五十七师阮肇昌部、新编第七旅李宗鉴部、独立第四十三旅刘震清部和安徽保安团，以及阮勋部、刘惠心旅等，总兵力达十万余人。蒋介石还专门向各部队长官发出手谕，称："追剿红十军团，奋勇作战而获战绩者赏，行动迟缓、退缩不前者，以贻误军机论罪。"王耀武因有宣黄

战役的战功，备受上级长官关注。

1934年9月，王耀武带领部队离开临川开往上饶。在上饶他见到了赣东北"剿匪"总指挥赵观涛，赵观涛对他说："方志敏率领的第十军团共一万多人，流窜赣浙闽边区，他们装备虽差，但作战很机动，很顽强。我们的部队受到了很大的损失。俞济时因作战不利受到处分。望你告诉部下，与共军作战无论什么时候都不能大意，大意必遭受挫折。现在，我以为把军队区分为驻剿、堵截、追击三部分为适当。三部分合力协作，一定可以将方志敏部消灭。"此时，参与"围剿"红十军团的国民党部队共约二十万人，而红十军团不足两万人。王耀武后来在《自述》中写道："抗日先遣队抗拒比自己多七八倍的优势敌人，这在历史上是少有的。"

9月24日，红军抗日先遣队准备在浙江遂安的鲍家村宿营时，遇敌第四十九师和补充一旅共五个团的分路追击。因追敌较多，先遣队大部队开始翻越大连岭向皖南方向的石门转移，同时命令在送驾岭的警戒部队进行掩护。下午3时左右，国民党军第四十九师二九一团的前出尖兵到达送驾岭脚下，被埋伏此地的红军战士击毙多名。敌人由此发现岭上已被红军占领，不敢贸然进攻，就命令二九一团由道路东侧山地向红军进攻，第二八九团在道路西侧展开，并集中两个团的迫击炮同时部署在姚家东北山地，集中向红军进行炮击，第二九四团担任机动部队，向红军发动全面进攻。与此同时，王耀武指挥的补充一旅的前卫第三团也到达洪家坂，分兵占领北面的宏山岗和南面的山头，派部分兵力沿浪川涧正面进攻。担负大部队掩护任务的红军战士在鲍家村东侧击退了敌人的多次进攻，令国民党军前进的企图受挫。王耀武随即指挥补充一旅主力向钓金山发动进攻，由于红军已经占领了附近的有利地形，王耀武便指挥部队采取火力突击的方式，缓慢向前推进。双方激战至天黑时分，红军

大部队已经顺利转移，军团首长便令掩护部队撤退，派侦察连殿后掩护。侦察连转回到送驾岭顶西段的凉亭，见横路和钓金山尚没有敌人，便占领凉亭西侧的小高地，又派一个班带两挺机枪前出到横路东段的岭顶，以一面小红旗插在凉亭上，全面隐蔽在岭顶突出的山梁上准备射击。红军在送驾岭插上红旗后，果然起到了迷惑敌军的作用。国民党军第二八九团此刻已经占领仙人坛，远远望见送驾岭上的红旗，误以为红军仍在坚守该阵地，便派了一个营前进至接近送驾岭的地方用迫击炮进行轰击。此时，王耀武部所属第二团也占领了钓金山东侧山地，忽然发现送驾岭方向爆发了激烈战斗，枪炮声轰鸣，并出动第二营前出到送驾岭东北的山梁。这样一来，红军侦察班与两路敌人呈斜三角态势，二八九团奉命前出的二营误以为补充第一旅是红军的增援部队，便拼命向补充一旅射击，受到攻击的补充一旅官兵来不及辨别对方是敌是友，便立即向对方还击，双方都拥有较好的火力，打得不亦乐乎。

三支部队就这样对攻了一段时间，等到天色黑下来，红军侦察部队奉命趁着夜色撤退。但不明就里的两支国民党军部队仍没有停火的意思，远处的其他国民党军部队听到黑夜里四处传来枪炮声，便不顾目标盲目射击。双方战至半夜时分，两边的指挥官都充满了困惑——如果对方是红军的话，很难想象对方是如何拥有这么强的火力的，要知道，红军的装备相对简陋，迫击炮数量极少，红军战士都很注意节约弹药，不可能在漆黑的夜里这么毫无目标地乱放枪弹。最后，补充一旅官兵向对方吹起了联络号角，号角响起后，对方果然停止了射击，经过一番交流，才发现是自己和自己打起来了。此战，红军牺牲三十多名，国民党军因对攻伤亡一百六七十人。战后，为推卸这一责任，王耀武声称补充一旅战至天黑即停，并没有向友军开火。第四十九师则不承认是双方误会，进而指责补充一旅

未能按照命令前进到指定地点，致使红军成功转移。最后，国民党"剿匪"总部息事宁人，对此事没有深入追究。

进入到12月份，红十军团的补给越来越困难，为改善部队困难状况，军团领导人决定选择冒进的国民党部队进行打击，缴获补给物资。恰在此时，因战事不利而被蒋介石责备的俞济时指挥浙江保安团的一个加强营和王耀武补充第一旅急于贪功，开始脱离国民党大部队。12月13日，红军侦察员向军团首长提供了一份情报：国民党军的"追剿"部队正分三路扑来，中路之敌补充第一旅王耀武部与浙江保安纵队一部孤军突进，其前锋已抵达汤口地区。这一情报使得军团长刘畴西很感兴趣。在军团负责人会议上，他一改过去的优柔寡断，坚决主张给敌人以打击。一向英勇善战的寻淮洲在分析敌情后提出最好不要打这场冒险的战斗，他向军团首长列出了理由：国民党军士气正旺，且拥有优势装备，我军则十分疲惫，对地形不够熟悉，对手王耀武也绝非一般的统兵将领，此人较善谋略。而刘畴西对此表示反对，他提出，国民党军虽有优势兵力和装备，但是红军可以利用国民党军骄傲和地形尚不熟悉的弱点，打击其嚣张气焰。在刘畴西的坚持之下，军团会议最终决定要对王耀武部进行一场伏击战。会议决定：利用乌泥关之谭家桥公路两侧的有利地形，伏击尾追的国民党军队。

12月14日凌晨，红军进入伏击阵地。谭家桥位于黄山之东麓，地处旌德、太平等县的结合地带，西靠黄山，东边有石门岗制高点，南边是乌泥关山隘口，北边为一小山坡，地势险要。红十军团指挥部设在一个极不显眼的小山——钟鼓山的后坳上。兵力部署按照红十九、二十师顺序沿乌泥关至谭家桥公路两侧自南而北设伏，将战斗力较强的红二十师以一个营构筑工事，坚守谭家桥正面。刘畴西设想，等待国民党军通过乌泥关口，先断敌退路，然后红二十师迅

35

速拦腰出击。倘若钳住了国民党军，还可以有效阻击敌人的援救部队。但刘畴西失算的是，敌补充第一旅王耀武是蒋介石的嫡系部队，装备精良，兵力与红军不相上下，且擅长打阵地战，而红十军团远离苏区，皖南地方党组织与武装力量未能及时形成支援，敌我力量对比悬殊。

14日早6时，国民党军前卫部队经过乌泥关、谭家桥时，看到百姓有的在砍柴，有的在种地，有的在路上行走，如平常一样，因此认为没有可疑情况，也就未派部队严密搜索，就通知大部队浩浩荡荡开进。其实，这些老百姓是红军化装用来迷惑敌人的。14日上午9时，国民党前卫第二团及浙江保安纵队第三营刚进入伏击圈，一名性急的红军士兵在阵地上开了枪，枪声惊动了敌人，国民党军开始组织撤退反击。没有时间等待，红军所部都已经部署完毕，此时如果不发动攻击，国民党军就会紧紧贴上部队。红军此时开始向国民党军全线出击，国民党军第二团团长周志道当场被红军击伤左臂，敌军一度陷入混乱。但由于红军开火过早，国民党军主力尚未进入伏击圈，致使伏击战变成了阵地战，双方依托现有阵地展开了较量。

王耀武的补充第一旅前卫团十分谨慎，上午10时左右搜索到寻淮洲阵地前，寻淮洲当即发起攻击。红军来势很猛，集中力量冲过来，敌第二团立即发生动摇。但二团团长周志道一方面让警卫排用枪把士兵们逼回去，一方面让司号兵赶紧吹号，催促增援部队跑步前进。红军与敌军展开了肉搏。红军三次冲锋虽然受到挫折，但斗志仍很旺盛，打败敌军第一旅的决心并未动摇，又发起了一次规模较大的冲锋。这次红军出动了七八百人，分三路冲过去。刺刀在太阳光下闪出白光，杀声震天，大有一鼓作气消灭敌人第一旅之势。

在当时的情况下，红军一旦冲锋，大部分国民党军的常规动作

就是溃退。但是王耀武部不是如此，他的人马迅速缩回，而没有溃散。同时开始了迂回，占据了630高地，红军两个师协同不力，而国民党军在王耀武指挥下从两师结合部突破，将红军各部击溃。红军袭击敌人过早了，他们要是等到敌军第二团通过，然后集中力量猛扑敌司令部，先将司令部打乱，失掉了指挥，再打各团，也许王耀武的全旅就完蛋了。午后2时，红军以一个团的兵力，向敌人第三团及占领乌泥关的敌人第一团之间攻击，准备夺取乌泥关。红军战士奋不顾身地向前冲击，虽经反复争夺，未能占领乌泥关及打败补充旅。战到下午5时，双方都已精疲力竭，全线成对峙状态。这时，国民党军的李天霞用电话向王耀武报告说："枪声稀少，敌人的行动很隐蔽，他们可能已开始撤退。敌人今天向我们袭击过早了，如待我们最后的部队通过乌泥关，他们再派部队去占领，那不费一弹就可以占领该关。对我们形成包围，再开始向我们猛袭，我们就很可能失败了。"王耀武和俞济时都判断红十军团要于夜间撤退，但他们不敢追击红军，怕遭到红军伏击。到15日拂晓，红十军团已全部撤走。此战寻淮洲身先士卒冲锋，令王耀武感叹不已，连称"虎将"。此战，寻淮洲身负重伤，在转移中牺牲。此外，红军损失了三百人，八名师以上干部负伤，八十七团团长黄英特阵亡。尤以寻淮洲的牺牲，是红军的一大损失。

王耀武自担任"追剿"红军的任务以来，唯恐各部疏忽吃败仗，他时刻叮嘱下属要提高警惕，不能心存侥幸粗心大意。他在分析抗日先遣队各部队情况后说："军团长和师长的革命意志很坚强，作战经验丰富，尤以寻淮洲的作战指挥能力为最强。"王耀武早就听闻红军将领寻淮洲是不可多得的将才，他作战勇敢、善于游击战，王耀武和寻淮洲一路交手下来，坦陈自己不如寻淮洲。

谭家桥之战，用方志敏的话说就是决定抗日先遣队能否在皖南

站住脚的决定性一战。此战失利，还折损了一个师长，方志敏部的境遇更加恶化。纵观谭家桥之战，红军失利有以下几个原因：一、轻敌的观念当时在部队中是普遍现象，认为敌军王耀武部是不堪一击的部队，不是我们的对手，以致骄傲自满。二、动作不一致，尤其是不服从军团号令，致遭敌各个击破。三、当敌人业已占领主要阵地，且我军主力已退出战斗，凭着几个干部一时的热情反突击，这不但不能解决战斗，同时无法避免自身损失。四、自谭家桥战斗失利后，军团政治工作涣散无力，以至此后士气低落。

谭家桥战斗后，方志敏部遭到国民党重重尾追，日益艰难。为摆脱困难局面，红十军团向皖南苏区进发，途中，部队整编为第十九、二十、二十一三个师，王如痴任十九师师长，胡天桃任二十一师师长，刘畴西兼任二十师师长。1934 年 12 月 18 日，红十军团抵达皖南苏区中心柯村。柯村位于极为偏僻的深山老林之中，隶属太平县。苏区群众满怀喜悦的心情迎接红军到来。老百姓给红军杀猪送粮，农妇会赶制鞋袜，担架队忙着把红军伤员送到后方医院。红十军团与皖南苏维埃政府联合举行了军民联欢大会。

1935 年 1 月 10 日，方志敏、刘畴西率部离开茶山，开始向闽浙赣苏区方向转移，这次转移使红十军团遭受了致命一击。此时，闽浙赣苏区已经被国民党军筑上了数道防范严密的封锁线，而方志敏身边仅有的两部电台已经破损得无法使用，对于即将面临的危险，他们浑然不知。红军先遣队的归途距离并不远，总长不到两百里，但却是一路凶险。为消灭抗日先遣军，蒋介石抽调了大量兵力进行堵截。其中，赵观涛的部队和浙江保安处的部队安置在白沙关、九都、暖水、陇首、童家坊、分水关、杨林、濠岭关、中洲、港首、宗儒、桂湖等地，形成了一道道纵横交错的封锁线，国民党军每支"追剿"部队之间相隔只有半天路程，相互之间形成了强力支援

态势。

12 日，红军到达杨林，只要越过南华山就是化婺德苏区，红军就能得到有力支持。但军团长刘畴西顾虑部队长途行军过于疲劳，决定在此宿营，待天亮再出发。这个消息很快被国民党部队侦察得知，浙江保安纵队第三团连夜从星口疾驰七十里，越过红十军团主力部队前沿到达苏区东部边缘的王阪、徐家村一带，堵住了红军通往苏区的通道。国民党军第四十九师、第三十一旅则向杨林上下庄一线追堵。13 日上午，收拾停当的红军开始向徐家村进发，一路貌似很平静，殊不知敌人已经在徐家村设好包围圈。红军刚到徐家村，密集的枪炮声把红军打了个措手不及。红军部队犹如活靶子，被国民党军居高攻击，红军伤亡很大，红军只得留十九师一部掩护大部队撤退，其他红军迅速绕道向西转移。

15 日中午，红军到达港首村，旋即遭到国民党军驻军的攻击，经过奋力冲杀，红十九师冒着敌人的炮火杀开一条血路，掩护方志敏、粟裕等带领军团机关人员、伤病员和先头部队撤到陈家湾村，而刘畴西、王如痴仍然率领红军在港头休息，此时的红十军团已被敌人分割为两段，首尾不能相顾。

1935 年 1 月 18 日，重新会合后的方志敏、刘畴西决定组织部队向金竹坑方向突围，但遭敌人阻击。红军误以为前面有敌军主力，临时决定改变突围方向，其实负责阻击红军的只有国民党军一个排，连日来疲惫至极的红军对此产生误判。在红军向怀玉山退却时，军团长刘畴西又手臂受伤，行军受到很大影响。红军即将前往的怀玉山地区是个群山环抱之地，其主峰高达一千五百三十八米，山峰陡峭，山路崎岖狭窄，人烟罕至，食物奇缺，当时又是数九寒冬，风雪交加，这令红军的处境更加险恶。怀玉山战斗开始后，红军连日翻山越岭十分疲惫，很多战士好几天没吃上一顿饱饭，加之缺乏睡

眠，每个人都快达到身体所能承受的极限，但他们还是凭借顽强的意志打退了敌人一次又一次进攻。其中，被敌人分割包围的红二十一师，在王龙山的刺窝一带被王耀武所部包围，由于子弹奇缺，他们根本无法和王耀武部进行持久战斗，战士们大部分牺牲，师长胡天桃被俘。

胡天桃被俘后，王耀武十分重视，希望能以口舌劝其归顺国民党。第一次见面，王耀武就被惊呆了。他回忆说："这位师长的上身穿着三件补了许多补丁的单衣，下身穿两条破烂不堪的裤子，脚上穿着两只不同色的草鞋，背着一个很旧的干粮袋，袋里装着一个破洋瓷碗，除此以外，别无他物，与战士没有什么区别。"时值严冬，天寒地冻，若不是被别人指认出来，王耀武绝对不相信面前这个人就是多次交手的红军师长胡天桃。1959 年新中国成立十周年前夕，王耀武作为首批特赦战犯被释放，仍然清清楚楚地记得二十五年前与胡天桃的那次谈话，文史资料中一笔一笔地记录下当年与胡天桃那场令他震惊不已的谈话：

王耀武：蒋委员长对你们实行宽大及感化教育，只要你们觉悟，一样得到重用。

胡天桃：我认为只有革命，坚决打倒帝国主义、封建主义及军阀，中国才有办法。

王耀武：我们也希望国家好，也反对帝国主义的侵略。你说国民党勾结帝国主义，有什么根据？

胡天桃：国民党掌握着军队不抗日，却来打内战，还请帝国主义的军官当顾问，这不是勾结帝国主义是什么？

王耀武：共产主义不适合国情，你们硬要在中国实行，这样必然会失败的。

40

胡天桃：没有剥削压迫的社会，才是最好的社会，我愿为共产主义牺牲。

王耀武：你知道方志敏现在什么地点？

胡天桃：不知道。

王耀武：方志敏对未突入封锁线的部队有什么指示？

胡天桃：不知道。

王耀武：你家在哪里？家里还有什么人？告诉我们，可以保护你的眷属。

胡天桃：我没有家，没有人，不要保护。

胡天桃后来被押解到王耀武的上司俞济时那里，也无多余的话。俞济时说："你是红军的高级人员，不会不知道红十军团的情况。"胡天桃答："我不知道，你把我枪毙了吧。"王耀武和俞济时对胡天桃劝降失败后，1935 年 11 月在南昌，胡天桃被蒋介石下令杀害。胡天桃被枪杀了，但他在那场谈话中所表现出来的崇高理想和坚定信念，却震撼了王耀武整整几十年。

红二十一师被敌军打垮之时，红十九师、二十师也被围在怀玉山西北山地和北部的玉峰、马山一带。19 日，红军由向导带路下山，当晚准备向八际突围，被敌第二十一旅的一个营发现，敌人集中所有火力进行阻击，红军突围未获成功。第二天，红军占据了龙潭山坡，凭借居高临下的地理优势向敌人攻击，连续击退敌人几次进攻。就在红军鏖战之时，国民党军部队开始从四处包抄过来，国民党军第四十九师、补充第一旅、独立第四十二旅等国民党中央军凭借精良装备向红军发起全面进攻。随着国民党军包围圈的缩小，红军部队不断被分割冲散，伤亡惨重。24 日，红十九师师长王如痴决定再次实施突围，他亲自指挥数百名红军战士趁黑夜向外突围，随即遭

到国民党部队强力阻击，红军部队被打散。25 日，方志敏将身边部队集结起来，准备做最后一搏，争取突围成功，但这次突围还是没有成功。方志敏、刘畴西率领的红军抗日先遣队被国民党军重兵包围，危在旦夕。远在南昌的蒋介石接到俞济时的电报后，异常兴奋，决定尽全力把这支红军部队消灭殆尽，他向前线的国民党军将领发布了手谕，表示"凡在未捕到方志敏等之前要求休整者，杀无赦！"在蒋介石的严厉催促下，国民党各路"追剿"军从各地向怀玉山方向涌来，与此同时，怀玉山的风雪也更加猛烈，红军将士面临着灭顶之灾。

面对国民党军队的凶猛进攻，红军将士们英勇还击，怎奈弹药基本耗尽，枪声逐渐稀疏。国民党军队开始反复搜山，分散隐蔽在深山密林中的红军指战员除少数突围进入赣东北苏区和皖南游击区外，大部分被俘。1 月 28 日，军团长刘畴西被俘，1 月 29 日，由于叛徒出卖，方志敏也在玉山和德兴交界处的陇首村附近被敌人俘获。至此，由红十军团改编而来的抗日先头部队，除了一千余人在粟裕、刘英率领下，突破国民党军封锁线，返回闽浙赣苏区，主力奋战七昼夜，大部分牺牲。

这次对先遣军的"围剿"作战结束后，蒋介石论功封赏，王耀武被蒋介石再次召见，虽然方志敏并非王耀武所部擒获，但蒋介石认为若无王耀武所部对先遣军的奋勇作战，难有这么重大的战果。因此，方志敏被俘牺牲，抗日先遣军全军覆没，王耀武为蒋介石立下了汗马功劳。

1934 年底，中央红军战略转移，开始万里长征。王耀武被调驻四川西部松潘藏族地区堵击红军北上部队。当时松潘地区藏族首领多不服从蒋介石中央军节制，以往进驻部队大半被红军歼灭。王耀武部进驻后为制服并拉拢藏族土司头人，挑选身材高大、武功极好

的士兵练步马兵术、格斗拼刺等。不久，王耀武邀请藏族土司到驻地赴宴，并观看士兵步马兵术、格斗拼刺表演，震慑了土司。王又赠送土司重礼，以示抚慰。软硬兼施起到了分化瓦解作用，一部分藏族土司归降王部，并联名通电服从中央。王耀武再次被蒋介石召见，并获得蒋介石赞赏。在驻防期间，王耀武为在松潘高原上丧命的国民党官兵修建了一个公墓，所清理埋葬的各部官兵遗体超过了一万，多半是病死或饿死，这也算王耀武为老部队死亡的官兵做了一次仁义的功德。1936年春，补一旅撤下高原，在汉中改编为新编第十师，新十师成立的时候仍然与补充旅时代一样只有三个团，只是旅部改称师部。不久王耀武打通了重庆行辕主任贺国光的关系，让军政部核准新十师改成由军政部直接补给的正规军，并核发了第五十一师番号，将该师扩充成两旅四团制的甲种师。

1936年12月12日，张学良、杨虎城发动西安事变。事件爆发之初，军政部长何应钦曾欲进攻西安，以武力解决事端，但遭到了以宋美龄为代表的一派的反对。后者竭力主张和平谈判，不以军事压迫张、杨而陷蒋于不测，及时制止了何应钦的军事行动。虽然何应钦武力营救蒋介石的动机值得商榷，但众多的黄埔系将领心系蒋介石安危，力图与张、杨拼命的心态确实是真实的。此时的王耀武已经升任第五十一师师长，两次受蒋介石亲自召见的他自然对蒋介石的安全极为关注。何应钦发布调动军队围困西安的军令后，王耀武迅速行动，星夜率全师经汉中出子午谷，奔向西安，控制西安以西地区，和其他中央军对西安呈合围之势。子午谷是一千多年前的古道，山路崎岖，非常难行，但这也是通往西安附近的一条近道，同时由于该条道路隐蔽难行，不易被对方侦知。应该说，选择子午谷线路行军，是需要一定魄力的，尤其是在携带大量作战物资的情况下，行军是极为艰难的。同时还存在一定风险，如果张、杨的部

43

队也揣摩出王耀武的行军路线，在此古道设伏的话，五十一师恐怕要遭受灭顶之灾。但在王耀武心中，营救蒋校长是天大的任务，他豁出去了，严令全师官兵冒险前进。行军途中，五十一师的官兵多有损伤。西安事变和平解决后，蒋介石对于何应钦力主武力解决张、杨一事十分不高兴，但当他听说王耀武也曾奉令出子午谷勤王之事后，却并不生气，反而觉得王耀武对自己忠心可嘉，是一员不可多得的爱将，从此蒋介石对王耀武更加信任和青睐。

第三章

扬名淞沪战场
鏖战南京城下

九一八事变后，日本帝国主义开始不断挑起事端，加快侵略步伐。此时的蒋介石虽然不满于日本步步紧逼，但他坚持奉行"攘外必先安内"政策，致使日本侵略势力逐渐深入华北内地。西安事变和平解决后，蒋介石抗战决心日益坚定。卢沟桥事变后，抗战全面爆发，一大批国民党爱国将领纷纷掉转枪口，奋战在抗日御侮的第一线。王耀武这个在"围剿"红军中声名鹊起的反共将领，基于民族大义，在抗战烽火中成长为一位令日军敬畏的抗日名将。他率领部队转战大江南北，打出了中国军队的威风，振奋了中国人的精神。

率军坚守罗店，顽强阻击日军

西安事变和平解决后，蒋介石开始加紧抗战准备。为培养抗战人才，1937 年初，他在九江成立优秀军官训练营，特意邀请德国军事人员帮助自己训练军官。当时，从国民党军各部队中都抽调了若干青年军官，专门学习战术，研究战法。德国人以苛刻著称，德军在技战术方面非常灵活，攻击手段尤其多变，部队协同良好。借助德国的训练方法对中国军官进行训练，确实能帮助他们提升战技水

平，加上当时国民党军从德国、苏联购置了一批装备，为五十一、五十八这样的王牌师进行换装，整个部队的装备水平已经达到苏军二线部队水准，再辅以最先进的作战思想，部队所激发出的战斗力十分可观，尤其是在抗战爆发后的大会战中，这些部队对于有效抗击日军发挥了重要作用。王耀武率领的五十一师已于1936年下半年转为由军政部供给的中央军甲种部队，部队换装之后面貌大变。为有效运用这些新装备，王耀武派出了程智、邱维达、苗柏平、纪鸿儒等人参加训练营学习。

王耀武虽然对德军的战术能力比较赞赏，但他也不忘结合中国军队实际进行借鉴吸收。1937年春的一天，王耀武专程去九江看望参加学习的军官们。见师长来了，程智、邱维达、苗柏平、纪鸿儒等五十一师的军官们在训练结束后赶紧向点将台处激动地跑去。王耀武看见这群快跑回来的年轻军官很是高兴，十年的私塾寒窗和十年在战场上出生入死的经历使他身上有种文人和武将融合在一起的气质，他更愿意和程智他们这种年轻军官打交道，而不是和军阀部队的军阀头头们应酬。但他看见苗柏平衣领的扣子没有扣好的时候，眉头却皱了起来，他平时最注重的就是仪表，说道："怎么不把风纪扣扣好？"苗柏平愣了愣，还不知道这位大名鼎鼎的将军说的就是自己，身后的另一名军官轻轻推了推他，他才反应过来，说道："师座，刚才训练太热了，就解开了。"王耀武哼了一声，说道："现在训练暂时结束了，为什么不扣好？"苗柏平说不出话来了，只有立正站好。这实在也是有点怪不得他，德国教官弗兰克平时虽然动辄对他们挑三拣四，罚他们搬着木头在营地里来回跑步，但除了训练课程以外，对这些服饰细节之类的却很少干涉，他的理论是"只要能打仗的士兵，就是最好的士兵"，其他事情都靠边站。实际上这也是德国基层军官的普遍看法，所以他们往往对英国人过分修饰自己的

48

仪表觉得好笑。

有一次大家训练表现不错，弗兰克大声说笑话给他们听："如果还有三分钟，阵地就会被日本人占领的话，你们猜各国人都会利用这段时间做什么？"程智等人只有摇头，弗兰克放肆地笑着说道："如果是法国人，他会用这段时间给情人写信；如果是德国人，他会写份书面作战报告，说明这次战斗的经过，进行分析，指出成败；但要是英国人的话，他会仔细地整理好领子，然后刮干净胡子，最后用最标准的军姿站好，等日本人到来的时候，他敬礼投降了！"当时大家都哄的一声笑开了。

王耀武这点却和英国人相似，认为军人在任何时候都应该尽量保持完美的仪表和风度。他走了几步，站在苗柏平的面前，大声说道："别忘了，你是五十一师的军官！不是兵痞子、二流子兵！你的形象就是五十一师的形象，除了在战斗中，任何时候都必须保持一个完美的形象！你给我绕着这个训练场跑十圈。"

"是，长官！"苗柏平敬了个礼，转身开始跑步，王耀武这才开始和其他军官聊天，问了一些训练情况，然后就是生活上面是否适应。程智他们详详细细地回答了。王耀武很会为人，无论是高官还是普通士兵，私下和他在一起都是如沐春风的。

王耀武忽然说道："刚才我看了你们的训练，还算过得去，但有个问题，我们国家是积贫积弱的农业大国，工业非常落后，我们日常用的一颗铆钉、一个灯，多数都要靠进口，德国人的战法是建立在他们强大的工业基础上的，而穷困的中国，除了血肉外，的确也没有其他东西可用了，只能用血肉来挡住侵略者的铁蹄！所以，今天我特意请到了北平前会友镖局总镖头李尧臣师傅，让他把他曾经传授给第二十九军的破锋刀法传授给你们，你们作为我师的骨干军官，每个人都要练会，回到部队后教会下属的兄弟。"

49

程智知道在 1933 年的长城喜峰口抗战中，二十九军当时的情况是火力弱，有兵无枪，有枪缺弹，只是每人大刀一把，手榴弹六枚。真的除了用血肉和侵略者相拼外，别无他法。1937 年中国自己生产出来的子弹，只够全部队的士兵每人平均两粒。而大刀制作的话就简单得多了，一般的铁匠铺子就可以打造，如果要赶时间，只要弄锋利的厚铁片装上木柄，就是一把大刀。

"承蒙王将军抬爱，特意把李某人从北平请了来，那么老朽自当把我毕生所创的融会了明代戚继光的'辛酉刀法'、程宗猷的'单刀法选'和清代吴殳的'单刀图说'等古典刀法的技法——精华破锋刀法传给各位长官，下面鄙人就先把这套刀法演练一遍。"一名年过五旬、身高七尺的中年男子抱拳出列道。他虽然略微谢顶，胡子斑白，却显得精神抖擞。他像年轻小伙子一样，利落地舞动起手中的大刀，挥动着那有力的双臂，辗、转、腾、挪、砍、劈、挑、刺，同时嘴中大喝道："第一式：带刀势；第二式：出刀势；第三式：压刀势；……第十一式：斜削刀势；第十二式：收刀势。完毕。"一气呵成地把十二式刀法演练完毕，李尧臣面不改色心不跳，赢得了广大官兵热烈的掌声。

弗兰克在一边看得直着急，他终于有机会插进来说道："王师长，现在都是热兵器时代了，大刀舞得再好，能抵挡住子弹吗？根本犯不着让官兵们把时间和精力用在学这种冷兵器上。""你说的并不适合中华军队。"王耀武在这个问题上表现出了异乎寻常的坚持，他想借这个机会让这些年轻军官了解更多战术以外的东西。"恕我直言，我并不觉得不学大刀有什么不妥。"弗兰克觉得有点不可理解。"这很好理解，中校（弗兰克在德军的军衔仅是中尉，但是国民政府为表示尊重，授予他中校军衔），德军的基本常识只有在使用德国装备的情况下才是有用的。""可现在他们不正是基本装备起我们德国

50

和苏联的装备吗？""可其他中国军队都还装备着汉阳造、中正步枪和大刀！他们有枪没弹，而面前这些官兵们，有可能以后就会成为其他中国军队的骨干，到时候他们怎么和自己的士兵协同作战？更重要的是，谁能保证五十一师永远都能使用外国武器？"

王耀武越说越快，他说道："中校，五十一师并不是你们德国帮忙训练出来的纯粹德国部队，而是要做中国手里最锋利的剑，这把剑应该是适合握在中国手里，而不是德国手里，离开外国武器和外援就不能使用，你明白我的意思了吗？"王耀武顿了顿，接着说道："我会和你的上级商量，一定要在训练中加上拼刺和大刀白刃战这一课！一个连冷兵器都不敢用的军人，还不如妇人！至少她们还敢用菜刀！"

弗兰克涨红了脸，高声道："将军，训练上所有的事情都应该是我们做主！你没有权力这么做！"王耀武冷笑道："等你的军衔上多一颗星的时候再和我讨论这个问题，你已经浪费了我太多的时间。恕我直言，你们德国人永远都不会了解白刃冲锋对于一支部队的士气是多么重要！"听到这里，随行的几个军官包括五十八师的副师长都忍不住暗暗点头——是的，一支部队必须有极强的约束力和高涨的士气才能组织一次完美的白刃战。事实上，这也是王耀武的目的之一。

几天后，经过最高层和德方的磋商协议，在九江训练营的课程表里，加上了白刃战这一课，但由于日本在7月份就全面发动了侵华战争，五十一师和五十八师的普通士兵还没有完全熟练破锋刀法，这方面始终成了七十四军的一个软肋，在不久后的抗日战争中，经常遇到各种短兵相接的情况，天下第一军的士兵们为这个弱点付出了血的代价。

1937年7月7日，日军发动卢沟桥事变，国民政府一面着手调

动军队紧急防御，一面进行外交交涉，但此时的日本已经决心全面侵华，国民政府不得不做最坏打算。卢沟桥硝烟未散，日军又开始在中国淞沪地区酝酿更大规模的侵略战争。淞沪地区是中国经济中心，当时，上海市是中国第一大工业、贸易、金融城市，工业产值占全国三分之二以上，贸易量占全国一半以上，金融资产占全国四分之三以上，是国民政府极其重要的经济基础所在，它还是中国的文化、艺术、科技、教育中心。一旦淞沪地区失陷，中国的立国基础就将受到震撼。

8月上旬，日军按预期战略计划实施，主力南下的同时，另一部从上海登陆，淞沪战役由此爆发。日军进攻上海也炮制类似狼吃小羊的借口。8月9日下午，日本两名海军陆战队官兵，驾车强行冲入虹桥军用机场，明目张胆地探测中国军队的情报。中国哨兵喝令他们立即停车退出，谁知那两名日军不但不听，反而开枪射击。守军当即予以还击，把那两名官兵当场击毙。驻扎在上海的日军立刻提出"抗议"，要求中国军队从上海撤退，拆除防御工事。在遭到中方严词拒绝后，日军就将海军陆战队和军舰集中到吴淞口一带，做好大举进攻上海的准备。日军虎视眈眈，战争一触即发。8月11日下午，蒋介石命令张治中全军向上海进发，预防不测。京（南京）沪（上海）警备司令长官张治中立即亲率第五军驻守上海周围，同时调集二十六师、八十七师、八十八师火速赶到上海，准备迎战日军。12日晨，张治中调派的中国军队已经进入上海市区。

8月13日，上午9时，日军在坦克掩护下沿宝山路进攻闸北、虹口，国军守军第八十八师予以还击。同时，日军舰艇主动开始向上海市闸北的国军阵地进行炮击。下午3时，日军在海、空火力支援下，由租界再次向闸北地区宝山路、八字桥和天通庵路发起进攻，国军五二三团第一营开始在上海八字桥遭遇日本海军陆战队，双方

进入战斗状态，"八一三"淞沪会战就此展开。8月14日，国民革命军第八十八师进攻位于虹口的日本海军陆战队司令部。14时50分日寇木更津联队、鹿屋联队十八架九六式陆上攻击机由台北松山机场起飞后兵分两路，九架轰炸杭州苋桥空军基地，九架轰炸广德机场。国民政府航空委员会防空总台首任少将总台长陈一白当即无线电急告从南京开会直接飞抵刚刚降落的空军第四大队高志航少校大队长迎头痛击，在不到30分钟的空战中，高志航击落日机两架，全大队击落日机六架。当晚日本广播称"十八架飞机中，有十三架失去联络"。

8月14日，国民政府发表声明表示："中国今日郑重声明，中国之领土主权，已横受日本之侵略，《国联盟约》《九国公约》《非战公约》，已为日本所破坏无余。中国决不放弃领土之任何部分，遇有侵略，唯有实行天赋之自卫权以应之。"此后，国民政府开始向淞沪地区调兵遣将，一场空前惨烈的淞沪大会战拉开帷幕。

8月15日，蒋介石下达全国总动员令，建立战时体制，并正式组成大本营，将全国划分为五个战区，其中淞沪地区为第三战区，冯玉祥任司令长官，顾祝同任副司令长官，陈诚任前敌总指挥兼第十五集团军总司令。至9月初，经过近一个月鏖战，原来配属三战区的中国守军损失极大，国民政府急令各地驻军向上海方向增援。一时间，桂军北上，川军东进，中央军也从四面八方赶来，全国所有的交通线几乎都成为繁忙的运兵专列。奔赴抗日前线的将士们沿途受到了民众和各界爱国团体的热烈欢迎。杨森率军出川时，数万民众夹道相送，他激动地说："我们过去打内战，对不起国家民族，是极其耻辱的，今天的抗日战争是保土卫国，流血牺牲，这是我们军人应尽的天职，我们川军决不能辜负父老乡亲的期望，要洒尽热血，为国争光。"至9月5日，全国各地赶赴上海的援军已经达二十

53

二个师二十余万人。中央军第七十四军五十一师师长也率部队从陕西星夜兼程赶到上海。王耀武自第二次北伐时就对日本帝国主义的骄横愤恨不已，九一八事变以来日本的步步紧逼也早已令他十分不安，这次终于可以亲率部队赴前线抗击日军，王耀武心中十分激动。他恨不得马上投入战斗，痛击日军。

其实，自西安事变和平解决后，王耀武就意识到，未来的对手就是骄横的日本侵略者。卢沟桥事变发生时，王耀武已经按捺不住心中的怒火。他命令全师上下认真训练，并找来日军作战的有关资料认真研究，制定对付日军的战法。1937 年 8 月 20 日，王耀武终于接到军委会命令，迅速集结宝鸡火车站，使用列车紧急输送，经西安、洛阳、徐州，到达浦口过江转赴京沪铁路，增援淞沪战场。命令一到，王耀武兴奋不已，全师官兵紧急行动起来，齐装满员实施机动。在转移过程中，也出现了一些小情况。当第五十一师官兵整装待发之际，忽然接到南郑天主教堂请该师营长以上军官赴宴，表示欢送之情。五十一师驻南郑但平时与天主教堂没有发生联系，王耀武心生奇怪，但人家请帖已到，又是热情欢送，不去也不合适，于是全师营以上军官悉数到齐。该天主教堂神父、主事们都到教堂大门迎接，并用法国大餐宴请官兵。用餐时，神父表示自己是意大利派来的神父，他说自己拥护华军战胜日本，祈祷全师官兵能凯旋。宴会结束后，神父请各位团长到小房间休息饮茶，并拿出墨索里尼与希特勒的合影给大家看，引起部分军官的警觉。在部队到达宝鸡车站时，官兵发现不时有飞机在上空盘旋侦察，路过浦口时，有日本军机轰炸，到达苏州站换发新兵器时又遭日机空袭。一路下来，似乎敌人对部队的行踪了如指掌。王耀武心生疑虑，他怀疑部队内有间谍，于是请上级对驻地教堂进行调查。果然，一年半以后，部队接到上级通报，在汉中天主教堂查获了一个潜伏的国际间谍组织。

8 月 24 日晚，王耀武所部到达安亭车站附近，忽然接到命令：全师立即出发，星夜急行军赶赴罗店，增援第十一师作战。看完电文，王耀武立即召集本师旅团长在安亭临时指挥所召开会议，授予各团战斗任务。经判断从川沙登陆之敌军，总兵力有三个师团，同时敌利用舰上炮火做掩护，兵力火力均在优势，我参加罗店反击兵力只有一个师，要保守罗店阵地，似难固守。决定以邱维达、程智两个团的兵力，展开为第一线，支援罗店方面作战。部队前进时分两步走，用急行军搜索前进，到达嘉定县稍事休整，联系友军，参加作战。

8 月 29 日晚，第五十一师所属邱维达团在施相公庙阵地布置完毕，为摸清罗店之敌虚实，团长邱维达决定组织一次夜间强袭行动。他调派预备队加强两个连的兵力，由第三营营长胡豪指挥，乘深夜向敌阵地运动。夜袭队员们一路隐蔽前进，一鼓作气冲入罗店南侧敌人阵地，打开一个约二百米的缺口，对阵地内敌人进行猛烈攻击，敌人在睡梦中猝不及防，慌作一团。夜袭目的达到后，未待敌人预备队集结完毕，胡豪带部队就开始回撤。回撤途中，敌人预备队尾随追击，胡豪将敌人吸引到我方阵地二百米地带，发出红色信号弹，邱维达团整个阵地守军立即向敌人发起阻击。激战两小时后，敌人开始原地隐蔽，邱维达又令全团以各式轻重武器同时射击，将敌人予以歼灭。战斗到天明，敌人全部被击溃，阵地前留下了众多日军尸体。邱维达团利用夜间实施强袭，初次出击即战果颇丰，极大地鼓舞了全团士气。此次夜袭一举击毙日军联队队长竹田和炮兵联队队长莫森，受到总部通报表扬，上海数家报纸如《申报》《大公报》等均报道了五十一师战绩，还在头版刊登了王耀武的照片。王耀武得悉此事后也对该团嘉奖，并报三战区长官部知悉。各友邻部队得知情况，纷纷派员来观摩学习经验，邱维达详细地向友军介绍了作

55

战情况，大家听后都觉得可以借鉴学习。日军遭受五十一师袭击后，松井石根十分恼火，下令日军加强戒备，并积极发起攻势作战，同时增调部队加强攻势。

8月31日，蒋介石向上海中国守军发布了训令，表达了抗战到底的决心，训令称："此次抗敌作战，为我民族死中求生之唯一出路，亦即我革命军人报国立功之大好良机，自应加倍奋励，各下不成功便成仁之最大决心，有进无退，有我无敌，歼灭寇虏，固我邦家。本委员长现率全国各军，誓与我袍泽同患难，共生死，兹特以至诚至严之意，与我全体将士约：凡贪生怕死，临阵畏怯，不能发扬战术与武器威力者，同济将士应共弃之。凡信仰动摇，精神松懈，不能尽其责任，而致贻误战机者，同济将士应共除之。大义所在，躬亲罔循，本委员长尤当按照军律以衡情论罪，不稍宽假。凡以上约言，亦即本委员长所以自励，苟有跨越，我全体将士，均可执约相加所不敢辞。望共禀之。"

从9月1日起，日军后续部队陆续向上海战区增援。参加上海作战的各友军经过一段时间的血拼，都伤亡巨大，由于其他地区部队一时难以接续，每支部队只能坚守奋战。在战事最激烈的时候，有的部队一个师上去，到换防时只剩下一个团，有的一个团的兵力剩下不到一个连。

9月11日，国民政府军委会重新调整了军事部署，蒋介石亲自兼任第三战区司令官，将部队划分为左、中、右三路大军，左翼军总司令陈诚，辖罗卓英部第十五集团军和薛岳部第十九集团军；中央作战军总司令朱绍良，辖本部第九集团军及第十八军和六十一师；右翼军总司令张发奎辖本部第八集团军和刘建绪部第十集团军，全线转入防御作战，坚守上海北站、江湾、庙行、罗店一线。王耀武所部第五十一师归左翼军总司令陈诚指挥。

9月14日,日军从华北增调的十个大队及从台湾调派的重藤支队先后到达上海,松井石根亲任司令官指挥十一个师团及天谷支队向罗店以西、以南的中国军队发起进攻。第十五集团军总司令陈诚率部顽强抵抗,并不断发起反攻。15日,中国军队攻克罗店。为突破中国军队防线,松井石根指挥第十一师团反复展开对罗店的攻击,日本海、空军也增调火力予以支援,但在中国守军的坚守下,日军始终未能越过罗店。

9月中旬以后,恼羞成怒的日军加大对罗店的攻击力度,王耀武第五十一师邱维达团防守的施相公庙阵地成为日军试图突破的重要目标。日军的企图是,集中陆海空火力,摧毁中国军队防御阵地之后,再使用部队进行强攻,试图从罗嘉公路两侧突破阵地,占领嘉定,以迂回包围中国军队之左翼部队。9月30日,日军对施相公庙阵地发起重点攻击,出动了第八师团及台湾派遣军一个联队,先以各种火炮、飞机轰炸,一波又一波不停地进行数小时之久。黄昏以后,日军开始展开大规模步兵攻击,主要突击方向仍在公路两侧。此时,邱维达团长命令前线部队对较远距离之敌人不要射击,以便节省弹药,待敌人进入我军有效射程后再听号令统一射击。这场战斗持续了整个夜晚,日军不断组织部队进行攻击前进,中国守军则利用掩体实施阻击。一个晚上下来,邱维达团牺牲近四十人,其中包括营长刘振武。

9月30日,国军第七十七师防守之万桥、严宅被敌突破,次日拂晓,敌突破陆桥、刘家行阵地,经第五十七师派部队逆袭,曾一度夺回陆桥,阵地未及巩固,敌增援部队反攻,王耀武所属五十一师向蕴藻浜南岸陈桥、光福、施相公庙、浏河之线转移。10月7日,日军继续向上海战区增兵,增派部队达六个师团,日军投入上海的总兵力达二十万人之多。此后,双方展开拉锯战,但由于日军总体

战斗力较强，且有海空军优势，中国军队防守阵地日益萎缩。11月5日至7日，日军第六、第十八师团由杭州湾北岸之全公亭、金山嘴登陆，中国守军腹背受敌，统帅部决定参战部队从上海全线撤退。

为保证部队从容撤退，统帅部命令王耀武第五十一师担任掩护任务。接到命令后，王耀武立即任命第三〇六团团长邱维达率该团担任总掩护队，掩护部队安全撤离。邱维达迅速集中全团以急行军向青浦、松江方向前进，阻止杭州湾登陆之日军前进。第三〇六团一路行军十分艰难，日机不断进行跟踪轰炸。11月9日晨，该团到达青浦以西朱家角镇。此时，部队得知松江已于8日中午被日军攻占，邱维达决定就地防守，修筑工事，阻击日军。10日，日军逼近朱家角邱维达团阵地，战斗一打响，日军就判断出中国军队兵力单薄，随即加强了攻势。邱维达鉴于敌我力量悬殊，带领部队且战且退，逐次迟滞敌人前进。退至青浦县城，该团利用城墙做掩护，与日军激战半宿后撤退。此役该团二营营长尹远之拼死抗击日军，不幸阵亡。眼看日军兵力越聚越多，且有穿插包围邱维达团的企图。为保全有生力量，团长邱维达下令部队向昆山方向撤退。

经过几个小时急行军，部队抵达距离白鹤港五公里左右的地方。邱维达派出侦察人员前往探视敌情，侦察人员回报说白鹤港已被日军占领，且通往昆山的公路两侧均有日军活动，大部队已无法顺利通过。获此情报后，邱维达十分焦虑，一旦四周都陷入日军之手，他的部队将面临被日军围歼的危险。正当大家苦无良策之时，邱维达发现有一位身着国民党军服的人从上海方向逃奔过来，经过认真询问，得知此人是友军罗卓英部的秘书，上海人，熟悉此处地形，所以能在日军包围下成功逃脱出来。该军人告诉邱维达，日军已超越他一日行程，如果部队要往昆山方向撤退，事实上已经不可能。他建议邱维达率部暂留此地打游击战，并表示自己可以利用本地人

熟悉地形优势帮助他们与日军周旋。邱维达听了此人的说辞后，反复考虑，觉得没有上级命令便擅自脱队进行游击作战，这似乎不太合适。最后在这位逃难军人的帮助下，利用两名当地农民做向导，邱维达团几经周折，昼伏夜出，终于在昆山附近找到王耀武率领的五十一师主力部队，全师部队在王耀武的带领下开始向昆山、南京方向撤退。

上海抗战进行三个月，双方投入兵力数十万人。战役结局虽然以中国的军队撤退而告终，但也重创了日军，同时挫伤了日军当局制订的"速战速决"灭亡中国的战略计划。战后，国民政府军委会对撤退之部队进行了重新编组，将五十一师与五十八师合编成立七十四军，以俞济时为军长，王耀武仍任五十一师师长。之后七十四军成为国民党抗日劲旅，王耀武成为七十四军的一员主将。

参加南京保卫，战时幸运逃生

淞沪失守后，国民政府极为震动，毕竟上海距离南京并不遥远。攻陷上海后，日军围绕是否向南京进军产生争议，最后，在接替石原莞尔的下村定等人的坚持下，12月1日，发出了"华中方面军司令官应与海军协同攻取敌国首都南京"的命令。超香宫鸠彦亲王接任上海派遣军司令。

中国方面，围绕是否固守南京争议颇大。李宗仁、陈诚等人从固守南京的实际效果出发，提出放弃南京，保存实力，宣布其为不设防城市，以免日军借口伤害平民。放弃南京的意见占了大多数。为最终下定决心，蒋介石决定召集军政要员开会研究。

11月13日上午，在南京铁道部一个不大的会议室里召开了保卫南京的军事会议。会场气氛沉闷，悲观情绪笼罩整个会议室。蒋介石说了几句开场白，桂系出身的参谋总部作战组长刘斐站起来说："南京守与不守不是一般的小问题，要从政治上、战术上考虑才行。政治上考虑是守，因为南京是首都，一旦为敌占领，等于宣布守国失败，日本胜利。但从战术上讲，南京是盆地，北面是长江，另一面是山地。如果守，就是背水之战。守不了几天将全军覆灭，所以战术上不能守。守等于浪费兵力、人力、时间，迟早要失败，不如不要守。"

"你的意见是撤？"蒋介石问个明白。

"不是，"刘斐说，"我认为，我们要将政治与军事相结合。""什么意思？"蒋介石不明白。"作为中国首都一点不守，怎么向民众交代，那不就成了南唐的李煜了吗？所以，我认为不作一点抵抗就放弃是不行的。但我不赞成用更多的部队与敌人拼死搏斗，而用一些少量部队与敌人拼一下，象征性地防守一下，让老百姓看到我们是尽了力的，是日本鬼子太强大。"

"你有具体方案吗？"蒋介石好像很感兴趣。"我主张兵力上使用十二个团，至多十八个团就足够了。"刘斐说罢，坐了下去。

"我非常赞成这个意见。"白崇禧首先表态。何应钦以"矜持老成"而闻名，他不慌不忙地说："刘组长所言高明，具体方案嘛，可以再研究研究。"蒋介石又点到了李宗仁，他说："德邻（字）兄，你的主张呢？说说吧，在座的都是自己人。"

李宗仁只好开口，他说："军事上讲，南京是个绝地。我看刘组长的意见是对的，同我不谋而合。历史上南京守军好像就没打过一次胜仗，不说远的，就说太平天国，可谓深沟高垒，城墙如钢铁般坚固，结果还是被湘军攻破了嘛。"说到这里，他手指向东边，继续

他的发言，"湘军就是从太平门攻进城的，那段被湘军炸毁的城墙如今还在，诸位有空步行三百米就能看到。"蒋介石心里有了底，声音也高了许多，他说："现在问题明朗了，大家基本上还是同意先守后弃，那么，再讨论一下由谁来负责守南京。"

何应钦、白崇禧以及许多将领都不赞成守卫南京，事实上在上海沦陷后，南京已成为一座孤城，也失去了防守的战略意义，因此大家都不愿承担这个任务。但作为主战派的国民政府军事委员会执行部主任唐生智在会议上站出来激昂地说："南京不仅是我国的首都，而且是国父之陵所在地。如果我们不战就放弃南京，怎么对得起国父的在天之灵？如果没有人愿意守卫南京，我愿意与南京共存亡。"蒋介石当即任命唐生智为南京城防司令，负责南京保卫战。

蒋在会上宣布："一、南京是中国的首都，为了国际声誉，不能弃之而不守。二、南京是总理陵墓所在地，我们如不守南京，总理不能瞑目于九泉之下。三、大家要有破釜沉舟的勇气和不成功便成仁的决心。四、南京郊区有预先做好的国防工事可利用，兵力部署要纵深有重点，紫金山、雨花台等要点不能放弃，必须坚守。五、我已调云南卢汉等部生力军集中武汉，以备南京之围。六、唐长官见危授命，你们应服从他的指挥。"讲完之后，唐生智接着说："守南京的任务是艰巨的，在这种情形下，只有鞠躬尽瘁，死而后已。"

在蒋、唐两人讲话后，到会的将领彼此看看，没有人讲话。关于南京能否守住的问题，在会前议论纷纷，内心明知南京不能守，但没有人敢在会上提出具体意见。事实上，在日军的强劲攻势下，南京防御战并无太大实质意义，而且，蒋介石提到的南京外围的防御工事由于长期缺乏管理，很多工事已经基本无法使用，从上海到南京之间的三道防线本应该成为阻止日军进攻的重要依托，但由于平时疏于管理，很多工事的钥匙都找不到。淞沪会战后期，从上海

撤退的中国军队也曾试图凭借这些工事抵御日军进攻，结果撤到工事里发现根本无法进入，里面也没有任何补给品，无奈之下各部队纷纷一路后撤。南京附近的防御工事本来十分完善，国民党政府曾花费了大量人力物力进行构筑，但同样由于管理不善，很多地方被雨水灌进去，一些厚厚的大铁门也无法打开，蒋介石嘴里的城防工事其实就是一堆无法使用的豆腐渣工程。但这种情况自然无人向蒋介石汇报。

蒋介石此时倒担心唐生智是一时的冲动和激动，怕他说的话不算数，便追问道："唐将军，我佩服你的决心，但是保卫南京的决心好下，而真正行动起来困难是不少的，你对如何坚守南京是否有具体方案呢？"

"报告委员长，我已经考虑好防守计划。"唐生智胸有成竹地说，"概括起来是四个字：焦土抗战！"

"那你就具体地谈谈你的焦土抗战吧。"蒋介石抬了抬手，唐生智继续说下去。唐生智说道："第一，为了扫清射击视线障碍，把南京城外的树木、房屋全部烧光；第二，为了不让敌人接近城墙，力争把敌人消灭在城外十公里；第三，从现在起，对部队进行班防御、连防御的实战性训练。"

蒋介石表现出极大的热情，离开座位走到唐生智面前，激动地握着他的手说："路遥知马力，日久见人心。我现在才感到唐将军在危难的关键时刻，挺身而出，主动请缨，替我分忧解愁，你是我最知己的朋友，国家的栋梁之才，民族的希望所在。我马上下命令，把能留下的部队尽量留给你指挥。"

次日，唐生智走马上任，卫戍司令部设在鼓楼百子亭附近的一座两层楼内。11 月 17 日正式挂牌办公。一时间，唐生智成了中外人士关注的焦点。

蒋介石决定固守南京，除了考虑到南京的特殊地位（若不战而退，有失体面，固守南京则表明政府抗战之决心和意志），更多的还是出于外交战略的考虑。因为自淞沪会战后，国民政府始终没有放弃寻求国际干预中日冲突的努力。虽然从军事角度来看，南京已无坚守之可能，而蒋介石出于外交层面的考虑，又希望能够在南京坚守一段时间。这样，军事和外交两个层面的考虑存在矛盾，造成国民政府对南京保卫战的作战计划摇摆不定。

做出固守南京决策之时，布鲁塞尔会议尚在进行中，蒋介石希望能够利用《九国公约》来制裁日本，但最终九国公约会议未取得积极成果。11月5日，德国驻华大使陶德曼接受日本政府委托，作为中日之间谈判交涉的中间人，向蒋介石提出了日本的七项和平条件，但被蒋介石"严词拒绝"。11月中旬后，随着布鲁塞尔会议上传来的消息越来越不利于中国，蒋介石的态度有所改变，希望利用陶德曼调停，为缓兵计，迟滞日军在战场上的攻势，争取时间整顿后方以利再战。与此同时，蒋介石对苏联援华也非常期待，积极争取苏联对华的军事援助甚至于直接出兵支援中国。但是到了12月5日，蒋介石对"苏俄出兵已绝望"，而"德国调停似亦无望"，国际形势渐陷于不利状态。可是，蒋介石在同日致第五战区司令长官李宗仁及阎锡山的电报中却声称："南京决守城抗战，图挽战局。一月以后，国际形势必大变，中国当可转危为安。"这表明他还未放弃对国际干预的期望。

在南京保卫战进行过程中，蒋介石于12月11日晚给唐生智连发两电："如情势不能久持时，可相机撤退，以图整理而期反攻之要旨也。"但第二天又改变主意，致电唐生智等："经此激战后，若敌不敢猛攻，则只要我城中无恙，我军仍以在京持久坚守为要。当不惜任何牺牲，以提高我国家与军队之地位与声誉，亦为我革命转败

63

为胜唯一之枢机。"他还指示:"如南京能多守一日,即民族多加一层光彩。如能再守半月以上,则内外形势必一大变,而我野战军亦可如期策应,不患敌军之合围矣。"这里所说的"大变",仍指苏俄出兵。可见,蒋介石至此仍不甘心放弃国际干预的希望。

但是,蒋介石这种为了引起国际干预而不顾军事上困难的战略决策,一旦国际干预没有如期而至,那么南京保卫战的军事后果将是非常严重的。

为达到速战速决的战略目的,歼灭战遂成为日军迂回包围南京的主要作战目标之一。12月7日,日本华中方面军通告了《攻占南京要领》,指出:"在南京守城司令官或市政府当局尚留在市内的情况下,设法劝告其开城以和平方式入城。此时,各师团各派步兵一个大队(9日改为三个大队)为基干的部队先入城,在城内分地区进行扫荡。"所谓"扫荡",就是要彻底消灭中国军队。事实证明,蒋介石留重兵固守南京,他对于军事上实际存在的困难显然估计不足。

12月1日,日本裕仁天皇批准"大陆命第8号":"华中方面军应与海军协同,进攻敌国首都南京。"国民政府调集第十军徐源泉,第八十三军邓龙光及淞沪会战撤出之第六十六、七十一、七十二、七十四、七十八军,教导总队、警备、宪兵步队参与南京保卫战。

唐生智出任南京卫戍总司令后,立即着手部署南京防务,令徐源泉的第二军团,防守龙潭至汤山一线;叶肇的第六十六军,防守汤山至淳化一线;俞济时的第七十四军,防守淳化至江心洲一线;王敬九的第七十一军和邓龙光的第八十三军防守镇江;孙元良的第七十二军防守城南中华门、雨花台和黄山顶;宋希濂的第七十八军防守城北的幕府山、下关、和平门与玄武湖地区;桂永清的教导总队防守城东中山门外至玄武湖一线;萧山令的宪兵团防守城西莫愁

湖、清凉山一线。

12月6日，王耀武率领的七十四军第五十一师在南京通济门外淳化、上坊一线，与日军的第九师团接上了火。第七十四军是蒋介石的嫡系，也是一支王牌军。蒋介石为了保护嫡系部队，一般情况下是不会交给他们苦差事的。这次保卫战，蒋介石认为杂牌军是一堆"豆腐渣"，保卫南京是一场特殊的战斗，如果只让"豆腐渣"部队去打头阵，很快败下阵来，"豆腐渣"也会很快被打光了。到时，他的中央军就会孤军作战了。他想让中央军在杂牌军中当骨干，就把第七十四军留下了。

蒋介石临离开南京时，曾对王耀武说："中央军要为全国军队做出表率，在南京打出个榜样来，要真正起到力量核心的作用。"王耀武拍着胸脯说："校长尽管放心，我们七十四军决不给校长丢脸。"

王耀武率领全师来到淳化镇构筑工事时，听说有一个小队的鬼子到了前面的土桥。他决定偷袭这股敌人，露一手给还没来得及离开南京的蒋介石看看。于是，他派出一个营兵力，黑夜摸到土桥敌营，突然发起战斗，日军措手不及，十五个鬼子当场被击毙。他们缴获一面日军旗帜、十五支枪，俘虏了三个鬼子。蒋介石果然竖起了大拇指，并叫王耀武将俘虏押到城里。

俘虏被押到蒋介石面前，蒋围着俘虏转了好几圈，对唐生智说："这些家伙并不是刀枪不入的神仙，只要都像王耀武那么尽心尽职指挥战斗，南京是完全能够守住的。"

另一方面，日军第九师团十八旅团在点名时突然少了一个小队，团长井出宣时十分恼火，他命令部队向淳化追来。不一会儿，就飞来了十五架飞机为他助战。第五十一师以猛烈炮火还击敌人，战斗异常激烈，整整打了两个昼夜，打退了敌人数十次进攻。唐生智调来二十辆坦克助战。坦克兵带着对侵略者的无比仇恨，驾驶坦克上

了阵地。他们对着敌群横冲直撞，所过之处，血肉横飞，一百多个鬼子被坦克碾成肉饼。日本鬼子被激怒了，他们集中二十门大炮，炮轰中国的坦克，三辆坦克被大炮击中，在大火中，两名坦克驾驶员献出了年轻的生命。

淳化战斗持续到 12 月 8 日，敌人也调来了三十辆坦克。王耀武命令反坦克炮开火，半小时后，击毁敌坦克十五辆。8 日这天，战斗异常激烈。第五十一师的三〇一团伤亡过半，九名连长战死沙场，其余两个团也伤亡很大。当晚，由于寡不敌众，唐生智命令第五十一师放弃淳化、方山阵地，向河定桥一线转移。

王耀武奉命后撤时，敌人死死咬住他们，第五十一师退到哪里，敌人就跟到哪里。打头阵扛太阳旗的鬼子发出一声吼，后面的鬼子就跟着高声吼，旷野为之震动。这时，天空下起了雨，渐渐地雨越下越大。鬼子并没有因为大雨而放弃追击，第三〇五团团长张灵甫见摆脱不了鬼子，便跑到王耀武面前，向他建议说："我们不能让敌人这样穷追下去，我建议由一支主力顶住敌人，掩护大家撤退。"

王耀武觉得他的建议有道理，正在思考由谁来担任这个任务，张灵甫主动提出说："如果信得过我们团，就让我们担负这个掩护任务吧。"

王耀武望着张灵甫，心情十分激动，他拍拍张灵甫的双肩说："危难时候你能主动请缨挑重担，我很感激你。不过，敌人来势很猛，你们团的担子很重啊。"

张灵甫，陕西人氏，早年毕业于北京大学，后又入黄埔军校深造。他苦读兵法书籍，平时指挥部队作战，很善于利用地形地貌。在王耀武看来，张灵甫和自己颇有几分相似，对其相当信任。早在 1937 年初，王耀武通过关系将补充一旅升格为整编五十一师，编制的突然扩充，王耀武麾下一下子冒出了两个旅部和一个步兵团，原

来补一旅的干部不敷使用，他不得不多方利用关系招募新兵，同在西北的第一师，就成了王耀武招贤纳士的对象。

陕甘一带中央军部队的圈子并不大，王耀武部队的异动自然引起正在西安赋闲的张灵甫的注意。张灵甫给王耀武发出信后，在家静候佳音。回复很快就来了，还附带了委任信。以王耀武与第一师的渊源和交情，他对张灵甫在第一师的表现不会陌生，甚至有一种说法，张灵甫的出狱是王耀武做的保人，此说虽真伪难辨，但王耀武对这位学弟的为人和才干十分欣赏应是不错的。他曾经称张灵甫是一条具有秦陇古风的血性汉子，称赞他作战很有办法，这样的干将当然多多益善。由于第五十一师当时没有带兵官的实缺，一开始王耀武给张灵甫任命的职务是第五十一师师部额外的上校高级参谋。这也可以说是王耀武的用人习惯。他的部队设有不少高参、附员一类的闲职，用来延揽人才，以免实缺不足而有遗珠之憾。

张灵甫很清楚，王耀武是校长十分器重的将领，第五十一师也是军政部部长何应钦一手组建的嫡系部队，跟着王耀武，在前途发展上不见得就比跟着胡宗南差，干得好的话自然会有出头之日。所以高参就高参，张灵甫也不介意暂时屈就这个没有兵权的虚职。他当时的处境也由不得他要高傲，收到委任信后他就欣然受邀到汉中报到。到王部报到后，张灵甫发挥自己的才智，积极帮助王耀武出谋划策，深得王耀武赞赏，后来王耀武任命他为三〇五团团长，这算是张灵甫第一次独当一面。任团长后，张灵甫花大力气治军练兵，其率领的三〇五团很快成为王耀武部的主力部队。南京保卫战期间，早期追随王耀武多年的第五十一师第三〇一团团长吴克定在战役中畏缩不前，被王耀武革职，从此王耀武对张灵甫更加倚重。当五十一师被日军一路追击的紧急时刻，王耀武将阻击敌人的任务交给三〇五团，这令张灵甫激动不已。他听了王耀武的话，立正敬礼，

向他保证说："长官放心，你赶快带领大部队撤吧，这里有我。"

张灵甫接受任务后，立即开始谋划作战方案，他知道日军装备精良，重武器较多，又有空军支援，如果和敌人硬拼，不仅伤亡巨大，而且难以实现阻击目的，必须以最小的伤亡迟滞日军进攻。他命令将部队分成两部分，一部分用机枪火力压制敌人，另一部分在路边、田野埋地雷。张灵甫集中全团的轻重火力向追击的敌人扫射，一时间枪弹如雨，日军没有坦克的配合，纷纷找掩体躲避攻击。三〇五团负责埋雷的官兵们趁这个间歇迅速埋雷，待埋雷任务完成，张灵甫指挥部队交替掩护撤出阵地。担任掩护的官兵们刚后撤不远，后面的鬼子就踩上了他们掩埋的地雷，鬼子被炸死炸伤大片，吓得不敢贸然穷追了。就这样，王耀武第五十一师得以摆脱日军追击，顺利撤退到雨花台、中华门阵地布防。

与此同时，第七十四军的五十八师在牛首山阻击敌人。牛首山在中华门外十五公里处，这里山高约四百四十米，双绛角立，形如牛首，古称牛头山，又名天阁山，地形十分险要。南宋建炎四年（1130 年）金兵侵占建康（南京市），岳飞在此设立营寨，埋伏重兵，抗击了一批又一批金兵。当年抗金兵的营垒一直保存完好。第五十八师师长冯圣法指挥部队，利用营垒抵抗日军。他指挥官兵们在营垒前三百米左右埋设地雷，利用敌人踩响地雷时发起冲锋。果然，敌人中计，地雷爆炸，炸死了不少敌人。碰了壁的敌人气急败坏，派出了二十架飞机，在中国军队头上轮番轰炸。营垒被炸，损坏不少，官兵们也被炸死炸伤不少。飞机过后，敌人的坦克又上来了，只是因为山高坡陡，行驶不便，坦克只好在山下向中国军队守地开炮。炮击过后，又组织步兵冲锋。官兵们在敌人强大的攻势下，顽强抵抗。冯圣法沉着指挥，等敌人就要接近营垒时，命令官兵们扔手榴弹。手榴弹爆炸，浓烟滚滚，敌人暂时被压了下去。敌人接

着在此进攻三天，唐生智见五十八师损失惨重，下令他们撤到江宁镇。

12月9日傍晚，日军占领了牛首山，10日向江宁镇扑来。日军攻势凌厉，步步紧逼。中国军队损失惨重，只好再向后撤。此前，东线主力部队已撤进城内。他们以城墙为依托，继续抵抗。这天下午，日军第九师团趁淳化守军第五十一师转移阵地之际，利用坦克做掩护，占领了公路沿线的高桥门、七桥瓮、中和桥，9日拂晓到达光华门城下。

当日，日军用飞机向南京城中投撒"华中方面军"司令官松井石根致南京守军的最后通牒，要求中国军队在12月10日正午以前投降，否则日军将展开攻城。唐生智拿到劝降书后，他细看了一遍，上面写道："百万日军，业已席卷江南，南京城正处于包围之中。从整个战局大势看，今后的战斗有百害而无一利。南京是中国的古都、民国的首府。明孝陵、中山陵等古迹名胜猬集，实乃东亚文化荟萃之地。日本军对负隅顽抗的人格杀勿论，但对一般无辜之良民及没有敌意的中国军队将是宽大为怀，并保障其安全。特别是对于东亚文化，更将竭尽全力予以保护。然而，贵军如果继续抵抗的话，南京将无法免于战火，千年的文化将会毁于一旦，十年的苦心经营也将化为乌有。本司令官代表日本军，希望根据下列手续，与贵军和平地交接南京城。"唐生智看罢，气得破口大骂。王耀武也看到了日军投撒的劝降书，轻蔑地把它踩在脚下。12月10日，日军见中国军队没有投降的表示，立即开始攻城。日军六七十架飞机掩护着地面部队向雨花台、通济门、光华门、紫金山等中国军队驻地展开进攻。

南京是个古城，防御设施完备，尤其是明城墙更是一般山炮无法击破。日军为减少攻城伤亡，选择了地形上比较容易进攻的光华门发动重点进攻。

在此担任阻击任务的第八十七师、八十八师和教导总队及机动作战的第一五六师、宪兵部队居高临下，用机枪封锁道路，打得敌人抬不起头来。敌人见攻城不成，便派出飞机在城门丢炸弹，飞机下蛋似的扔下一批批炸弹后，中国军队官兵死伤很大。飞机过后，敌人又使用十八辆坦克朝城门上开炮。官兵在敌人的炮击下，被压得抬不起头。唐生智紧急调来迫击炮，朝敌人的坦克炮击，才压制了敌人坦克的火力。

南京城外的雨花台，是一个高约百米、长约两千米的山冈，是中华门外的一个关键制高点。孙元良部第八十八师奉命在这里布防，朱赤的第二六二旅负责防守雨花台右翼，高致嵩的第二四六旅防守雨花台左翼阵地。从8日下午日军就开始向雨花台展开进攻。第二天上午，日军出动二十余架飞机飞临雨花台进行狂轰滥炸。轰炸过后，日军以两个联队的兵力进行冲锋。第八十八师官兵奋勇血战，反复肉搏。一场恶战下来，日军在阵前陈尸数千，中国军队也损失巨大，第二六二旅旅长朱赤、第二四六旅旅长高致嵩等六千余名官兵为国捐躯。

面对日军的猖狂进攻，装备处于劣势的中国守军虽然顽强抵抗，但血肉之躯未能换来阵地的巩固，随着日军的推进，唐生智万分焦急——如果日军全线突破的话，十几万守军就将面临被敌人包饺子的危险。11日晚，身在武汉的蒋介石致电唐生智表示："如情势不能久持时，可相机撤退，以图整理而期反攻。"

接到电报后，唐生智当夜与罗卓英、刘兴两位副司令长官及参谋长周斓研究，决定撤退，遂于12日凌晨召集参谋人员制订撤退计划及命令。12月12日，日军展开总攻，为突破南京城防，日军用大炮密集地向各城门集中轰炸，古老坚固的城墙被炸得乱石横飞，城墙洞开。日军从城墙缺口潮水般涌入城内。至16时，中华门、光华

门、中山门皆被日军突入，南京城内已多处响起激烈的枪炮声，守城部队与日军展开激烈巷战，南京城已无法保全。

当时，大批逃难居民与溃退的散兵拥挤在街道上，城中秩序开始陷于混乱。南京守军已开始呈动摇态势。唐生智决定改在当夜撤退。12月12日17时，卫戍司令部召集南京守军中师以上将领开会，布置撤退行动。由于时间紧迫，渡江交通工具有限，原定突围计划是三十六师、宪兵部队及直属诸队依次渡江，其余各部应设法从正面突围。但在书面命令下发后，唐生智又下达了口头指示，规定第八十七师、第八十八师、第七十四军及教导总队"如不能全部突围，有轮渡时可过江，向滁州集结"。这就大大降低了命令的严肃性，也为不执行命令制造了借口，以致计划中规定的由正面突围的部队，除第六十六军及第八十三军之大部按命令实施突围外，其余各军、师均未按命令执行。

实际上，当蒋介石命令唐生智组织突围的命令到达后，唐生智内心十分复杂，他之前力主坚守南京，如今又要亲自下令放弃南京，这是何等尴尬的事情。他曾试图联系国际人士对日军进行劝解。12月12日下午，他坐车来到宁海路国际委员会，这里居住着德国人、英国人、美国人、丹麦人等。他找到国际委员会主任史波林，用几乎哀求的声调说："为了保护我们的伤病员，请你们出面同日本人接洽休战，由双方派代表洽谈休战后谈判事宜。"史波林摇头说："我无能为力了，现在都什么时候了，你接到劝降书那天要求休战倒可以商谈。现在人家被惹恼了。兵临城下，南京唾手可得，人家会同你言和吗？傻瓜才会休战！"唐生智的希望之火被吹灭了，他满面通红，垂头丧气地回到百子亭公馆，叫王副官通知师以上长官，召开紧急会议。大约6时许，各路长官坐着吉普车赶到会议室。一个个不知召开的是什么紧急会议，相互打听着会议的内容。唐生智神情

极为沉重地坐在那里。几天前，他坐在同样的位置上，气壮山河地表示要与南京共存亡。会议开始后，唐生智让副官把蒋介石的电报给大家传阅，在座的军官们一言不发，经过几日的激战，他们已经意识到了大局已定，他们的抗争无非是拖延一点时间，如果再不及时突围，可能大家只好与南京一同毁灭。唐生智没有多言，在简单介绍战局后，副官开始宣布撤退命令。根据"卫戍作命特字第一号"：卫戍司令部各直属部队、第七十八军（第三十六师）及宪兵部队渡长江北撤，其他各部队冲破正面之敌突围，向皖南等地转移，即"大部突围，一部渡江"。但唐生智又临时作了一个口头命令："第八十七师、八十八师、七十四军、教导总队，如不能全部突围，有轮渡时，可过江，向滁州集结。"

撤退开始以后，由于没有做好充分的撤退准备和部署，除第六十六军、第八十三军从紫金山西麓和栖霞山正面突围及第七十八军从煤炭港分批乘船渡江，其余各军并未遵照命令从四面突围，多数涌向敌人尚未到达的下关撤退。唐生智为表示誓死守卫首都的决心，曾下令将下关江面船只通通调走，自断退路，并通知守卫江浦及挹江门的第三十六师，凡从南京向长江北岸或内城经挹江门出外的部队和军人都要制止，如不听从可开枪射击。当撤退命令下达后，挹江门守军未能及时接到命令，仍阻止撤退，造成挹江门堵塞，部队混乱不堪，各自争先抢渡。大部官兵无船可乘，纷纷拆取门板制造木筏渡江。不少人只抓一块木板或树枝试图游过近两公里宽的长江，由于江水寒冷，大部分人冻死江中。

关于撤退的情况，英国记者莱斯利·史密斯写道：

（12月12日下午）4时30分，形势突变，老百姓惊恐异常，纷纷跳入防空洞，高喊："日军进城了！"当晚10

时，紧邻着通往江边唯一干道中山路的那座具有中国风格的华丽大楼被火点燃。储存着弹药的大楼熊熊燃烧，释放出强大的热浪，使得街上的车辆无法通行。结果，道路拥塞，大火蔓延到一连串汽车、炮车、高射炮、自行车和三轮车上。中国军队步行前往通向江边的挹江门。这里通道狭窄，一次只能过一辆车。很快这通道也被堵塞，着了火，堵住了通往江边的道路。许多中国军人在此丧生，烧焦的尸体留在那儿形成一条穿越城墙的道路。数以百计的中国军人被困在城内，他们用绳梯，甚至用衣服结成的绳索缒城而出。至此逃出来的幸存者爬上筏子、船只过江，但船超载拥挤。一位目击现场的中国人说："成百上千的人淹死了。"

当时由王耀武负责殿后。南京保卫战开始后，力主坚守南京的唐生智却偷偷在江北为自己留下了一个小火轮，眼见南京城不保，他丢下大军乘小火轮逃跑。因唐生智带头逃跑，导致指挥混乱，王耀武被困在城内，眼看日军破城在即，多亏第三十六师一个排长用绑腿系成绳索才将其送出城外。王耀武出城后，长江岸边已经无船过江。正在非常紧急之时，军长俞济时派副官带一只小火轮来接，才得以脱险。此战后全军撤到浦口整编时仅剩四千余人，不得不调至湖北沙市休整，补充兵员。自此，王耀武与俞济时成为患难之交。1939 年 9 月，军长俞济时改任第十集团军副总司令，向蒋介石推荐王耀武。于是校长在重庆再次召见王耀武并升任其为七十四军军长，又把王耀武好好地感动了一番，后来写自述，还念念不忘说："那时非常感激蒋先生对我的赏识，我下决心把七十四军整训好，使其成为纪律好、能作战、不怕死、听指挥的部队。"

12 月 13 日早晨，日军第六师团及第一一四师团首先入城，同时第九师团进入附近的光华门，日军第十六师团与第十三师团其中一部则进入中山门及太平门，山田支队占领乌龟山，朝幕府山前进。同日下午，两支日本海军小型舰队到达长江两岸。随后六个星期，日军展开了南京大屠杀。中国方面军人五万余人，包括平民估计超过三十万人丧生。南京保卫战中牺牲的国军将领尸骸无一从南京城中运出。南京保卫战打死日军三千余人，打伤九千余人，合计毙伤日军一万二千余人。南京保卫战可谓惨烈，中国军队损失十万余人，而且大部分是在日军破城后被集体屠杀。负责防守南京的高级指挥员中，有的人在接到撤退命令后只顾自己逃命，甚至忘记通知部队，造成大量部队错过了撤退良机。

一位西方记者这样写道："整个战役最不光彩的一幕是，中国将领缺乏勇气将他们一再宣称的鲜明意图实施到底。当日军突破西南部城墙时，日本陆军包抄过来，日本舰队也在逼近，挹江门这条后路的门还开着。唐将军及其下属便出逃了，丢下他的下属军官，任群龙无首的部队在无望的形势下挣扎，这些情况从来就没有向他们解释过。"

南京沦陷后，日军为报复中国的抵抗，在南京制造了惨无人道的大屠杀。据 1946 年 2 月中国南京军事法庭查证：日军集体大屠杀二十八案，十九万人；零散屠杀八百五十八案，十五万人。日军在南京进行了长达六个星期的大屠杀，中国军民被枪杀和活埋者达三十多万人。远东国际法庭在判决书上写道："在日军占领后最初六个星期内，南京及其附近被屠杀的平民和俘虏，总数达二十万以上。这种估计并不夸张，这由掩埋队及其他团体所埋尸体达十五万五千人的事实就可以证明了（由红十字会掩埋的是四万三千零七十一人，由崇善堂收埋的是十一万两千二百六十六人，这些数字是由这两个

团体的负责人根据该团体当时的记录和档案向远东法庭郑重提出的)。"法庭判决书还郑重声明："这个数字还没有将被日军所烧毁了的尸体，以及投入到长江或以其他方法处死的人们计算在内。"

驻南京的德国代表在给本国政府的报告中写道："这是整个陆军本身的残暴犯罪行为，他们是兽类的集团。屠杀、劫掠、纵火、奸杀，甚至以杀人竞赛的方式对南京城血洗。他们是一架正在开动着的兽性机器。"曾担任国际红十字会南京分会主席的美国牧师梅齐于12月19日给夫人的信中说："上周的惨状是我从来没有见过的。我从来没有梦想日本兵会是这样的一群野兽，一星期的屠杀和奸淫，我认为远比近代所发生过的任何屠杀为甚。他们不仅杀掉能见到的每一个俘虏，也杀了极大数目的老少平民。他们很多人像被猎兔子似的在街上被射杀，从南城到下关全城堆积着死尸。"

就连当时的日本外相广田宏毅也在1938年1月11日的电文中承认："自从前几天回到上海，我调查了日军在南京及其他地方所犯暴行的报道，据可靠的目击者直接计算及可信度极高的一些人来函，提供充分的证明：日军的所作所为及其继续暴行的手段，不下三十万的中国平民遭杀戮。"

在此期间，日军还开始大规模的抢劫和破坏，从中华门到内桥，从太平路到新街口以及夫子庙一带繁华区域被洗劫一空，然后付之一炬，大火连天，连月不熄。全市约有三分之一的建筑物和财产化为灰烬，无数住宅、商店、机关、仓库被抢劫一空。昔日繁华的六朝古都到处是残垣断壁，堂堂民国首都变成一座人间地狱。

王耀武所属的第五十一师及七十四军在南京保卫战中虽然损失巨大，但也重创日军，从此成为抗日的王牌部队，既深受蒋介石厚爱，也甚为日军所嫉恨。王耀武凭借在南京保卫战中的表现，声望更隆。

血战万家岭，成就"抗日铁军"

南京沦陷后，日军开始沿长江西进，直逼武汉。武汉是当时国民政府固守的最大城市，具有重要的战略地位。武汉地处江汉平原，万里长江横穿东西，京广铁路纵贯南北，是华中水路交通的重要枢纽，素有"九省通衢"之称。南京失陷后，蒋介石迁都重庆，但此时国民政府的主要机关和军事统帅部却仍驻武汉。实际上，武汉是当时中国的政治、经济、军事中心。日本大本营借攻陷南京使国民政府屈服的意图落空后，又认为攻占汉口是结束战争的最大机会，并宣称只要攻占武汉，就可以控制全中国。

1938 年 6 月 15 日，日本御前会议正式决定攻取武汉，日军华中派遣军司令部先后调集第二军和第十一军共十二个师团，以及海军第三舰队、航空兵团等五百余架飞机，一百二十余艘舰艇，共约三十五万兵力，分五路进犯武汉。鉴于武汉的极端重要地位，国民政府决定实施武汉保卫战。1938 年 6 月国民政府军委会成立第九战区，同时决定以第五、第九两个战区十四个集团军共一百二十九个师，以及二百多架飞机、四十余艘舰艇，共约一百万兵力进行会战。蒋介石亲自兼任总指挥，制定了"守武汉而不战于武汉"的防御方针，试图利用大别山、鄱阳湖和长江两岸的有利地形进行逐次防御。该作战计划详情为：以武汉三镇为核心，以河南、安徽两省南部和湖南、江西两省北部为广阔的外围战场，组织四个作战兵团，构筑野战工事，阻滞日军西进。长江以北的防务，由第五战区司令官李宗仁负责。武汉以东长江以南的防务，由第九战区司令官陈诚负责。以第一兵团薛岳总司令率领四十个师在南浔线和鄱阳湖西岸，阻击

日军南犯。以第二兵团张发奎总司令率领四十个师守卫阳新、大冶、九江、瑞昌一线，阻击日军西进。全武汉卫戍部队八个师固守武汉核心阵地，江防军刘兴五个师及海军部队负责防守沿江要隘。国民政府调集海陆空军，计战舰四十余艘，飞机一百余架，陆军一百二十九个师，约一百一十万兵力参加会战。蒋介石亲自坐镇武汉指挥，并在中央广播电台发表极其悲壮的动员讲话。

日军进攻开始后，冈村宁次命令日军第九、二十七、一〇一、一〇六师团及兵舰八十余艘，自湖口、九江南下，向长江两岸地区发动进攻，企图歼灭长江以南的中国军队，占领南昌，然后再西取长沙，截断粤汉路，对武汉实施大包围。到 9 月中旬，由于日军进攻猛烈，战线越拉越长，负责防守的中国军队薛岳第一兵团在瑞武路和南浔路之间出现了一个狭长的防御漏洞。日军凭借其空中侦察优势发现了中国军队的弱势。9 月 16 日，冈村宁次命令日军第二十七师团在西路沿瑞武线进攻武宁，准备迂回中国军队左侧背，诱南浔线中国大军西移。9 月 20 日，冈村宁次决定让第一〇六师团携带一周的军需，秘密插入这一地带，企图迂回第一兵团防御纵深，配合第二十七、一〇一师团对中国军队实行聚歼。日军第一〇六师团是日军的主力部队，师团长是松浦淳六郎中将，辖步兵第一一一旅团和第一三六旅团的第一一三、一四七、一二三、一四五共四个联队，以及炮兵、骑兵、工兵、辎重兵各一个联队，共计一万六千余人。24 日，日军第二十七师团一部冒险深入到德安西边的白水街以西地区。在战局严峻之际，薛岳果断下令调集就近的第九十一师、第一四二师，连夜抢占了瑞武线上的要地南屏山，切断日军第二十七师团后路。在 25 日、26 日两天的恶战中，第六十师第三六〇团团长杨家骅壮烈阵亡，第三十集团军参谋长、中共地下党员张志和指挥新十三师与第六十师等消灭铃木联队，收复麒麟峰。

冈村在获知第二十七师团困境后极为恐慌，25 日急令南浔线上的第一〇六师团第一二三、第一四五、第一四七三个步兵联队和山炮兵部队及德星线上的第一〇一师团一四九联队从马回岭、星子等地火速支援。为适应山地作战，还将必要的部队临时改为驮马部队。9 月 25 日，第一〇六师团突破五台岭，迅速向国军防线纵深推进。27 日，日军第一〇六师团全力突破五台岭阵地，接着兵分两路向二房郑、梨山前进。28 日，第一〇六师团三个联队和山炮兵部队开进德安以西二十五公里的万家岭、雷鸣鼓刘、石堡山、南田铺、背溪街、墩上郭等山村。同日，第一〇一师团一四九联队也进入万家岭地区，与第一〇六师团会合，由第一〇六师团长松浦淳六郎中将指挥，企图"冲出白槎，窜扰南武公路"，以切断德安中国军队的退路。10 月 1 日，一〇六师团主力已进至万家岭一带地区，但在白石山遭到了国军第四军的顽强阻击。第九战区司令薛岳闻讯后果断决定调集重兵围歼孤军深入的第一〇六师团，这一作战决心得到了蒋介石的支持。

在薛岳决定对一〇六师团实施围歼的时候，冈村宁次通过空中侦察也察觉到了一〇六师团的危险处境。他立即命令一〇六师团向北转进，向第二十七师团靠拢，同时命令第一〇一师团增援，企图把第一〇六师团接出重围。薛岳发现这一情况后，急令驻守庐山的第六十六军对日军第二十七师团进行阻击。

日军第一〇六师团被围后，冈村宁次不顾第二十七师团后路被切断，又在麒麟峰吃败仗的窘境，强令第二十七师团再次进攻麒麟峰，推进白水街以东，接应被围的第一〇六师团。这样第一〇六师团由援助者变成了被援者。与此同时，第二十七师团派出第三联队残部不惜一切代价攻击麒麟峰，并施放毒气，曾一度攻上山头。29日，国军商震部第三十二军第一四一师在小坳西的颤盖山，配合第

一四二师七二五团猛烈反攻麒麟峰，经过激烈战斗，终将该峰再度夺回，使日军第二十七师团东进援助第一〇六师团的企图被粉碎。

10月2日，第九战区调集十二个师合击万家岭地区之敌，国军各部从各方向发起向心攻击。5日，中国军队调整部署，第七十四军五十八师从南面、第四军九十师从东面、预第六师和第九十一师各一部从西面、第六十六军一五九师和一六〇师从北面四个方向加紧合围敌军。日军第一〇六师团长淞浦淳六郎中将见形势危急，而正面进攻部队又无进展，便迅速放弃原定计划全力突围，突破口选在七十四军五十八师防区。五十八师以极其顽强的防御顶住了日军一一三联队在空军支援下的多次猛攻，但是五十八师也付出了巨大代价，经过两天激战，全师仅存五百人。形势危急，五十八师师长冯圣法紧急向军部求援，军长俞济时手里也没人了，最后给自己留下一个班，把最后一个营派了上去。这个营上去的时候，日军已经冲入阵地，当即进行肉搏，终于顶住了敌人的进攻。战至10月6日，第一〇六师团伤亡过半，已无力实施突围，只好转入防御，固守待援。薛岳认为歼敌时机来临，他命令第九集团军总司令吴奇伟指挥第六十六军、第四军、第七十四军向右堡山、万家岭、箭炉苏、长岭、雷鸣鼓一带的日军进行合围攻击。

面对中国军队的围攻，日军凭借有利地形进行固守，尤其在张古山高地，日军布置了众多兵力，第五十八师官兵多次进攻未能奏效。这时，王耀武率五十一师官兵接替阵地，张古山地形险要，王耀武命令部队展开猛烈进攻。在日军飞机的轰炸及山炮的炮击下，阵地成了焦土，并被日军占领八夜，但中国军队利用近战、夜战，全力反攻。第三〇六团一营副营长王鸿范率领第二连冲锋时，与敌军反复冲杀，连长阵亡，全连生存者仅三十余人。这样争夺了五昼夜，虽死伤很大，有时吃不上饭，喝不到水，但士气旺盛。

第一天攻击，王耀武就让日本人伤亡惨重，残部死守张古山。阵地上全为硝烟弹雨所笼罩，狂轰滥炸使人的听觉神经完全失灵，张古山出现了一寸山河一寸血的激战场面。日军一拨一拨地冲过来，又随着一阵一阵的枪声和手榴弹爆炸声而倒下，日军尸满阵前，血流遍地。

由于张古山山势很险，中国军队屡攻不下。俞济时告诉王耀武："张古山我不管了！反正两天后，我要上张古山向薛岳（战役指挥官）报告战况！"这个时候旅长张灵甫提议从绝壁上去。这一提议得到认可，张率部杀上日军阵地，夺取了张古山主阵地。日本人一度反攻，张就在张古山率部血战，第二次抢回阵地。该役第七十四军一五一旅旅长周至道、三〇五团团长唐生海、营长胡雄均负重伤，代团长于清祥身中数弹，壮烈殉职，官兵均遭受重大牺牲。战斗中，有一位连长肠子流到外面，自己却忍痛塞了进去，用皮绑腿扎上，冲进日军阵地提了两个日本兵的脑袋回来。他向弟兄们说："病死、被日本人杀死、为杀日本人而死，同样是死，但这三种死在秤上过一过的话，就知道保家卫国在战场上杀敌而死是重如泰山！我杀死两个日本兵，已经赚了一个啦！"

张灵甫也在战斗中腿部受伤。这个伤一直没有治好，因此张灵甫后来就有点瘸，人称"张瘸子"，一直到他在孟良崮自杀。这一战，日本人承认的一〇六师团死伤就有三千人以上。中国军队方面，此一战薛岳成名，七十四军成名，张灵甫也成名，被编成了话剧，以真名出现在剧中。

10月9日，薛岳令各部组织敢死队做最后决死攻击。经过激战，国军攻占万家岭、雷鸣鼓两处要地，当晚国军第四军的突击部队一度进至一〇六师团指挥部仅百米处，淞浦组织师团指挥部所有人员准备迎战，连自己都拿起了枪。由于第四军没有确切情报，又是夜

间，才没有发现日军，使淞浦得以侥幸逃脱。在最后时刻，由于日本军死伤惨重，中下级军官伤亡殆尽，日本人不得不空投了二百名联队长以下军官以图重新控制局面。但结果只能是竹篮打水一场空。此役国军一举收复九江以南失地，日军第一〇六师团几乎被全歼，死伤逾万，连师团长松浦中将都险些被俘，战果之辉煌足以与平型关和台儿庄媲美。据载，日军一〇六师团在出发前，每人仅发六天给养、二百发子弹、两枚手榴弹，战至十天后，自带的弹药粮食已所剩无几。师团长松浦中将急令无线电兵发报，申请军部派飞机空投给养和兵员补充。日机空投弹药和食物常常会空投到中国军队控制的阵地上，使一〇六师团难以得到空投援助。陷于万家岭战役的日军处于弹尽粮绝、惶恐不安的境地，已成前无救兵、后无援兵的瓮中之鳖。战后，据万家岭战役总部主管作战参谋胡翔回忆道："万家岭之战，由于每个山头、每户家屋、村庄都反复争夺，因此双方伤亡惨重。记得8月的一天，敌机十余架，在万家岭上空投下二百余人，我们以为是敌以伞兵增援。后来据俘虏供称投入的都是排连级干部。到9月底，万家岭被我军完全控制。"

万家岭大捷是武汉会战中影响全局的关键一战，对日军一〇六师团以毁灭性的打击。薛岳在后来的《南浔会战》一文中指出，"将此敌（一〇六师团）完全歼灭，敌酋松浦仅以身免，遗尸塞谷，山林溪涧，虏血几洒遍矣"。会战"歼敌约四个联队之众"，共计一万余人，缴获轻重机枪二百多挺、各种火炮五十多门、步枪数千支、战马数百匹，俘虏日军官兵二百余人。万家岭战役的胜利震惊了日本和国际社会。根据投降的日本军官中山泰德笔述，"除留守南得路正面一部外，战后未死伤之官兵，得脱者仅二三百人，松浦师团长仅以身免。其炮兵及无线电台全部毁灭，是为江南空前之血战"。松浦师团在万家岭被歼的消息传到日本后，朝野莫不震惊。老百姓对

该师团更是鄙夷，以后日军补充兵员听到即将编入第一〇六师团，均认为是不祥之兆，互相抱头痛哭，第一〇六师团成为"死亡师团"的代名词。不久该师团由于受伤太重，一时无法补充，只得保留番号，调回日本。面对士气高昂的中国军队，冈村宁次在自己的回忆录中不得不承认："（1938年）10月初，第二十七师团占领磐溪一带，检查缴获的敌军官兵致其亲友信件，其内容几乎全是有关我军情况以及他们誓死报国的决心，极少掺杂私事。"他哀叹道："第一〇六师团……受到全军覆灭的严重打击，蒙受弱兵的污名，成了日本第一的软弱师团。"万家岭大捷还彻底打破了日军第十一军司令冈村宁次原本由第一〇六师团、第一〇一师团联合进攻南昌的计划，同时还阻遏了日军突破南得线，由南昌迁回长沙，至粤汉铁路上的株洲，完成对武汉形成大包围的作战计划。

万家岭大捷的胜利喜讯传开后，全国各地热烈祝贺。各电台、报刊都以显著标题刊登万家岭大捷的消息并给予了高度评价。《中央日报》《申报》《大公报》《扫荡报》《江西民国日报》《力报》等报纸对万家岭战役的经过和胜利消息给予及时的宣传报道。10月11日，《大公报》发表社评称："这种胜利是抗战以来的第一次，其意义重大，远过于四月初旬之台儿庄。"中国共产党创办的《新华日报》于10月11日发表了叶剑英撰写的社论《论南浔路的胜利》，祝贺万家岭大捷。社论中指出："这次南浔以西的胜利，的确发挥并且超过了忻口、平型关、徐州等战役的优点，正因为这样，所以才收获到更大的歼灭效果。"在万家岭战役中，中央通讯社的随军记者从9月29日起到10月10日，共发电讯消息二十七条，及时报告战况。外国某报纸曾评价这次战役："南浔一线，德安大捷，使敌军对汉口之前进，受极重之打击，可为今后史家大书特书。"

当时在全国各地指挥抗战的将领和党政官员何应钦、陈诚、程潜、龙云、张治中、黄绍竑、叶挺、余汉谋、吴铁城、钱大钧、马

鸿速等闻讯以个人名义发来贺电，中国国民党广东省党部、中国国民党南昌市党部、江西省各界民众祝捷大会、江西省商会、广东各界慰劳前线将士委员会、陕西各界抗敌后援会、广州市商会及全市商民、广州市民众抗敌后援会、贵州省党部、江西省吉安县各界民众抗敌后援会、万载县各界民众祝捷大会、中山县民众抗敌后援会、江西省宜春县党部、江西省上高县各界民众、南丰县各界庆祝双十节纪念大会、萍乡县政府党部等组织、团体也纷纷发来贺电，共收到贺电五十五份。新四军军长叶挺在贺电中称："昌薛总司令伯公：欣悉南浔大捷，尽歼丑类，挽洪都于垂危，做江汉之保障，并平型关台儿庄鼎足而三，盛名当永垂不朽，肃电弛贺。"张治中电文称此大捷为："扬精忠之军威，建不世之胜绩。"

蒋介石得知万家岭大捷消息后，亲自拟电嘉奖："查此次万家岭之役，各军大举反攻，歼敌逾万，各级指挥官指导有方，全体将士忠勇奋斗，局胜嘉慰……关于各部犒赏，除陈（诚）长官当赏五万元，本委员长另赏五万元，以资鼓励。"

万家岭大捷的消息传来时，正值中华民国的"双十"节，各地纷纷举行集会活动庆祝前线胜利。当时，南昌市民纷纷点燃爆竹庆贺，并于10月11日下午七时半举行祝捷大会，省市政府官员和民众代表千余人到会。会上由省执委兼书记长范争波报告万家岭大捷经过，会场掌声雷动。战场伤兵代表整队参加会议，举着木牌，上书"踏着先烈的足迹前进""为战死的同胞、死难的同胞复仇"。江西省后援会向参战部队献旗，上绣"民族长城""民族光荣"，并赠猪肉五百斤、绍酒十坛来慰劳将士。武汉各界人士听到万家岭大捷的喜讯后，奔走相告，争先庆祝，各报刊发号外，刊登万家岭大捷消息。全市鞭炮祝捷声和游行歌曲声响彻云霄，中华民族用热血筑起的长城不断延伸。

捷报传到长沙，湖南省政府于10月11日用大汽车一辆，前面

竖立大白布标一幅，上书"捷报，我军在德安西部歼灭日军二万人"的字样，并由省府乐队奏胜利曲，秘书处派人散发号外，各报记者随同出发游行，绕长沙市各街道沿途散发传单，民众欣喜若狂。担夫小贩、乡下农民来城者都停下脚步，争接号外。学生、军人等，均向报捷车立正敬礼、鼓掌欢迎，共同庆祝。当晚 7 时许，在省教育会坪，举行长沙市各界庆祝德安胜利火炬游行大会，游行队伍四千余人。出发前，热情的青年将多余的火把发给外面的群众，使游行的长龙又增加了一倍。相互辉映的火炬和嘹亮的歌声使得长沙在沸腾，直到深夜，还能听到歌声在回荡。同日，昆明、桂林、湘潭、常德、吉安、宜春、万载、上高、南丰、萍乡、清江、铅山、广州、福州、中山、贵阳、新疆等地，都召开了庆祝大会。

鉴于一〇六师团主力大部已被歼，10 日之后，冈村严令日军二十七师团、第十七师团、第一〇二旅团等在战车大队、炮兵联队的配合下持续向万家岭地区突进，中国军队外围压力越来越大。因预定作战任务总体完成，同时自身伤亡也较大，急需补充休整以利再战。激战中最为英勇的第五十八师，与敌激战九昼夜，伤亡营长六名，连排长一百二十七名，士兵四千零一名。据此情势，薛岳于 13 日向各部下达了撤出战斗的命令，万家岭战役遂告结束。据战后资料统计，日军在张古山阵地死亡四千余人。王耀武所属的第七十四军参战部队官兵一万八千九百九十八人，死伤九千五百零四人，占参战人数的一半以上。

此战后，王耀武成为七十四军副军长，依然兼任五十一师师长。1939 年 6 月，蒋介石亲自召见这位黄埔三期的名将，提升他为七十四军军长（俞济时升任第十集团军副总司令）。至此，王耀武的军旅生涯又迎来了一个辉煌，他麾下的七十四军经过几场恶战，已经成为公认的国民党王牌军，王耀武也因此受到了各界人士的普遍关注。

第四章

战南昌守长沙
收复重镇高安

小小倭国不自量力，魔爪直指南昌城

四个半月后，武汉会战最终偃旗息鼓，国民党军队主动撤出武汉。从表面上看来，国军部队最后还是走了，继丢了上海、南京之后，又丢掉了武汉，估摸着长嘴的人看了都得骂。但明眼人或者说稍微懂点战略战术的人都知道，其实这一仗中国军队打得很好。表面看上去日军是兑现了战前的豪言壮语，占领了武汉三镇，控制了中国的腹心地区，大摇大摆地把贴着张红药膏的投降旗插在了九省通衢的大武汉。但仔细想想当初日本占领武汉是为了什么？追根溯源，日军一开始的战役行为一直是取胜的，但他的战略意图一直是失败的。

首先，淞沪会战，日军拟定三个月灭亡中国，可光一个淞沪会战国军就把日军黏了三个月，日军最终是占领了上海，但快速灭亡中国的战略破灭了。其次，南京保卫战，日军原意攻下国民政府的首都，震慑中国，破灭其抗日信心。但即使在防守条件如此不利的南京城，王耀武部下仍然打出了不少可圈可点的战斗，鼓舞了全社

87

会的抗日信心，同样日军原意吓破中国人胆的"南京大屠杀"，更让全体中国人更加精诚团结，誓死将这群野兽赶出国土。接下来，就是武汉会战，当初日本大本营认为"只要攻占汉口、广州，就能支配中国"，于是日本御前会议决定发动武汉会战，迅速攻占武汉，以迫使中国政府屈服。为此还规定"集中国家力量，以在本年内达到战争目的"，"结束对中国的战争"。也就是说，日本人当初是想通过打下武汉让国民政府投降。然而，恐怕日本人打死也想不到当初国民政府在制定以"空间换时间"的抗战政策时，连政府被打到云南、贵州的方案都做好了，又怎会因为一个武汉失守就缴械投降。更何况此役还有着类似万家岭大捷这样的漂亮仗。

于是，武汉会战结束以后，瞪大了眼睛等着国军投降的日军等到的却是中国政府在武汉失守后的声明："一时之进退变化，绝不能动摇我国抗战之决心"，"任何城市之得失，绝不能影响于抗战之全局"；将"更哀戚、更坚忍、更踏实、更刻苦、更猛勇奋进"，勠力于全面、持久的抗战。而与此同时，当日军损失惨重地将国民党部队一步步推向大陆深处时，才发现，在自己已经占领的后方，大批的抗日人民武装成长起来，大片的国土又被收复。用日军自己的话说，日军占领的"所谓治安恢复地区，实际上仅限于主要交通线两侧数公里地区之内"。这种"野火烧不尽，春风吹又生"的现象让日军着实头疼。武汉会战，使日军又遭到一次战略性的失败，而且更为重要的是，自此之后，日本开始由战略进攻走向战略保守的转折点。

日本开始走向战略保守之后，对驻中国日军的任务进行了划分，分区而治。驻武汉地区的第十一集团军实际上成为唯一的一支对中国进行野战攻击的部队，与中国湖南及其周围江西、广西地区扼守西南大后方的中国政府主力部队形成对峙，并不断寻机攻击，企图

以军事打击配合日本政府政治诱降的策略迫使重庆国民政府投降。

武汉会战虽然最终是以日军占领武汉结束的，但中国军队撤出武汉后仍有近九十个师的部队部署于武汉周围。武汉以西、以北，是李宗仁所部第五战区六个集团军十三个军三十四个步兵师和一个骑兵师、一个骑兵旅，部署在皖西、豫南、鄂南和鄂西北广大地域；武汉以南、以东，是薛岳所部第九战区八个集团军二十一个军五十二个步兵师，部署在赣西北、鄂南和湖南要域。此外，两战区内还有若干特种部队和地方游击部队。以上部队对武汉构成包围态势。第九战区以东，则是顾祝同所部第三战区四个集团军二十二个步兵师和两个步兵旅，可与第九战区互为策应。应该说日军虽然占领了武汉，但却只敢蜷缩在一个小小的武汉城里，更何况这样被国军几乎全面包围的态势实在是太危险。

日军大本营和"华中派遣军"为巩固对武汉的占领，确保长江中下游航道，以第十一军（司令官冈村宁次）驻守武汉，在其序列的共有七个师团、两个独立混成旅团，比其他各区、各军具有更多的机动兵力，是对中国正面战场继续实施打击的主要力量。根据日军大本营的规定，其作战区域一般保持在以武汉为中心的安庆、信阳、岳阳、南昌间地区及邻近要点。南昌是江西省省会，是南浔铁路和浙赣铁路的交会点，是中国第九战区和第三战区后方联络线和补给线的枢纽，具有重要的战略地位。中国空军以南昌机场为基地，经常袭击九江附近在长江中航行的日军舰艇，对九江及武汉日军的后方补给交通线威胁甚大，故日军要改善其在华中的态势，必然要进攻并占领南昌。可悲的日军指挥官，从开始的上海，到南京，再到武汉，再到现在瞄准的南昌，似乎每一次战役开始之前的设想都是这是中国一个非常具有战略意义的城市，只要打下来就能控制多么多么一大片的中国。然而，事实是似乎在中国这样的城市是打不

89

完的，而且最后日军也就是在这样一个又一个的"重要城市"争夺战中被慢慢拖垮的。毕竟，作为一个从小在日本这么一个弹丸小国成长起来的部队永远难以体会所谓的大片土地是什么含义，虽然他们曾经在中国打下了远远大于他们自己国土的土地，然而他们难以想象的是这只是中国的一部分，一小部分。就这样，日军在"占领这个城市中国就离灭亡不远了"的死循环逻辑中，开始着手南昌会战。

1939 年 1 月 31 日，第十一军发出"仁号作战"的会战指导策略，预定于 3 月上旬开始行动，一举攻占南昌，割断和粉碎浙赣沿线的中国军队。

1939 年 2 月下旬，国民政府军事委员会军令部第一厅据各方情报，判明日军有攻占南昌企图，提出了对应意见。3 月 8 日，蒋介石致电第九战区司令长官薛岳："第九战区为确保南昌及其后方联络线，决即先发制敌，转取攻势，以摧破敌之企图。攻击准备应于 3 月 10 日前完毕，预定攻击开始日期为 3 月 15 日。"并对指导要领及部署作原则指示，要求第十九集团军固守现阵地，拒止敌渡河攻击；湘鄂赣边挺进军指挥第八、第七十三军由武宁指向德安、瑞昌，攻击敌之左侧背；第三十、第二十七集团军向武宁附近集结，第一集团军向修水、三都推进，准备尔后作战。战区直辖第七十四军，控制于长沙、浏阳、醴陵地区，为预备队。薛岳于 3 月 9 日、10 日接连致电蒋介石，提出部队整训未毕，补给困难，准备不及，要求延至 3 月 24 日开始实施。蒋于 3 月 13 日复电，强调"惟因目的在先发制敌及牵制敌兵力之转用，故攻击开始日期不能迟于本月敬日（即 24 日）"。

虽然当时中国已判断出日本对南昌的进攻企图，国民政府军事委员会三次指令第九战区向日军另一线南浔方向发动进攻以转移敌人的进攻方向，破坏日军的进攻部署，但是九战区一直以准备不周

为由拖延进攻。3月17日，日军抢先展开进攻。中国军队与日本侵略军在南昌地区展开激战。然而，从3月17日到27日，中国守军10日内便丢失了南昌，守军受到重大损失。

1939年3月17日清晨，鄱阳湖上波翻浪涌，日军一一六师团的两万多人乘坐近四十艘军舰、五十艘汽艇，利用雨骤风急的"天时之利"，直奔北面吴城守军而来。当时，中国军队大多处于轮训时期，一线部队实力有限。吴城为湖边小城，守军仅一师一团之力，终究难敌两万日军海陆空的立体攻击。日军最终夺得了南昌之北的一个战略点。

与此同时，第六师团也在骑兵的协助下向武宁地区的中国守军展开了进攻，而一〇一师团、一〇六师团则强渡修水，破靖安，下奉新，向南昌掩杀而来。

防守南昌及其周边地区的是第九战区罗卓英的十九集团军。罗卓英这位保定军校毕业的高才生本是很能作战的，但此时他的部队有一半在二线整训，一时调不回来，因而面对日军的咄咄攻势，他除了招架，别无他法；招架不住，他只得向薛岳、蒋介石求救。蒋介石一看形势不妙，急令第九战区调高荫槐第一集团军和俞济时的七十四军由湘入赣增援。

三战高安剑驱寇，誓死卫国失南昌

3月，淫雨霏霏，道路泥泞，七十四军一听要打鬼子，风雨兼程地赶在赣西的山路上。当七十四军到达高安的时候，南昌已陷入敌手。七十四军也就在高安附近驻扎下来。

南昌得手之后，冈村宁次想扩大战果，遂命令一〇一师团留守

南昌，而以一〇六师团向西攻打七十四军和高荫槐第一集团军。一〇六师团曾在万家岭一役中被七十四军等部打得几乎全军覆没，此番交手，自然是仇人相见，分外眼红，一到高安城外，师团长松浦就让六架飞机来回反复轰炸七十四军的工事。说是工事，其实就是一些简单挖成的土掩体，雨天行军，刚到高安，刚喘口气，谁有时间和精力修什么工事啊。因此日军的飞机在高空丢炸弹，在低处追着国军士兵打机关枪，光秃秃的树枝上到处挂着断肢残臂，草丛里、泥地上满是散落的人皮、碎肉。而另外一边，说是来助阵的高荫槐的第一集团军是一支由滇军整编而成的队伍，战斗力本来就弱，一遇上日军的狂轰滥炸，早已未战先怯。到后来日军步兵进攻时，他们干脆一退三十里，眼睁睁地看着一〇六师团把七十四军从高安城里赶了出来。

高安沦陷之后，一〇六师团前锋直指赣西、湘北，长沙因此一日三惊。蒋介石严令第三、九两战区合力实施"攻略南昌计划"，令薛岳不惜一切代价夺回南昌。

半个月后，第三战区上官云相的第三十二集团军会同第九战区罗卓英的第九集团军、高荫槐的第一集团军、四十九军、七十四军共八个军的兵力发动了对南昌的三路反攻。

七十四军的厮杀对象还是老对头一〇六师团，一向以快准狠著称的七十四军，还没跟敌人交上手就先被炸出高安城了。全军上下都憋了一口恶气，而身为军长的俞济时更是亲自点将，命王耀武率领手下五十一师主攻高安，以施中诚的五十七师攻打大城、万寿宫，以邱维达的五十八师做总预备队。原来隶属七十三军的施中诚之五十七师这时还不属于七十四军建制，只是在整训完毕之后，暂时受其节制，随其行动而已。

上次像兔子似的被一〇六师团撵出了高安城，王耀武视之为奇

耻大辱，那一日倘不是锦江的几座浮桥还在，只怕五十一师难逃全军覆没的厄运，现在军长给了他还手的机会，他王耀武就决然没有"十年怕井绳"的软弱。

4月22日深夜，天空像锅底一样漆黑，随着王耀武的一声命令，五十一师的山炮、迫击炮、平射炮对高安城展开了震天动地的炮击，流星雨似的炸弹直奔高安城墙和一〇六师团的防御工事，一团团烟尘火光之中，城墙一段段地崩塌，碎尸一块块地起起落落。一〇六师团的日军努力不去想一年前那个叫万家岭的地方，但那些场景却仍在一遍遍地回放。

呛人的硝烟尚未散尽，王耀武大手一挥，埋伏在黑暗中的几支突击队便像箭一样地扑向城墙的缺口处。这时的一〇六师团也确实不是万家岭时的那支队伍，它像一条被斩断的蚯蚓一样，自我修复能力特别强，五十一师的炮击过后，那些活着的士兵已爬上城墙，在缺口处架起了机枪。

随着一阵阵啾啾的枪响，火星前的人影一个个倒在了城墙根边。日军的机枪火力强大，一下子压制住了五十一师的进攻。王耀武一把抓下军帽，扔在地上，"重机枪，上！消灭它！大家系上白毛巾，大刀片，给我冲！"因为激动，王耀武有些语无伦次。打掉敌人的机枪，冲进高安城后，手持大刀的五十一师官兵遇上没缠毛巾的抢刀就砍，当年训练场上的刀法大行其道，日本人何曾见过这种阵势？腿长的狂奔到城外，腿短的便落了身首分离的下场。高安城终于被五十一师夺了回来。

而另一边，五十七师却打得颇为艰难。西山万寿宫地处锦江口与赣江口的交汇处，控扼着高（安）奉（新）公路，是南昌城的西大门，一〇一师团当然不会轻易弃之。在守军顽抗、援军源源涌来的情况下，五十七师一时陷入了进退维谷的境地。困难同样出现在

93

五十一师的面前。

4月23日，也就是五十一师夺取高安的第二天，松浦淳六郎乘国军立足未稳之际，对高安发动了新一轮的攻击。敌我双方，一个是要一雪前耻，一个是要再创辉煌，两边是谁也不松口。五十一师的官兵这次把战火引到城外，多路人马纷纷从城门洞冲出，直接朝一〇六师团的各处阵地杀奔而来。眼看就要扑到日本人的跟前，一〇六师团的阵地上忽然升腾起一股股淡黄色的烟雾，飞云似的随风飘向前进中的中国人的队列里。"毒气！"不知是谁叫了一声，一些人就开始弯下腰来，咳嗽，捶胸，倒地。无力抽出毛巾，更无力打湿毛巾，越来越多的人揪发蹬腿，曲手弓腰，随即七窍流血而死。阵地上先是一片咳喀声、呕吐声、痰血堵塞气管后的抽搐声，跟着便是死一般的沉寂。

一〇六师团士兵的军靴踢踏着中国人的尸体又一次迈进了高安城门。

跟日军打了多少仗，什么样的场面没见过，可谁曾想到天杀的倭寇，竟然使用毒气。参加南昌会战的日军野战重炮兵第十五联队联队长佐佐木孟久大佐，在其所著《十加部队的变迁》描述南昌会战中使用毒气的情形："最后发射特种弹，亲眼目睹了浓浓的红云渗透至敌阵的情景。结束炮火准备后，前沿步兵放射特种筒，战斗进展很顺利。当炮兵按计划延伸射击后，步兵一齐进攻，突入敌阵……如入无人之境。"

"高安不能丢，谁丢了谁给我夺回来！"薛岳给俞济时下了死命令。

俞济时见五十一师伤亡过多，便将五十八师调来主攻高安。可王牌有着王牌的傲骨，王耀武不依，他给俞济时打电话说："军座，你不要可惜五十一师，五十一师就是打到只剩最后一个人，这一个

人也一定是打高安的主力!"

有五十八师相助,五十一师再次将高安围了起来。日军也打累了,打怕了,他们待在高安城内闭门休战,每天靠空投获得补给。

日军刚打完仗也是疲惫不堪,就得抓住时机立刻出击。王耀武与邱维达商量后,决定在丢失高安的第三天,再攻高安。强攻肯定不行,五十一师的弟兄已经死伤过半,无力再作硬拼,打高安只能奇袭了。

全师六百名壮士被抽了出来,每人一支卡宾自动步枪,四颗手榴弹,一柄大刀,每人的面前放着一碗白酒,摞着五十块大洋。

黑黢黢的夜色,静悄悄的队列,只有王耀武的声音像闷雷在炸响:"弟兄们,今晚是我们报仇雪恨的时候了!是我们五十一师为民族、为自己打荣誉的时候了!想想一个月来,我们有多少弟兄惨死在日军的枪下、刀下、毒气弹下!想想一个月来,我们在这里经受了多少疲累、伤痛和耻辱!今晚,你们将踏着死去弟兄的血迹和尸首,为他们,为我们活着的人,一洗血泪和仇怨!你们有信心、有勇气吗?"

王耀武端起了壮行酒,六百壮士也端起了壮行酒,"有!"饮尽满碗的壮行酒,王耀武继续说道:"好!这五十块大洋,我替你们留着,你们归来了,我奉还给大家,你们光荣了,我抚恤你们的家属。出发!"

夜风飕飕,六百壮士很快消失在苍茫混沌之中。

一夜激战下来,一○六师团再一次被逐出了高安城,六百余壮士除了二十八人裹伤幸存之外,五百八十二名将士英勇殉国!高安,从此有了一段血写的历史!七十四军,从此又多了一段血写的历史!

五十七师方面也传来捷报,大城、生米街相继攻克,万寿宫、虬岭不日可下。

95

但南昌郊区的战斗却愈发不利。由于七十四军与高荫槐的第一集团军分别被困在高守、奉新一带不能脱身，南浔铁路一直控制在日军手里，致使日军在5月初顺利从上海运来四千海军陆战队员增援一〇一师团。一〇一师团随之反扑，第三战区的两路大军，罗卓英苦战不支，退往向塘；上官云相率部逆袭，第二十九军军长陈安宝中弹牺牲，头颅被日军割下后带回南昌炫耀。蒋介石原本限期5月5日攻下南昌，但第九战区代司令长官薛岳认为：以南昌防御战后尚未得到补充而武器装备又远逊于敌人的部队，对武器装备占绝对优势而又依托防御工事的敌人进行攻坚作战，不可能按主观决定的时间攻下南昌。但他不敢直接向蒋介石提出不同意见，于5月3日致电陈诚陈述自己的看法。陈诚于5月5日将薛岳的电报全文转报蒋介石。当时桂林行营主任白崇禧对限时攻克南昌的命令也认为不符实际，5月5日也致电蒋介石及何应钦，婉转地提出不同的建议。两封电报的用意，都是"以子之矛，攻子之盾"，以作战指导不符战略方针为理由，希望蒋介石改变限期攻克南昌的命令。蒋介石接到电报，又得到陈安宝军长牺牲及进攻部队伤亡惨重的报告，于5月9日下达停止进攻南昌的命令。日军此时亦因损失严重，无力反击，南昌会战结束。

五十天的南昌攻守战至此以中国军队失利而告结束。据战后统计，此次攻守战，日军伤亡两万四千余人，我军伤亡三万七千八百余人，而仅七十四军在高安之战中就伤亡六千余人。

南昌会战，中国军队既未能在防御中守住南昌，也未能在反攻中夺回南昌。但它在军事、政治上的影响，却有积极的一面。南昌会战表明日军虽然占领了武汉三镇，但既未能迫使国民政府屈服，也未能击歼中国军队的主力，更没有摧毁中国广大军民的抗战意志。中国军队不仅继续进行抗战，而且还开始实施战役范围的反攻，这

是七七事变以来的新发展，同时也证明国民政府军事委员会在战略指导上确有改单纯防御为攻势防御的意图。可惜的是，由于最高决定者和某些高级将领，或是理论与实践脱节，或是缺乏优良的战略战术素养，以致在作战指导和作战指挥上产生不少失误，在造成消耗敌人的同时，过多地消耗了自己，却未能实现自己的战役企图。

野心不死，没落武士染指长沙

南昌一役后，抗日战争进入了漫长的相持阶段。当初不可一世，叫嚣着三个月灭亡中国的日本帝国主义终于明白了"瘦死的骆驼比马大"的道理，在不断拉长的战争中愈发感到兵力和资源的不足。也发现了中国人那种脊梁被压得再弯也压不断，说不定有朝一日还会猛烈反弹的民族性格。于是头上扎着太阳旗的日本人终于开始对中国实行以政治诱降为主、以军事打击为辅的策略；同时放弃其速战速决的军事战略，代之以持久战，重新整备武力，等待时机，以期一举解决中国事变。

然而就在此时，一件让日本人感觉实在很无语的事情发生了。具体说来，不久前日本关东军——号称日军部队中战斗力超人的一支队伍，早就听说中国部队不堪一击，不值得一战云云，再加上东北军的不战而走，自信心极具膨胀，目中无人，感觉在中国土地上已经无人能敌了，于是对着中国隔壁的西伯利亚野熊，极具攻击性的苏联红军打起了歪点子，显然这些头顶刚刚能碰到老毛子下巴的日本人低估了战斗民族的实力。结果愣是在诺门坎战役中被苏联红军打了个满地找牙，原本趾高气扬的关东军变成了斗败的公鸡。然而，巧得很，自己的同盟国纳粹德国竟然又与苏联签署了《苏德互

不侵犯条约》，这一下可让日本气得够呛。没办法，想了半天为了让日军部队得以发泄，同时找回被苏联红军打掉的信心，日本将阴冷的目光转向了本以为很好欺负的中国部队。

武汉会战以后，在武汉外围的中国守军将近一百个师，对武汉形成了一种包围态势。长江以南属于第九战区，当时陈诚、薛岳手下有五十二个步兵师；长江以北属于第五战区，李宗仁手下有三十五个步兵师。日军十一军司令冈村宁次指挥第十一军于 1939 年春夏之间相继发动了南昌会战和襄东会战（即随枣会战）。经过这两次作战，日军攻占南昌并击退第九战区军队的反攻，获得了武汉安全圈的东南屏障，并打开了通往长沙的通道；同时，打击了第五战区部队，保住了汉水以东阵地，暂时缓解了江北的后顾之忧。

在武汉站稳脚跟以后，表面张扬实则疲颓的日军急需一场大的会战，一是要以此威慑国民政府，以便实施他政治诱导的手段。另外，也需要通过一场胜仗来鼓舞士气低落的关东军。于是，8 月份日军将目标定在了湖南。

1939 年 9 月至 10 月，在湖南发生了一场大规模的会战，这次战役是继"二战"欧洲大战爆发后日军对中国正面战场的第一次大攻势。战役跨越湖南、湖北、江西三省，中日双方也派出了强大的阵容组合。国民党方面由有着"战神"之称的薛岳上将统率军队，而日方则由臭名昭著的冈村宁次再度发起。这就是抗战史上不可或缺的重要一笔——第一次长沙战役，又称为"第一次长沙会战""湘北会战"，日本称"湘赣会战"。

对于国民党的高级将领，大家耳熟能详的大多是类似何应钦、李宗仁、白崇禧之类由地方诸侯直接晋升入国民党高层的，但对于薛岳可能颇为陌生。

薛岳，又名仰岳，字伯陵，绰号"老虎仔"，广东省韶关市乐昌

县九峰镇小坪石村人，汉族客家人。薛岳在国民党将领中绝对算得上是"根正苗红"，薛岳十岁那年就进入黄埔陆军小学学习，之后又加入中国同盟会。1914年，又加入中华革命党，与党人邓仲元、朱执信等一起，继续进行反袁护国斗争。次年春，被送往武昌陆军预备学校第二期，学习了两年。毕业后，转入保定陆军军官学校第六期深造。军校还未毕业便南下广东，参加孙中山新建立的援闽粤军，任司令部上尉参谋，后来还参加了北伐。从年少到年轻一路都是国父孙中山的忠实追随者，其资历比起任何国民党人都毫不逊色。一路征战，抗战前期已经官至中将，一路上战功赫赫，后人曾统计薛岳是抗战中歼灭日本人最多的中国将领。因此，此役由薛岳担任总指挥足见国民党方面的重视。

其实对于此次会战开始，就如同南京保卫战一样，到底守不守长沙，在国民党内部是有过争议的。最初蒋介石的决定是不守长沙。但担任第九战区司令员的薛岳丝毫不以为然，毅然决然地表示："长沙不守，军人之职何在？"人称"小诸葛"的国军将领白崇禧也以"长期抗战，须保持实力"相劝。但薛岳就是一股子愣劲儿："湘省所处地位关系国家民族危难甚巨，吾人应发抒良心血性，与湘省共存亡。"然而，让所有人都没想到的是，这次原本险些放弃的会战，最终却是以中方的获胜结束的。在抗日战争中国民政府以及当时的国军发动了一场又一场的大会战，保卫大城市，然而我们耳熟能详的会战，淞沪会战、南京保卫战、太原保卫战……除去类似台儿庄大捷、平型关大捷之类小胜外，几乎所有的会战都是以国军败退、丧土丢城结束的。而长沙会战，包括第一次长沙会战在内的数次长沙会战都为当时的中国军队打出了在第二次世界大战史上的一席之地。而第一次长沙会战中王耀武和七十四军同样出现在战场上与日军对垒，并获得了骄人的战绩。

面对来势汹汹的日军，毛遂自荐的第九战区代司令长官薛岳（后提升为司令）为保卫长沙，采取以湘北为防御重点，"后退决战""争取外翼"的作战方针，调动了三十多个师和三个挺进纵队，共二十四万多人参加此次战役。

1939 年 9 月 1 日，日本方面，冈村宁次制定作战方针：为了打击中国军队继续抗战的意志，决定在 9 月中旬以后，开始奇袭攻击，以期在最短期间内，捕捉中国军队第九战区主力部队，将其歼灭于湘赣北部平江及修水周围地区。为此，日军计划动员三个师团两个旅团约十万人的兵力。

9 月 13 日，日军秘密部署完成，日军第十一军的战斗指挥所进驻咸宁，冈村亲临指挥作战，正式下达作战命令，主要内容是：兵分三路，前两路为隐蔽主攻方向，迷惑、牵制中国军队，第三路才为日军主力。第一路：上次被打怕了的第一〇六师团充当先头部队，于 15 日开始进攻，由奉新以西突破中国守军第一、第十九集团军阵地，绕到中国守军后方，歼灭守军于高安西北地区。第二路：第三十三师团由通城向麦市、渣津突进，打击当地的中国军队第二十七、三十集团军。第三路：十一军主力于 23 日拂晓利用夜色发起进攻，其中第六师团由新墙镇以西向汨水南高地正面突进；其左翼奈良支队由杨林街以西向湄口、汨水北岸突进；其右翼上村支队于 9 月 23 日拂晓在营田登陆，向汨罗江上游平江地区攻击前进，这三支部队协同歼灭该地区中国守军第十五集团军。整个战役预计二十至三十天，10 月 10 日至 15 日返回原驻地。

然而，事实证明日军的这一部署明显是异想天开，首先他们矛头瞄准的湘、鄂、赣三省相交的地区，群山纵横，地形复杂，尤其长沙以北的湘北地区，大多数也是山岳地带，不仅多山，而且多水。以粤汉铁路为分界由北向南画一直线，其左侧有洞庭湖及澧水、沅

100

水、湘江三大河流，右侧有新墙河、汩罗江、捞刀河、浏阳河，从而形成天然的防线。这样一个"地无三里平"的地区日军的大型战车火炮以及机械化行军几乎全部得归零了，而且日军一直以来十分依赖的空中火力也将因为地形和天气的原因受到很大影响。因此当冈村宁次面对一群战争怪兽变成废铁一堆时，恐怕暗地里悔了个半死。

而中国方面，第九战区代理司令长官薛岳认为，只要利用这些良好的地理条件，再加上正确的战略战术，完全有可能打退日军的进攻，化被动为主动。战区的作战方案大体如下：日军大约在9月中开始南犯，将以主力由湖南北部南趋长沙，于江西北部、湖北北部施行策应作战。战区部队憋足了劲儿准备给日军来个狠的，开第二期抗战胜利之先河，决定诱敌深入于长沙以北地区，给日军主力部队来上个"包饺子"，争取全部吃掉。江西北部、湖北南部方面，主要拦截企图攻击侧翼主力的日军分部，保障主力方面歼敌成功。薛岳将这一战略部署的核心之点总结为八个字：后退决战，争取外翼。不得不佩服薛岳的料事如神，将日军的作战意图和分兵路线猜得丝毫不差。

随着大战的临近，薛岳也开始调兵遣将，部署兵力。当时，第九战区共有二十一个军又三个挺进纵队，共五十二个师；国民政府军事委员会配属四个军（第四、第五、第九十九及新编第六军）又一个师（第十一师），总计二十五个军六十三个师五十万人，投入作战序列的部队有二十一个军四十九个师又三个挺进纵队（实际参战兵力为三十五个师又三个挺进纵队三十万人）。至9月中旬，其兵力具体部署情况如下：

第一集团军第五十八、第六十军守备靖安、奉新以西张家山、麻下、会埠一线阵地；

101

第十九集团军第三十二、第四十九军守备莲花山、马形山以及锦江右岸阵地；

第十五集团军以第五十二军主力守备新墙河阵地，第七十九军守备南江桥至麦市间阵地，第三十七军守备湘阴以北湘江、汨罗江右岸阵地；

第二十七集团军第二十军前出咸宁、崇阳地区，第七十三军集结于渣津地区；

第三十集团军第七十二、第七十八军共四个师守备武宁以西蒲田桥、琵琶山一带阵地；

湘鄂赣边区挺进军位于通山、大冶、阳新地区；

第四、第七十、第七十四、第五、第九十九、新编第六军和第十一师共十五个师为战区总预备队，分别集结于长沙以南、以东的湘潭、株洲、衡山、衡阳、浏阳及赣北上高、宜丰、万载等地。

另外，防守洞庭湖与湘西方面的为第六战区第二十集团军（辖第五十三、第五十四、第八十七军等部），为了便于协同作战，该集团军配属第九战区指挥。第九战区司令长官部位于长沙。

1939 年 9 月 14 日，位于江西北部的日军第一〇六师团中井良太郎部率先发动了牵制攻势。在这个方向的中国军队三个集团军七个军在前敌总司令罗卓英指挥下抵抗。

再战高安，七十四军力挫扶桑

十九集团军司令罗卓英对高安方向的布防是：滇军第一集团军第五十八军守高邮市至祥符观一线；第六十军守祥符观至故县线；十九集团军三十二军（原晋军）守锦江口至高邮市、锦江南岸线；

而自己的心腹王耀武则率领中央军第七十四军控制上高附近，附近还有三十集团军（川军）王陵基部两个军和东北军四十九军加以辅助。

9月14日，日军于夜间首先向驻会埠的第六十军第一八四师的阵地发起进攻，第二天便突破了第一八四师的阵地。此路日军担负主要作战任务的是第一〇六师团。说起一〇六师团，很多人可能会不屑，称它是"日军第一软弱师团"，因为它组建时间短，新兵多，尤其是在万家岭战役中被国军部队杀得很惨。其实经过那一次之后，一〇六师团内部有了很大改观，首先它的新兵多为青年学生，这些人受军国主义思想渗透，特别狂热，特别残暴，自进入中国以来，一路烧杀。再者，剩下的老兵虽说是败军之将，但试想想，能在那么惨烈的战役中存活下来的老兵，打起仗来得多精明啊，在阎王殿门口转了一圈的人，应该说已经积累了相当的作战经验。而且现任师团长又是参加过日俄战争的老资格职业军人，已经是第三次踏上中国战场了，再加上为了一雪前耻，所以会战一打响就一路势不可当。

攻占会埠后，第一〇六师团兵分两路：一路向西进，一路向南。17日，两路日军都完成了各自的作战任务，西进的日军又折返向南，两军欲成会合之势。18日，日军占领了高安北部的村前街、斜桥和祥符观，从三面完成了对高安的包围，并与在会埠一线的日军形成了对第六十军和第五十八军的包围。在情势十分危急之时，第六十军当机立断，在日军包围圈还没形成之前遂从前街冲出重围，向宜丰方向集结。第五十八军则且战且退，18日晚渡过锦江，向西往凌江口方向转移，与在宜丰集结的第六十军从南到北形成一道新的防线。第三十二军则弃守高安。19日，日军占领高安。薛岳得知高安失守后，严令第三十二军夺回该地，同时派王耀武的第七十四军前往增援。

高安虽然因为地形属背水为战，而且位置突出不利于防守，所以遭日军稍一冲击就自动放弃，但是十九集团军总司令罗卓英很快就弄清日军的主力在会埠，高安方面只是佯攻而已，没有必要在高安方面收缩防线。高安虽然放弃，但第三十二军仍然占据有利地形，集团军的六门山炮也可以打到高安，提供掩护，罗卓英于是决心反攻高安，给日军一个下马威。

9月22日，罗卓英电令第一三九师反攻高安。第一三九师以第四一七团渡河进击，攻占石鼓岭，日军小部守军退往高安。第一三九师随后全力出击，以第四二二团及第四三三团齐头并进，猛冲高安。第一〇二旅团阵脚大乱，被迫仓皇退出高安，并遗弃几十具日军尸体。日军在退出高安之后，死据祥符观炮击国军。第三十二军在炮火下抢占阵地。王耀武手下第五十一师也投入战斗向高安推进。第一三九师李兆瑛师长在攻克高安之后，督队猛烈追击，第四一七团占领马形山，第四二二团占领莲花山，稳固高安防务。日军撤退时颇为狼狈，其佐枝支队的作战命令也被国军截获。在第一三九师克复高安之日，第六十军退到上富之后以第一八三师坚守上富、罗坊，与会埠方面之敌对峙，第一八四师于雷市集结。第六十军军部退到宜丰。败退的第五十八军则占领凤凰山一线阵地收容部队。第九战区以第十五师支持赣北，罗卓英即电调第十五师支持第六十军拒敌。

第三十二军克复高安站稳脚步之后，因为第五十一师与第四十九军已经提供有力支撑，使第三十二军能够有效抵抗日军的反扑，所以在形势上反而能置会埠方面的第一〇六师团主力侧翼于国军威胁之下。王耀武又指挥第五十一师北上支持第一集团军，帮助第一集团军恢复阵地，阻止第一〇六师团。而以第四十九军第一〇五师（师长王铁汉）接防高安，在高安方面第三十二军及王耀武手下的施中诚第五十七师便腾出了，可以作为向日军侧翼挺进的奇兵。罗卓

英决心让这支劲旅直捣奉新，但对第一集团军阵地最薄弱之处则冒险不以主力填补。

9月23日，日军第一〇六师团主力开始向修水方向西进。25日至26日，日军第一〇六师团一部攻占上富、横桥、甘坊，另一部经九仙汤、沙窝里突进至修水东南约三十公里处的黄沙桥，展开对中国第三十集团军王陵基部的攻击。三十集团军且战且退。同时，王耀武率领手下第七十四军在第六十军的配合之下对西犯的日军分别进行堵截。继而，双方在上富、冶城、甘坊一带展开了拉锯战。七十四军以攻为守，调集麾下几个师的兵力向甘坊一带反击，以达到消耗该部日军兵力，阻滞其西进鄂南、呼应湘北的目的。25日至27日，第一八四师由南向甘坊攻击，第十五师在甘坊西与敌战斗，第一八三师在甘坊西北的九仙汤、刘庄一带与日军激战。这三个师的攻势遇到顽强抵抗，未能收复甘坊，但也拖住了日军第一〇六师团不能远行。其实当时薛岳和王耀武的想法都是一样的，都想再创一次万家岭大捷，吃掉这个当时险遭全军覆灭的日军特设师团。因此在安排上虽然是七十四军和六十军共同围堵日军，但却安排六十军下属三个师缠住日军，想利用战力惊人的七十四军将日军一〇六师团给彻底从历史上抹去。因此先是将第七十四军的第五十七师调来凑齐七十四军满员满编，又调第七十二军连同第一八三、第一八四师，将日军第一〇六师团包围于甘坊。但是，一〇六师团在经过万家岭一役之后，是一朝被蛇咬十年怕井绳。看到这么多国军部队正欲形成合围之势，尤其是老冤家七十四军时，腿肚子都打战。于是，未等国军发动进攻，10月3日豁出半条命，冲出重重包围，继续向西一边打一边跑，一口气跑到江西北部西行的最远点。就这时，正赶上主战场的日军已经开始后撤，一〇六师团牵制赣北国军的任务已经完成。等到5日，薛岳再次电令王耀武、高荫槐、王陵基督饬

105

所部，务必将日军第一〇六师团全歼。结果，当国军发起进攻时，该师团以反突击冲出国军的重重包围，撤回武宁据守，赣北作战至此结束。

高安战役从 9 月 14 日开始到 23 日结束，历时十天，在抗战期间只能算是一个规模中等的战役。然而在国军战略思想的演变上，却是一个里程碑。总结吸取前期南昌会战的经验教训，指挥官罗卓英将军在战线布置上虽然和原来一样，采取传统的数十至上百公里的单线配置，但在具体作战方法上，则采用"后退决战"的策略。避开日军装备精良、战斗力强、急于求战的锋芒，充分利用赣西北起伏多变的山地、丘陵、纵横交错的江河等地理特征，寻找有利战机，采取阻击、侧击、尾击等机动战术歼灭敌人。此役日军凭借强劲的实力，首战即突破国军防线（国军第五十八军几乎被日军追着打），但是长驱直入的日军很快遭到第三十二军的侧击而伤亡惨重，被迫退却。在防守高安城时也是如此，第三十二军挡不住正面日军的进攻，被迫退出城外，但在退守时占据有利位置，威胁侵入城内的敌人，在形势有利时，即反攻敌军，夺回高安城。这种首先放任日军突破第一防线，在一线兵团摸清敌人企图后，而后决心反攻高安的打法，是这次战役中的杰作。

此役国军以伤亡一千多人的代价，有力地阻击了日军的进攻，使日军未得寸土，并毙伤日军数百人，为取得第一次长沙会战的胜利开了一个好头。国民党第九战区官兵的英勇作战、守土卫国的爱国热情，是此役取胜的重要保证。尽管在抗战的战略相持阶段，国民党最高当局由最初的积极抗战变为消极抗日，但在此役中，参加高安战役的国军官兵上至将军下至士兵都英勇顽强、誓死抗敌，涌现出许多可歌可泣的事迹。第一三九师在反攻高安时，前排的战士倒下了，后排的接着上，连日本鬼子都不敢相信，不久前南昌会战

106

中胆怯的中国兵此时会变得如此不怕死。其实,抗战中的国民党官兵大部分怀着对日军侵略暴行的满腔仇恨,恨不得与日本鬼子同归于尽。与敌人拼消耗也是抗战取得胜利的一个重要经验。日本以少数兵力横行中国广大地区,注定是不会长久的,也是没有好下场的。

另外一面,鄂南战场,集结于湖北通城的日军第三十三师团,在师团长甘粕重太郎中将指挥下,在鄂南发起攻势。目的是从东边避开国军沿新墙河、汨罗江设置的两道防线,在平江地区与湘北日军主力夹击部署在新墙河、汨罗江防线的国军第十五集团军。日军第三十三师团是这场会战开始半年前才在日本仙台编成的,而且当初的目的还是警备专用的三单位制师团,第九战区对鄂南方向进行防御的是杨森的第二十七集团军。日军第三十三师团由通城南犯后,首先以一部兵力向第七十九军正面阵地南江桥进行佯攻,同时,另以一部兵力准备绕过幕阜山东侧,经白沙岭向长寿街推进。杨森很快判明日军是企图切断第七十九军退路,然后加以包围歼灭。他立即向薛岳报告,同时急令通城以南的第二十军由西向东侧击日军。薛岳接到报告后十分震惊。这股日军若是与湘北日军会合,那么部署在新墙河、汨罗江防线的第十五集团军就会受到夹击,后果不堪设想。于是,他急忙调第八军前往增援,同时命令湘鄂赣边区游击总指挥樊崧甫,以大湖山、九宫山方面的部队由南向北尾击和由东向西侧击敌人,对日军构成南北夹击和包围的态势。

9月22日,日军占领了麦市西北的高冲、塘湖市、鲤港;23日,又围攻麦市。第七十九军第一四〇师因伤亡过重,撤出麦市,随后,在麦市以南地区与赶来增援的第二十军第一三四师并肩战斗,继续阻敌南下。日军在攻占麦市、桃树港后,继续向南攻击前进。第二十军第一三三师在苦竹岭、南楼岭、葛斗山一带设防。但因兵力单薄,在日军的进攻下被迫撤走。次日,第一四〇师一个团经过

反攻，夺回南楼岭、葛斗山两高地。日军第三十三师团被阻止于大白墈、鸡笼山、磐石、箭头、麦市之间，不能前进。乃改向苦竹岭攻击，然后进入修水县之桃树港，向长寿街方向前进。途中又遭到第二十军第一三三、第一三四师在白沙岭堵击，第七十九军第八十二师及第九十八师在右侧面的侧击，到桃树港时，又被第一四〇师侧击，伤亡较大，进展缓慢。30 日，日军第三十三师团攻占朱溪厂，主力进入长寿街、龙门厂、献钟一带，在献钟以西三眼桥与奈良支队先头部队会合。日军两条战线连成一线，但预计包围的国军十五集团军已经后撤。2 日，第三十三师团开始后撤。后经渣津东攻修水策应第一〇六师团撤退。第七十九、第八、第二十军及第三十集团军互相配合，多次对撤退的日军进行截击、夹击。10 日，撤退的日军退回通山、通城一带原防地。

第一次长沙会战在湘北主战场打响的时间是 9 月 18 日。日军投入进攻的部队是第六师团、奈良支队和上村支队约五万人，向新塘河以北的国军前沿阵地发起攻击。在湘北方面担任守备的国军是由关麟征指挥的第十五集团军。其部署是：第五十二军扼守第一道防线，即新墙河防线，配置在右起杨林街、左至洞庭湖东岸的九马嘴一带；第三十七军守备湘阴以北至洞庭湖东岸的江岸；第七十三军控制着汨罗江地区，构成第二道防线。

日军在攻下第五十二军两处警戒阵地的同时，也攻占了第五十二军在新墙河北岸下燕安、马家院等前进阵地的重要据点。第五十二军部队被迫撤退到新墙河南岸。关麟征在接到第五十二军在新墙河北岸全部警戒阵地和前进阵地失陷的报告后，立即命令第三十七军除留下一个师守备营田外，余皆调至新墙河南岸，协同第五十二军守备新墙河南岸阵地。第三十七军原防线交给前来增援的第七十军守备。

9月23日晨，日军第六师团和奈良支队先是集中八十多门火炮向防守新墙河南岸的第五十二军第二师阵地猛烈炮击。一小时后炮火延伸，日军第六师团在师团长稻叶四郎中将亲自指挥下，从七步塘附近开始强渡新墙河。但遭到国军的顽强阻击，日落时分，双方仍在新墙河一线对峙着。

但是，日军突然又使出一手杀招——上村支队奇袭营田。

这一招确是薛岳和关麟征都没想到的。营田失守，尤对关麟征的震动最大：日军第六师团从新墙河正面、奈良支队从右面向他压来，营田上村支队又源源上岸，他的几个军包在中间，陷入三面被围、一面临水之绝境，有被围歼的危险。于是他在征得薛岳的同意后，立即组织各军后撤。这个决心下得非常及时，日本军对关麟征的不配合非常不满，在战史中大骂关麟征战斗意志薄弱，苦心经营半年到一年的阵地居然都不战就放弃。

薛岳在长沙召开紧急会议商讨对策。最后，会议做出了诱敌至长沙郊区实行反包围与敌决战，进而将其歼灭的作战方案，即所谓天炉战法，依湖南的地势，左倚洞庭湖，右凭幕阜山，以其间新墙河、汨罗江、捞刀河、浏阳河这四条河作为迟滞日军的依据，并彻底实施"化路为田，运粮上山"的做法，将日军机械化部队的机动力消除。故总体方针为"后退决战，争取外围"：国军以且战且退做法在四河与幕阜山间游移、攻击然后后撤躲藏，将日军拖入四河之中，最后再以长沙城中主力与外围藏在山林中的部队合围深入四河中的日军。接着，薛岳令战区直辖第四军及炮兵向岳麓山、长沙及其东北地区前进，占领进攻出发阵地。第九战区前线指挥所则移驻渌口。就在薛岳准备实行新的作战计划时，一件意想不到的事发生了。

薛岳的侄子薛维诚回忆说："当时，我伯父薛岳将军是湖南省政

府主席，也是第九战区司令官。他对于日寇长驱直入地侵占中国领土的状况早就不满，希望能有机会率领自己的军队对侵略军迎头痛击。但是，作为国民党军队最高统帅的蒋介石先生总是指示薛岳将军不可轻举妄动，不要贸然行事。我伯父是一位既有民族气节，也以服从军令为天职的旧式军人。他在早期担任孙中山先生的警卫营长时，就对中山先生捍卫中华、振兴中华的思想特别敬仰。伯父曾以准确的判断和果敢的行为，保护中山先生和宋庆龄女士从叛军陈炯明手中脱离了生命危险。所以，他对于蒋介石一再发出的不出击命令十分不解。"

为了争取蒋介石的"对日寇迎头痛击"军令，薛岳那一段时间几乎每天都要直接与委员长通话，表达自己坚决抗敌、死而后已的决心。蒋介石开始还耐心地与薛岳通话，劝他"少安毋躁，静待时机"，后来看到说服不了薛岳，就干脆不接他的电话了。

一心想抗击日寇的薛岳将军急得像热锅上的蚂蚁，没有办法，只好直接打电话去找蒋夫人宋美龄了。薛将军对宋美龄说："请转告委员长，敌人再敢向我长沙逼近一步，我就要立即开打了！"

此话经宋美龄转告蒋介石后，蒋又急得连续向薛将军打电话，但薛岳以其人之道还治其人之身，不接电话了，只让参谋人员回话说："薛长官上前沿阵地了，不知道何时能回来。"无奈之下，蒋介石只得让白崇禧（时任桂林行营主任，长江以南地区的作战统由其指挥）、陈诚（时任第九战区司令长官）前往长沙传达方案，并协助薛岳指挥作战。他们在渌口以南一个小车站附近的小学校内临时搭设的指挥所里，见到了正在指挥作战的薛岳，传达了蒋介石关于不守长沙的作战方案。但是薛岳却强调湖南所处战略地位重要，关系到国家民族的生死存亡。作为军人，该誓死保卫它，而且他还表示要与长沙共存亡。白崇禧无奈，只好搬出蒋介石，要其服从命令。

110

薛岳一副豁出去的激动："长沙不守，军人的职责何在！"陈诚觉得这样争论下去无济于事，他和白崇禧商量后决定将薛岳的意见报告给蒋介石，以便重新做出裁决。

薛维诚说，第一次长沙会战就是在这样情况下，由薛岳将军亲自指挥打响的。当新墙河南岸的中国军队有计划地撤向汨罗江防线时，日军第六师团、奈良支队紧追不放，跟踪南下。然而，被中国军队和当地民众早已破坏了的交通道路，令日军的机械化优势无从施展，只能在中国军队的屁股后面徒步跟进。

25日凌晨，日军迫近汨罗江北岸。第五十二军主力向汨罗江南岸转移。继而，日军开始架设浮桥，准备渡过汨罗江。但日军的第一次试渡被汨罗江南岸的守军打退了。于是，日军便改变策略。他们派出一部分日军换上中国老百姓的服装，装扮成难民，在中国军队结合部的间隙中偷渡过江，窜到新市，准备里应外合，配合主力强渡。同一天，日军上村支队也由西向东进犯，并攻占了归义。第七十军奉命对进占新市和归义的日军进行反击，但只克复了归义，新市仍被日军占领着。26日，日军猛攻汨罗江南岸守军阵地，激战竟日，未能突破守军主阵地。此时，日军第三十三师团仍被第二十军顽强阻击于幕阜山福石岭地区，日军企图在平江地区围歼第十五集团军的计划破产。就在冈村宁次为自己围歼第十五集团军的计划破产而失望时，薛岳准备在长沙郊区与日军决战的作战方案终于得到了批准。

27日，第九战区按照在长沙地区与日军决战的计划调整部署：以第二、第二十五、第一九五、第六十、第七十七、第五十九师共六个师，埋伏于福临铺、上杉市、桥头驿地区和长沙及其以东地区；第七十军转移至浏阳河以南株洲、渌口市等地，沿湘赣铁路和渌水布防；第四军占领湘潭、下摄司、渌口市之线；第七十九军一个师

111

确保幕阜山根据地，两个师协同第二十军攻击桃树港之日军第三十三师团。

9 月 28 日，日军奈良支队经瓮江向平江迂回，准备策应其第三十三师团作战。日军第六师团、上村支队由汨罗江畔开始分路南进。上村支队在三姐桥、栗桥陷入第五十四军第十四师、第五十师伏击圈；第六师团一部一千余人在福临铺遭第一九五师伏击，均受到重创。29 日，由新市经金井南下的日军第六师团一部三千余人又在石门痕遭到第一九五师的伏击。数次遭到伏击的日军跌跌撞撞，本想继续南下，无奈心有余而力不足。只有一部日军于 30 日突破了中国军队在捞刀河的阵地，占领了长沙以北三十多公里的永安市，这是日军此次南侵所到达的最远的地方。

坐镇咸宁指挥作战的冈村宁次自此次会战打响以来，接到的几乎全是属下报捷的消息：赣北第一〇六师团和佐枝支队正按计划向湘北挺进；鄂南第三十三师团正向汨罗江上游推进；湘北第六师团、奈良支队、上村支队已突破新墙河、汨罗江两道防线，看来拿下长沙已是指日可待了。谁知，就在这时，战场形势突然发生急剧变化。赣北日军硬是被中国军队给拖住了后腿，无法前进；鄂南日军虽到达汨罗江上游与湘北日军主力会合，但中国军队主力已经后撤；湘北日军在突破国军两道防线后，中国军队已经不再死守阵地，而是采取且战且退的较为灵活的战术，而日军则开始不断遭到伏击。这令冈村宁次大惑不解。

冈村宁次一直都把自己看成是"中国通"，对中国的政治、经济、军事、文化等各方面无所不晓，特别是在军事方面，他自认对中国军队的情况非常了解，就连各个派系间的关系也都了如指掌。自从武汉会战结束以后，他更是潜心研究了他的主要对手——由薛岳指挥的中国第九战区部队的诸方面特点。所以，对于此次作战，

冈村宁次是抱着必胜的信心的。冈村宁次认为，武汉会战后中国军队的战斗力已日趋下降，不堪一击了。因此，在制订这次作战计划时，他的作战课是以一个大队（编制一千一百人，人数相当于中国军队一个团）等同于中国军队一个师的力量来计算战斗力的，而以前则通常以一个联队（编制三千八百人，略少于中国军队一个师）等同于中国军队一个师来计算。冈村宁次也认为，如果把自己的空中优势和炮火优势加在一起，一个大队完全有把握击败中国军队的一个师。从以往的作战实践看，中国军队的一个师确实很少能打败日军的一个大队。

冈村宁次在此次作战中不但低估了中国军队的战斗力，而且，他还忽略了一个更为重要的因素，那就是当地民众的力量。在会战开始前，当地民众在政府的组织下，和中国军队相配合，把新墙河至捞刀河之间的主要交通要道已全部破坏，就连这一地区间的土地都被翻了一层，成为新土，从而使得日军的机械化部队无从施展，其战斗力也就相应地减弱了，甚至后勤也不能完全保证。在这种情况下，冲向长沙只能是冒险，冈村宁次仔细权衡后，最终下达了全线撤退的命令。命令说："华军顽强，现仍潜伏于汨水、修河两岸地区。本军为避免不利态势，应速向原阵地转进，以图战斗力之恢复，并应严密防备华军之追击。"

冈村宁次撤军的决定太出人意料，以至于薛岳在接到日军撤退的报告后，竟不敢相信这是事实。他还等着在长沙郊区与对手一决高下呢。10月1日，进至永安市的日军首先向捞刀河以北撤退。继而，桥头驿、上杉市等地日军相继后撤。

身在前线的关麟征发现了日军撤退的迹象，他当即下令各部跟踪尾击由上杉市撤退之敌。10月2日，第十五集团军各部开始追击，当日克复上杉市。3日，第二十五、第一九五师追击到达福临铺、金

井附近。日军开始向汨罗江北岸退却。4日，第十五集团军收复长乐街、汨罗、新市等处。

直到此时，薛岳才断定日军确实是在撤退，于是赶紧下令，要求各部队"以现在态势立向当面之敌猛烈追击，务于崇阳、岳阳以南地区捕捉之"，"对敌之收容部队，可派一部监视、扫荡之，主力力行超越追击"。但为时已晚，日军大部已渡过汨罗江。至10月14日，赣北、鄂南、湘北各战场均恢复到战前态势，第一次长沙会战结束。

伴随着第一次长沙会战的结束，政府方面有关"湘北大捷"的宣传报道迅速传遍了全国各地。随后，全国各大报刊的主要位置，几乎全部被会战胜利的消息所占据。实际上，自9月下旬起，长沙会战的消息就不断地传到重庆，再经过国民政府方面电台和报纸的宣传，已经引起了国人的注意。还在10月初，日军刚刚撤退时，薛岳就急不可待地向蒋介石报捷："……日军分三路进攻长沙，我诱敌深入，于长沙附近予以痛击，敌伤亡惨重，向北溃逃……"白崇禧、陈诚也都向蒋发去了捷报。不久，以蒋介石为首的党政军各界要人又纷纷给第九战区发去贺电。

第一次长沙会战结束后，日方和中方各自都公布了己方统计的战果：日方声称此战毙、伤、俘国军四万八千余人，而日方的伤亡数字仅为三千六百人；中方则宣称日军死伤三万余人，第九战区的伤亡人数为四万余人。那么，这一仗究竟是国军胜利了，还是日军胜利了呢？

当时在第九战区司令长官部参谋处任作战科长的赵子立认为："此次会战，据实而论只能算是一个平局。"但这一仗使日军上层认识到国军不可侮，"中央直系军队的战斗力，尤其中坚军官强烈的抗日意识和斗志，绝对不容轻视，而且可以看出其中央的威令是相当

114

彻底的"。但在日本军队的战争辞典里，与国军作战打个平手就等于是失败。当重庆的宣传机器开足马力，一浪高过一浪地庆祝"长沙大捷"、薛岳等人频频在各界祝捷会上风光亮相的时候，日本方面的反应却是冷冷清清。

七十四军长沙会战，高安一役一枝独秀，尽显锋芒，其战绩得到了第九战区的表扬，获得了军委会的嘉奖。七十四军开始成为按照美式标准编制建军的队伍，全军总兵力达三万一千余人。七十四军下辖五十一、五十七、五十八三个师，因三个师皆以五开头故被日军称为"三五"部队。这期间，七十四军的面貌在王耀武的手上又有了很大的改观。

王耀武带兵以"严"著称，"严"到近乎"残酷"的程度。士兵衣着不整，罚站；鞋带、皮带扣系不紧，罚站。他对军官则以"打"为主。某日集合时，他正在讲话，某营长却不时偷看旁边树上两只嬉闹的鸟儿。王耀武发现后，当即扯出该营长，狠踢了三脚。每次提拔某人时，他必找借口先打骂而后宣布任命。除了霹雳手段外，王耀武还注重怀柔政策，他曾把自己的三个月薪饷拿出来供给伤兵改善生活，士兵非常感动，因而七十四军的上下都能为他出死力，打硬仗。

1940年，根据美国"援华法案"的协议，国民政府利用美方的贷款购买美式装备，武装其中央军的精锐。在挑选名单时，初步决定为四个军，前三位没有争议，分别为第一军、第二军、第五军，因为第一军、第二军成军时间早，又是由黄埔的子弟兵组成，在蒋介石的感情上占着很重的分量，而第五军则是国民党军全力打造的第一支机械化部队，给它换装备理所当然。剩下的一个名额在十八军和第七十四军中挑选，因为王耀武的好人缘和七十四军长沙战场上的优秀表现，意见呈一边倒，大家认为，十八军只是十一师一枝

独秀，而七十四军的三个师却各有特色。另外，十八军军长频繁变换，内部结构也不稳定，除了当家花旦十一师外，其他几个师如走马灯似的不停进出，相形之下，七十四军则稳定了许多。于是第一、第二、第五、第七十四军作为首选的四个军，首先实现了从头到脚的更换。其装备不仅在国军中没有部队能达到，在日军中也少有。王耀武攥紧拳头对下属说："我们要打几场漂亮仗为校长争光，为这身橄榄色添彩。"当时大部分中央军的服装还是灰色，七十四军的墨绿色就显得十分特别，它成为一种荣誉的象征。高安一役七十四军付出的惨重伤亡为他们日后的荣光奠定了坚实的基础。

第 五 章

建 功 上 高 会 战

荣 膺 最 高 勋 章

七十四遇三十四，昔日仇人再相见

1939年，日寇企图拔掉驻守在上高的中国军队第十九集团军这颗钉子。1月份开始，盘踞在南昌的日军就开始着手准备，陆续将派往鄂西及武汉的部队调返原驻地，并积极补充兵员，增加给养。2月中旬至3月14日集结完毕。在此期间日军积极进行渡河及夜战演习，并调空军第三飞行团主力先后飞抵南昌机场。日军拟兵分三路，总兵力约六万五千人，配有战车四十辆，飞机一百五十架，以第十一军团司令官园部和一郎为总指挥。

这时，由于华北的游击队活动频繁，令日军头疼不已，侵华日军总部决定拆了东墙补西墙，从华中派遣军中抽调第三十三师团去支援华北的"扫荡"。然而摆在眼前的问题是第三十三师团原驻赣北一带，把它调去驻防华北自然可以减小华北日军的压力，可这么一走，南昌地区的烂摊子就只剩下一个第三十四师团了。要知道国民党的第十九集团军可不是吃素的，尤其是其中的王牌部队七十四军才刚刚装备了全套美械装备，本身两师团防守南昌，要对付中国军

队的第十九集团军，压力就很大，现在还要调走一个，那将来就更危险了。想必中国军队肯定不会放过这个兵力空虚的机会，早晚必有一战。想想去年日军在江西九江的驻守藤堂高英少将，被中国军队利用九江日军兵力空虚之机，采取围点打援战术，在路上伏击击毙之事，这么一折腾说不准三十三师团前脚跟刚到华北，三十四师团这边后脚跟就来了——被打来了。于是第三十四师团长大贺茂满腹惶恐，立马向第十一军司令官园部和一郎建议，乘三十三师团尚未北调之际，发动对南昌周围罗卓英第十九集团军的进攻，以减轻他将来守城的压力。

其实对于大贺茂的这个建议，除了他自己以外没几个人赞同。首先罗卓英的十九集团军有近十万人，而且颇具战斗力，日军第十一军与他的几次交锋都吃亏不小，如今十九集团军中的七十四军又得到美式武装，这更让司令官园部和一郎心里没底。其次，园部和一郎已接到调令，即将离任。好不容易任期结束没吃什么败仗，走之前打这么一仗，打败了那后果不用说，即便打胜了也是听起来好听，实际上还是在为下一任做嫁衣，所以他并不十分愿意发动这次行动。再次，你也不问问人家三十三师团愿不愿意，巴不得从国军精锐部队面前调走，去对付那些小米加步枪、手拿红缨枪的八路军。这走之前还打一场仗，不管是赢了还是输了，在兵力、武器上的损失都将是巨大的。

大贺茂却是一根筋，一百二十个坚决请求。说起来也巧了，这时候，日本在华派遣军从上海调来池田直三少将率领的独立混成第二十旅团到达南昌，以弥补第三十三师团走后这一地区兵力空虚的窘境，这样，南昌地区约有两个半师团的力量，园部勉强认为可以一战，遂批准了大贺茂的行动方案。池田第二十混成旅团原为日本第一王牌"钢军"第五师团第九旅团的残余部分扩编而成。日军的

120

第五师团在1940年初的昆仑关战役被中国军队打残后，师团番号撤出中国回日本本土进行改编，残余部分则进行混合补充扩编，日本第一王牌"钢军"降至地方守备的警备混成旅团，连丁类部队都不是，从此其士兵均蒙上了失败的阴影。

1941年2月中旬至3月初，园部和一郎为支持大贺茂中将袭击位于江西上高县中国野战军第十九集团军总部的计划，亲自出马，将派往湖北等地的部队陆续调返江西南昌驻地，并按日军作战的一贯方式，在战前快速地补充作战师团编制，充实战斗兵员，囤积大量的航空汽油，武器弹药，包括重磅炸弹、燃烧弹、毒气弹等作战物资和给养。

3月初，日军的华中派遣军从上海增调来的第二十独立混成旅团到达南昌，空军第三飞行团也先后飞抵南昌机场。日军在南昌全部集结完毕，总兵力达到六万五千人，配有主战坦克四十多辆，各类作战飞机一百五十架，补增三个炮队，日军各兵种即在战前进行协同训练及渡河和夜战的"攻必克"军事演习，士气极高。就这样，1941年3月14日，日军发起了对十九集团军的"鄱阳湖扫荡战"。

短兵相接，请君入瓮齐围剿

日军部队兵分三路，北路是即将调离的第三十三师团一万五千人自安义、武宁直扑奉新一带中国守军；南路是刚刚调来的池田独立混成第二十旅团八千余人从义渡街出发欲渡锦江，从后背打击上高等地中国军队；中路就是那个不打起来不死心的大贺茂第三十四师团两万余人，兵发西山、大城，图谋向西一举攻下高安、上高的中方营垒，确保赣西的"治安"。

其实，早在日军行动之前，罗卓英接受上次南昌攻守战的教训，对日军可能采取的突袭计划已有所防备。所谓"兵来将挡，水来土掩"，他将十九集团军也兵分三路，将王耀武率领的七十四军置于中路接战意最强的大贺茂第三十四师团，将李觉的七十军和刘多荃的四十九军置于七十四军的左、右两翼，七十九军突出在前，以便在退却中诱敌，运动中歼敌。罗卓英的设想是：在万载、上高、分宜以东，赣江以西地区扎个口袋，把日军引诱到此处，再给他来个"包饺子"。

战役之初是按照中国人的设想而展开的，但随着池田旅团占领曲江之后，驻守上高、高安的七十四军遂直接处在日军的攻击之下，王耀武吃惊不小，即令李天霞率部予以坚决堵击。

当时五十一师刚刚换上美式装备，李天霞的山炮营、马克沁姆重机枪连正想到战场上去试试威力，因而得令之后，他们的汽车大队在一个时辰之内把部队从一百二十里外的地方拉到曲江南岸，埋伏了下来。

阳春三月，正是春水上涨、山花烂漫之际，曲曲弯弯的曲江水浩浩荡荡地沿着两岸的高山向东流去。池田所部的两千余人乘坐四艘大船正从曲江上游向后港开来，两岸的绿草红花和沁人心脾的芳香不时引来这些日本士兵的惊叫。就在他们忘情于山水之时，一种他们再熟悉不过的尖啸声从山间云雾处飞来，还没等他们反应过来，这些啸叫便变成一声声惊天动地的爆炸，在水中，在船上，在人群中飞溅开来。"巴嘎雅路"，一个联队长模样的指挥官挥舞着战刀欲组织船上日军反击，但一梭子马克沁姆开花弹扫过，这位指挥官就倒栽着掉进江里不见了踪影。岸上的火力实在太过猛烈，随着四艘大船相继被炸沉，两千多鬼子几乎没作什么反抗便大都当了水鬼，喂王八去了。

池田得报，惊得直望着江水发呆，他不敢再走水路，转而西进礼港、张家山，想从此处过赣江，占樟树镇，以切断赣江两岸中国军队的联系，孰料一到崇祯观，江西保安团的队伍又狠狠地给了他们当头一棒。池田进退两难，龟缩在曲水桥一带，多日不敢动弹。

"这些美国货真带劲！"打了这么个漂亮的歼灭战，喜欢表功的李天霞高兴得眉飞色舞，战斗还未结束他就将喜讯报告给了王耀武。

旗开得胜，王耀武当然也高兴，但敌人主力大贺茂师团汹汹而至又使他眉宇间多了几分沉重。

人们常说，出来混的都是人抬人，其实带兵打仗更是如此，王耀武能成为一代名将，首先要手下有一支嫡系部队肯为他出生入死，但同样也少不了几个得力干将，而其手下可称为左右手的得力干将，五十一师师长李天霞就是一位。

李天霞，字耀宗，其外祖父是个武师，父亲是个武秀才。因从小耳濡目染，这也注定了其日后在军旅生涯中的辉煌成就。后考入黄埔军校第三期，与王耀武为同期生，两人的命运从那一刻开始有了交集。1937年8月淞沪抗战爆发，第五十一师和五十八师合并为国民革命军第七十四军（军长俞济时），五十一师师长王耀武，李天霞任五十一师副师长兼一五三旅旅长，下辖三〇五团（团长张灵甫）、三〇六团（团长邱维达）奉命扼守曹王庙、施相公庙以及罗店一带，与日军久留米师团激战数月。11月中旬，李率部坚守望亭拒敌西进，曾于京沪铁路137号大桥与敌血战三天，完成掩护友军撤退任务。同年12月参加"南京保卫战"，协助王耀武，率领第五十一师在淳化镇同两倍于己的日军激战五昼夜，并守住阵地。日军攻击受阻，不得不派飞机对五十一师阵地狂轰滥炸，再以炮兵和步兵联合作战。五十一师官兵伤亡惨重，终因寡不敌众，淳化镇失守。王耀武命令一五一旅周志道部退至水西门外继续防守，一五三旅李

天霞部把守城墙，李部与爬上城墙的日寇进行殊死搏斗，反复较量达七八个小时，双方成胶着状态。这时王耀武接到命令："日军已进入中华门、通济门，南京将失陷。五十一师马上实施突围。"这才从南京城上撤下来。

1938 年 5 月，七十四军开赴江苏封县韩道口参加徐州会战，7 月间，又奉命转移至江西马回岭防线参战。武汉会战期间，李天霞暂调任第二十九军四十师师长，在坚守庐山的战斗中，给予日军以重创。同年底，李天霞有病去桂林疗养。

1939 年 3 月 12 日，李天霞接到两封急电：一封是军长俞济时嘱其马上回防，接任五十一师师长。另一封王耀武告诉他，连日来，其胃出血需医治，急盼弟速回防，接任师长职。星夜，第七十四军办事处处长吴鸢风尘仆仆赶来接李，第二天一早，李一行人赶往五十一师驻地。

1939 年 6 月，李正式升任第七十四军五十一师师长，奉命兼程驰援，拦截两个师团的日军，激战于江西高安。8 月，第七十四军在江西分宜、宜春一带整编，每个师以三个建制团一个野战补充团组成。应该说一路走来，李天霞作为一名出色的将领一直辅助着王耀武和七十四军一同在抗日战场上建功立业，此次上高会战，同样不例外。

反观日军方面，大贺茂师团的两万部队自 3 月 16 日出动后，先击败七十军一〇七师宋仲英部于祥符观，继而夺下该师把守的高安城，最后以骑兵追逐该师至田南圩，攻势之锐，几无可挡。

此时，七十四军驻扎的上高，已经成了大贺茂的眼中之景了。他梦想着早一点夺下来。

日军的步步紧逼令王耀武也格外小心谨慎，提前做好了战斗准备。3 月 18 日，王耀武将七十四军的兵力作了如下部署：五十七师

余程万部（施中诚升任七十四军副军长）以龙王岭、杨公圩、黄蜂岭为前沿阵地，坚守砍头岭、索子山、下漕港等处的主阵地；五十八师廖龄奇部防守桥头、官桥街、棠铺、黄家铺等一线阵地；五十一师李天霞部还是以对付锦江南岸的池田独立旅为主要任务，暂时布防于泉港街、钧水岭、石头街一线。

3月19日，日军三十四师团的前锋部队首先对杨公圩一带的中国军队五十七师前沿阵地发起了攻击。驻守杨公圩、龙王岭的是五十七师的补充团，这个补充团系由军校学员组成，虽是初次参战，但情绪高涨。交战一开始，日军以大炮"清障"，随即向山上组织集团冲锋，一个大队一个大队地跟进，一波接一波地上。看着蝗虫样的日军气喘吁吁地爬上山来，补充团团长方军一声令下，身边的重机枪吼叫着带头开了口，成群的鬼子像日落时的潮水一样"哗"地退了下去，丢下了许多具横七竖八的尸体。

日军见冲锋受阻，便叫来飞机对龙王岭进行超低空扫射、轰炸。这次日机扔下的不是炸弹，而是威力极大的凝固汽油弹，落到阵地上一烧一大片，片片相连，整个龙王岭瞬间便成了一个大火山。

方军正在杨公圩上指挥作战，见龙王岭上火势连天，他情知不妙，一方面向师部请求援兵，一方面调集轻、重机枪对付向自己这边飞来的敌机。方军是炮科毕业生，他摆弄着一门迫击炮，准备尝试着打飞机，不料方位尚未调好，敌机已呼啸而至，杨公圩上一下子被炸得昏天黑地，一营长被震死，三营长被炸飞，连排长和士兵死得更多，满地都是血糊糊的断臂残肢、人头和躯干，光秃秃的树枝上则溅满血污，晃晃荡荡地挂着死者的肠肺。刚才还并肩作战的弟兄，眨眼间竟成了一摊碎肉。方军气得捶胸顿足，号啕大哭。他扶起倒下的迫击炮，固定炮位，校准角度，目测距离，上弹发炮。"咚"，随着一声"咝"的啸响，一架正朝他飞来的敌机猛地迸出一

团火光，冒出一股黑烟，"嗡"地栽进了一口水塘之中。其余敌机见势不妙，赶紧收敛起疯狂，惶惶然爬高远遁了。

敌机刚一飞走，日本步兵又哇哇乱叫着向杨公圩冲来，方军的身边连轻伤员算起能端枪的也不到二十人，情势已经万分危急。好在这时五十七师的援兵及时赶到，杨公圩才化险为夷。

七十四军按照部署奉命坚守上高。上高，赣北重镇，日军侵占武汉后，赣北成了江南防线的第一线，1941 年 3 月 15 日，日军合击上高县城。王耀武令五十七、五十八两师进入第一线，正面抵抗日军大贺茂第三十四师团主力。为了避开敌空军的轰炸，利用夜间主动出击敌人，与敌接触后，发生激战，连战 3 日，双方伤亡惨重。21 日，王耀武命五十一师绕过主阵地肃清锦江南岸残敌，率部挺进高安，切断第三十四师团后路。可人算不如天算，当晚原本行军南路的日军独立混成第二十旅团只是对南路稍作抵抗，便集结部队，于 22 日拂晓向企图绕过正面的五十一师发起攻势。五十一师前锋刚出发不久就遇独立混成第二十旅团主力。第二十旅团利用兵力优势，主力正面进攻五十一师，另派一部抄袭五十一师背后和侧翼，并利用飞机九架、大炮四门强大火力轰击。五十一师面对日军优势火力，腹背受敌，步步退守。王耀武接报后，立即变更部署：命五十一师主力改变意图，调军直属野战补充团急趋华阳，堵住前来支援的日军第二十旅团。五十一师在锦河南岸利用有利地形与敌战斗，面对日军相对强大火力，国军五十一师压力巨大，战斗进行得十分艰难，五十一师一连长樊逢春在迫击炮的掩护下率部冲入敌阵，与敌展开肉搏，在其他部队的配合下，血战竟日，敌遗尸二百余具，樊逢春等全连官兵全部殉国，其间日军还一度施放大量燃烧弹和毒气，阵地险些失守。仗整整打了三天三夜，阵地上的炮声就没有停顿过，王耀武有令：自团长以下，每个人都要钉在前线，有退缩者当场执

126

行"连坐法"。日军第二十旅团终于领教了王牌军的厉害，面对五十一师和军属野战团的猛烈攻击，腹背受敌，因为伤亡过大，选择避其锋芒，好容易才夺路而逃，五十一师成功打下鸡公岭，击毙日军一千余人。日军这一败退为战役后期的胜利创造了条件。

北面的日军第三十三师团的推进速度也很快，在飞机的掩护下，紧跟日军第三十四师团后面，前锋一部很快攻击到上高县城的北面。

日军第三十三师团如此快的攻势着实令罗卓英吃惊不小，即令第七十四军的主力第五十一师李天霞部予以坚决截击，一面令李觉的第七十军在日军第三十三师团的后面对敌前后实施攻击，进行牵制。第三十三师团虽然攻克了奉新，但连日征战也付出了战死两千五百余人的惨重代价。李觉的预九师、第十九师及江西保安团的部队如梦魇一般，时而缠着他们死打不放，时而又不见踪影，让三十三师团根得牙痒又无处下口，即将北调的他们实在没有耐心也没有信心来打这场战役。于是，三十三师团在不理会大贺茂要求的情况下，于3月19日独自撤回了安义防区。

日军第三十三师团属日军第四种的丁类警备师团，是由原主力师团抽出一个作战联队，以新征集的补充民兵扩编而成，虽然其作战凶猛异常，有的比甲类师团还要勇猛，但其军事素质和战力远没甲类师团高，只能做地方警备之用，有时也作为辅助师团参加作战，不过新兵太多，又缺乏军事训练，其作战水平一般不太高。在第一次长沙战役时，日军第三十三师团就被川军的杨森部打得在山区里面到处乱窜，整个战役期间损伤极大，被杨森撵得没能走出大山外面一步。第一次长沙会战后，日军第三十三师团原甘粒师团长被撤，换樱井中将为其新任师团长。日军第三十三师团后来调到华北参加扫荡，很是得势。1942年，日军为切断中国西南的后勤补给线，樱井的第三十三师团被派往缅甸登陆作战，一路攻击，打得大英帝国

127

陆军一路狂逃一千五百公里，后在中国军新编第三十八师孙立人一部约一千人的阻击下，樱井的第三十三师团的追击才停止下来。

很快，李觉不敌，次日，一面向罗卓英报告，一面令所部放开被炸成一片焦土的高安一线的阵地，以避日军的轰炸，向两侧散开。

更加惨烈的激战发生在中路，日军第三十四师团一路猛进，来势汹汹，三十四师团是挑起这次战役的"带头大哥"，因为三十三师团打完这仗就拍屁股走人了，可三十四师团以后还得单独面对这一带的中国军队，所以这次行动拼尽了全力，求战心切。恰巧此时的第十九集团军正在忙着换防，1941 年 3 月 6 日，王耀武的第七十四军经过抗战军事委员会的评审，以作战勇猛的战功战胜竞争对手沙场老将陈诚的第十八军，从中国抗战野战军晋升为中国抗战攻击军。当日和李觉的第七十军在高安换防后，回师上高县城进行抗战攻击军的重新补给和换名。

三十四师团抓住这个机会。李觉的第七十军在高安刚刚接防后不久，就受到日军第三十四师团飞机、坦克和大炮的猛轰，各种炸弹就像下暴雨一般密集落下，尤其厉害的是大量燃烧弹和重磅炸弹，在爆炸的冲击波中间还夹带了大量杀伤力巨大的毒气弹。爆炸声浪连续不断，地动山摇，震耳欲聋，毒气弥漫，炮弹的密集程度直逼淞沪会战，为抗战以来空前。于是王耀武顺水推舟，让七十军采取诱敌战术。这下可好了，三十四师团主动上钩，但这一上钩上得太狠了点。简直就是追着七十军跑，速度都超过了王耀武的预料，眼见着就打到了七十四军的帐前，直逼城下。王耀武也急了，沿泗水布置好防线，静等日军来犯。日军也是势在必得，一个个头扎太阳旗，高喊"巴嘎雅路"，冲着上高城就来了。日军先是集中大炮十余

门，又调来飞机助战，以优势火力覆盖，先给七十四军来个下马威。身型瘦小的大贺茂挂着战刀，在一大批军官的簇拥下远远地站在一块高坡地上欣赏着他们飞机的猖狂。当他看到那些战斗机高低翻飞时，连日来失利积攒起来的怨气得到了宣泄，想着快要到手的胜利，他内心里充满了满足和快感。

"呦西！"大贺茂伸出大拇指上下晃动着，环顾四周，他得意地狞笑起来。王耀武则策略不变，指示部队示之以弱，待日军强渡泗水时再发作。所谓骄兵必败，七十四军这一招果然见效。日军第三十四师团见占了上风，立即抢渡过河，却犯了兵家大忌，料想中国史书上多少能征惯战的部队都是在渡河时被拦腰截断的。果不其然，七十四军立马杀了个回马枪，山炮、野炮、迫击炮，王耀武拿出了七十四军的全部家当招呼三十四师团，七十四军将士们憋了一肚子的火这会儿全撒出来了。这一场战斗是异常惨烈，尤其是日军面对泗水，退无退路，前进受阻，首尾难以顾及。等过了泗水，第三十四师团的一个后卫大队几乎全部葬身于炮火之中，除此之外，辎重大队，还有野战医院、师团直属炮兵队都受到了巨大的伤亡。第三十四师团被打红了眼如同疯狗一样，逮谁咬谁，与七十四军的几个师轮流打斗起来。王耀武当然乐得玩这场车轮战了，但不得不说三十四师团的战斗力确实不容小觑，占据绝对兵力优势的中方军队竟然一时擒它不住。

日军三十四师团长大贺茂亲自督战，并调南路军第二十旅团三千人，以求最后一搏。3月23日，大贺茂以步兵第二一六联队牵制云头山中国守军，而以骑兵第三十四联队、炮兵三十四联队及第二一七、第二一八两个步兵联队全力向下坡桥、白茅山等中方第五十八师杀奔而来。

双方尚未接阵，日本人的飞机就像野蜂似的首先在五十八师的

阵地来来回回地进行了一番扫射、投弹，但见火光闪处，山石成了齑粉，壕堑成了平地，光秃秃的树干像是蜡烛似的噬噬燃烧着，冒出阵阵青烟。

五十八师已没有一处完整的工事，但轰炸过后，那些士兵像是从土里钻出来似的，眨巴眨巴眼睛，掸掉满身的灰土，整一整军衣军帽，又一个个握枪瞄准着前方的敌人。

一七二团防守的下坡桥是大贺茂进攻的重点，大贺茂的如意算盘是：从下坡桥绕到白茅山的后方，以从正面、侧翼夹攻白茅山。拿下白茅山后，直取上高城，或直接从西面打开缺口，再与从武宁南下的三十三师团会合北返。

下坡桥一带的战斗展开了，激烈地进行着。三次拼杀之后，一七二团团长明灿手下的兵力连轻伤员在一起也不足二百人，他给师部打电话请求退守二线阵地。电话是副师长张灵甫接的，张灵甫最见不得打仗后退的事，一听明灿提这种懦弱的要求，他心头"腾"地升起一股无名之火，厉声骂道："明灿，你摸摸你的裤裆，看你的卵子还在不在？你是七十四军的团长，你知道吗？人在阵地在，就是打到最后只剩你一个人，你也要给我打下去！"张灵甫还想说点什么，忽然电话那端"轰"地传来一声巨响，便再也听不到一点声音。明灿牺牲之后，下坡桥当即失守，白茅山阵地也随之陷落。双方形势又在弹指间发生了逆转。"你们给我马上夺回白茅山，否则提着脑袋来见我！"王耀武杀气腾腾地对廖龄奇说。

3月24日，一大早，张灵甫便带着敢死队，提着清一色的美式汤姆轻机枪，直奔白茅山而来，十九集团军总部也派出特务营前来助战。

中国军队一阵炮火打击过后，张灵甫的敢死队齐声呐喊着冲向敌人的阵前，前者扑地，后者继起。这种阵势，就连大贺茂这个老

武士见了也油然生出几分敬意。中国军队冲近了，更近了，眼看就要跨上白茅山的前沿阵地了，此时敢死队员的喊声更响，枪弹更为猛烈，却不料日军阵前忽然冒出几十股乳白色的雾气，顺风飘进了敢死队的人群里。

"不好！"张灵甫大叫了一声。他知道这是一种霉烂性的芥子气，人体接触后，皮脱肉掉，几个小时之后即会变成一副骨架。他跟在队伍的后面，见有些战士已倒了下去，本想下令立即撤兵，不曾想就在这时风向突变，日军放出的毒气竟一股脑儿地吹进了他们自己的阵地。

日本人顷刻间倒下了好多，阵脚顿时大乱，想抵抗已无还手之力。张灵甫趁机带领敢死队夺回了白茅山阵地。

日军出动百余架飞机，反复轰炸七十四军主要阵地白茅山，小小白茅山被一千七百余枚炸弹炸翻了身，阵地大部被毁，国军方面伤亡惨重，情况十分危急。五十七师的指挥所设在一座山洞里，余程万在电话机旁抓着话筒，紧贴着耳朵，沙哑着嗓子不住地吼叫着："分散隐蔽，分散隐蔽！""赶快把高射机枪架好，给我打，狠狠地打！"外面的爆炸声此起彼伏，炸得洞里沙石直掉，一股烟尘飘来，呛得余程万咳个不停："走！到一八三团去看看！"他对警卫员说。

一八三团的防地在源山庙附近，是五十七师的最前沿阵地，源山庙早已被日机炸成了一片废墟，原先驻在庙里的一个营指挥所被日机连锅端了，现在的营长是从连长中突击提拔上来的。余程万赶到一八三团时，敌机的轰炸刚刚停止，大贺茂的步兵正在炮火支援下步步紧逼；一八三团来不及掩埋死去的战友，也来不及运走重伤的兄弟，简单修理一下战壕后又重新投入了战斗。余程万在黄埔军校及陆军大学学习期间，学的都是步兵科，对步兵武器极熟悉，很喜欢。日本人进攻的时候，枪弹在他耳边呼呼地飞，一八三团王团

长一脸焦急地催促着他赶紧转移到后方，余程万具有广东人吃软不吃硬的个性，犟脾气一下子给惹发了，他索性跳进一处机枪掩体，挽起袖口，替下一名马克沁姆机枪手，伏在地上，熟练地进行射击。重机枪阵地是敌人炮火打击的重点，伤亡特别大，王团长见阻止不了师长，就干脆蹲在师长身边，为余程万充当起填弹手来。

师长团长亲自参战，极大地鼓舞了一八三团官兵，全团上下同仇敌忾，轻伤员不下火线，伙夫、通信员、担架员也都上阵助战。一时间，打出的子弹下雨似的落在日本人的阵前，倒毙的日军像晒干鱼似的铺得到处都是，暴怒的大贺茂只得咬牙收兵，另寻突破出口。

司令薛岳发来指示，命第七十四军灵活变更部署，一边防守，一边向日军发起攻击。为吸引日军主力，当以乱战，打入日军的阵地，和日军绞在一起，迫使日军飞机停止轰炸，确保上高县城的安全。同时下令李觉的第七十军和第三战区的第四十九军，在完成对日军第三十四师团的包围后，从日军第三十四师团的后面发起猛烈进攻，诱日军进入上高地区后，务必将日军第三十四师团一举歼灭在上高县地区，并令川军两个主力师火速前往上高县，增援王耀武第七十四军。王耀武的第七十四军听到援军将至，士气大振，又和日军反复冲杀起来。这时王耀武也亲自指挥预备队先后发起七次冲锋，与日军展开七次肉搏，毙敌两千余人。七十四军将士全力拼杀，双方对峙到 3 月 24 日，大贺茂依然无法攻进上高县城，而中国军队第七十军和第四十九军已完成对日军第三十四师团的四面包围，并开始在其身后发起攻击。

大贺茂急了，看看上高县城就在眼前，用望远镜一望，城中景况看得清清楚楚。已管不了那么多了，孤注一掷，不拿下上高，真的没脸回去交差。所以，大贺茂一面向武汉的园部求救，一边向上

高县城发起更为猛烈的进攻，企图做最后一搏。

此时，川军的傅翼、陈良基两师在路上，不时被日军的飞机轰炸扫射，而川军也不知道该怎样对付这些日军的飞机，也不懂该怎样隐蔽躲藏。日军飞机一来，就四散奔跑，飞机一走，又日夜兼程着赶路。

24日，川军两师丢掉所有重装备，冒着日军的扫射轰炸，衣衫褴褛地赶到上高战场助战，并从北向南，从日军第三十四师团侧翼发起攻击。王耀武听闻大喜，看看日军武器弹药消耗得差不多了，后方已被中国军队切断包围，日军的攻势已成强弩之末，决定亲自带队，向日军发起全线总攻。

在中国军队的猛烈攻击下，日军开始支持不住，甚至大贺茂的作战指挥部和日军野战医院也遭到中国军队的猛攻，此消息致使日军全线崩溃，溃不成军。中国军队士气大振，个个奋勇争先与敌搏斗，争立战功，战场上杀声一片，全歼日军第三十四师团的口号此起彼伏。

日军第三十四师团快速调整战线，将师团及伤残士兵收缩到方圆约十平方公里的一个地域继续负隅顽抗。此时大贺茂想跑，但伤员太多，根本跑不动，再加上四周被围，也根本跑不出去，只能听天由命，对天不断地呼叫飞机增援。

决战决胜，日将高呼"天亡我"

远在汉口的十一军司令官园部和一郎没能等来日军第三十四师团攻占上高中国军队司令部的消息，反而十分惊愕地收到了不断求援的急电。得知第三十四师团被困的消息后，既恨大贺茂不听劝止，

草率行动，又担心第三十四师团被歼后自己无法交代，遂一边电告大贺茂寻机突围，一边指令第三十三师团施手援救，并从九江调兵两千人南下解危，为怕第三十三师团出人不出力，还指派其参谋长木下勇、作战主任参谋山口中佐、大根大尉就地督战，亲自指挥掩护第三十四师团大贺茂率部突围。九江援兵很快被十九集团军拒止在塘埠、丘家街一线。25 日，在第三十三师团接应下，大贺茂部在飞机的指引下，以坦克开路，用密集的飞机队形和毒气弹在中国军队第七十军阵地上炸开一条血路，中国第七十军所部在日军两个师团强大火力前后夹击下不敌，撤出阵地，日军第三十三师团派出的二一五联队一路西犯至桥沙、村前圩，并冲开十九师的防线，进入官桥与被围的大贺茂第三十四师团实现会合。但十九师又立即封住了缺口，所有日军再一次被困进了棠浦、官桥街这块方圆不足二十平方公里的地方。

大贺茂中将一看樱井的第三十三师团到来，心情马上变好了，望望不远的上高县城，死心不改，和樱井商量一下，为了突围成功，决定声东击西再次向上高县发起反攻。王耀武的第七十四军也不示弱，先用火炮压制日军，之后几个猛冲，将日军全部打了回去。

罗卓英一看，日军两个师团不但不跑，还敢来反攻，所谓来得早不如来得巧，鉴于中国军队在和日军第三十四师团对攻中的出色表现和高昂的作战士气，中国兵力仍优于日方，罗卓英一下心就大了，遂决心对日军施行第二次包围作战，以求干脆把日军两个师团一起放进来，一举全歼第三十四师团在上高地区。

明显，老天都想侵略者全军覆没。26 日，天降暴雨，大贺茂的飞机、大炮全部失去了作用，中国军队则再次紧缩了包围圈，将敌包围在直径不满五公里的包围圈内。

27 日，天一放晴，七十四军的炮火就像长了眼睛似的，在大贺

茂的阵地上处处开花。中午时分，第三十四师团选择中方的一支弱旅——七十军的一〇七师阵地，在飞机的掩护下向东突围，七十四军将士猛追不放。日军狗急跳墙，投掷毒气弹，七十四军第一线官兵中毒很多，但全体官兵前仆后继，奋勇猛追。突围成功之后，大贺茂正想舒一口气，没料想中方第四军从斜刺里杀将出来，又将大贺茂赶进了包围圈，大贺茂仰天长叹："天亡我也！"

28 日，中国军队主力迫近官桥镇，五十八师进至长岭一线，与日军展开激战，敌为掩护其主力东遁，拼死顽抗。激战至中午，就在双方相互僵持、伤亡都很惨重时，可谓天降神兵，七十四军先前布置在鸡公岭抵抗日军的五十一师顺利打退日军前来支援，抵达现场。五十一师可以说是奇兵一支，袭击日军右翼。该师一加入战斗，瞬间打破了战争的天平，日军逐渐招架不住。五十七师已形成对官桥镇的包围，日军被迫退守官桥镇内，五十八师乘胜冲锋，与日军展开巷战。激战至下午，官桥镇全部收复，歼敌六百余人，打伤日军第三十四师团少将指挥官岩永。最终由于北路的三十三师团前来援救，三十四师团大贺茂不甘于眼前的失败却又毫无办法，便于当夜带着少数随从逃出了中国军队的罗网，夹着尾巴惶惶然回到了南昌，少将指挥官岩永剖腹自杀。中国军队最终夺回陷入敌手半月之久的高安镇。罗卓英听闻日军已突围，忙于午夜下达全线总攻击命令，各部于 28 日上午，开始对日军发起侧击、追击，并对留守原地的日军后卫掩护部队发起猛烈攻击，以彻底歼灭残敌。第七十四军随即迅速肃清上高外围残敌，向南昌方向追击前进。4 月 3 日，日军在飞机和毒气弹的掩护下，其残兵败将狼狈至极，退回南昌一线，中国军队收复一线阵地，罗卓英下令各军停止追击，结束本次作战。至此，上高一战以中国军队胜利、日军失败告终。

上高会战至 4 月 9 日结束，历时二十五天。此役重庆国民党军

统帅部公布的战果为中国军队毙伤日军少将指挥官岩永、大佐联队长滨田以下一万五千余人及军马两千八百余匹，击落飞机一架，俘虏日军百余人，缴获山炮、迫击炮十门及步枪千余支，粉碎了日军吹嘘的"攻必克"狂言，为抗日战史添了辉煌一笔。

上高会战大败后，日本侵略军的士气再次一落千丈，日军第十一军司令官园部和一郎又被日本大本营骂其极其无能，瞎指挥，被撤职，调回本土转任军事参议官。大本营对其战败还是不解恨，一个月后，干脆将园部和一郎取消军职，退出现役，并打入预备役……

上高会战是一次颇为成功的歼灭战，何应钦称之为抗战以来"最精彩之战"，由于当时国军内部存在吃空饷、部分编制不存的现象，当时敌我双方人数的实际数字国军只有大约四万人，日军却有七万余人，因此这也是国民党军唯一一次在人数不及日军的情况下取得的胜利。此役以七十四军战绩最为卓著，战役指挥官罗卓英称赞七十四军为"抗日铁军"，战后，七十四军被授军中最高奖品——飞虎旗。

飞虎旗，是国民政府当时对一支部队的最高褒奖。抗日战争中国民政府一共颁发了十七面飞虎旗，其中第一面和最后一面都是发给七十四军的，而上高会战的一面飞虎旗不仅是七十四军获得的第一面，而且是国民党军队中的第一面飞虎旗，而在后面的征程中七十四军将再度以它强大的战斗力力挫日军，获得属于自己的第二面飞虎旗。而作为指挥官的王耀武同样也是名声大噪，获得了当时国民政府颁发的青天白日勋章。

除了精神奖励之外，当时的国民政府也不忘给七十四军来点实在的"干货"。此役之前军委会就决定调整四个军为攻击军，西北战场签订第一军与第二军，华中战场只决定了第五军。余下一个名额

由第十八军与第七十四军竞争，上高战役之后，蒋委员长亲批第七十四军为攻击军，在分宜、新余整训。军直部队扩为炮兵团、工兵团、辎重团、补一团、补二团、搜索营、高炮营、战防炮营、通信营、特务营，战力强大，成为华中四大战区的总预备军。至此七十四军在国民党军队中获得绝对主力的地位。此战对日军的影响也很大，在此后日军的战史中，七十四军被称为"虎部队"。上高之战后，日军专门告诫各部，今后对王耀武将军的第七十四军作战，要特别注意。第二次长沙会战时，当有情报得知七十四军从江西出动时，阿南惟几的"军司令部顿时为之震动"。

第六章
一举收复常德
备受世人盛赞

釜底抽薪，欲夺常德

鄂西会战之后，国际形势对日本越来越不利：苏德战场上，苏军正在全线发起反攻，已推进至斯摩棱斯克和第聂伯河一带；美英联军在突尼斯击败德意联军和在西西里登陆后，墨索里尼被迫下台，意国继之投降；美军在阿留申群岛、新乔治亚岛登陆后，正在新几内亚等地进击日军。日军不仅在太平洋战场上节节败退，其海军及航空兵也遭到毁灭性的打击。

日军大本营"从战争全局要求出发，不允许中国派遣军进行任何进攻作战"，所以日军第十一军在鄂西会战结束后的四个月内没有向周边的第五、第六、第九战区进攻，而这三个战区的部队也没有对日军进攻，双方形成"和平"相峙。自1942年起，国民政府为了与盟军协同打通中印公路，中国远征军进入缅甸作战，这给日军以很大的震撼。此后，国民党军抽调了大量部队编入远征军和中国驻印军，给侵缅日军造成极大威胁。为了钳制中国兵力，迫使集结云南的中国远征军回师救援，以阻止或推迟东南亚盟军的联合反攻，

141

同时歼灭国民党守军力量，摧毁第六战区根据地，夺取洞庭湖粮仓，达到以战养战和巩固中国占领区的目的，侵华日军从各战区抽调了十余万的作战部队，决心发动以攻占常德为目标的常德会战。

常德，地处沅水下游，为洞庭湖西一大县市，东接洞庭，西倚武陵山脉，南靠雪峰山北脉，其北面以太阳、大浮两山隔澧水平原，与南面的德山隔江相望，土地肥沃，物产丰富，是滨湖一带著名的鱼米之乡。这里不但是战略要地，而且是抗战军队补给命脉。湘黔公路东通长沙，西连川贵，如能取下重镇常德，则可以东下长衡，西窥黔桂，甚至染指川东而威胁重庆，动摇中国抗战中心。因此，日军以原据湘北鄂西的第四十师团、第十三师团各一部，占领华容、石首、莲池口等处的前沿阵地，并以此为掩护，分别从赣北、荆沙、安庆、芜湖等方面抽调第三、第六十八、第一一六等师团全部、第三十四师团大部及第三十九师团和独立第十七旅团一部约十五万人，由日军第十一军司令官横山勇指挥，分路向南进犯。

关于具体的兵力分布，中日两方大致如下：

此次会战，又将是一场针尖对麦芒的比拼，胜利也好，失败也罢，双方注定都要为此付出惨痛的代价。面对此咽喉要塞日军来势汹汹，兵力约十五万人。中国方面含七十四军在内约二十万人严阵以待。

1943 年 11 月 1 日，日军五个师团兵分三路，依原定计划，全线出击。第三十九师团与第十三师团为左翼，直取第十集团军主力阵地，第六十八师团居中，准备自两个集团军交界中间穿过，直取慈利；第三师团则在第二十九集团军前渡江，希望捕捉王耀武集团军的主力。日军主攻常德的"奇兵"第一一六师团则出其不意选择水运渡过洞庭湖，在第二十九集团军的右翼澧县一带登陆，一面包抄第四十四军，一面兼程直取常德。日军这个布置有其深意，而且绝

对是出乎意料，可谓一支奇兵。

日军集结了所有华中方面能动用的兵力将近九万人，除了五个师团的三分之二以外，再加上独立第十七旅团，第三十四、三十二、五十八师团的一部，并安排第四十师团协攻牵制第九战区薛岳的部队，规模远远超过国军的预期。也正是因为此，日后常德被围之时，很多援军不敢前来救援，就是怕一旦部队前去，日军将乘虚而入威胁防区安全。日军第十一军在规划上，希望能一举歼灭国军的第一线兵团两个集团军，并以两个善打攻城战的主力师团钻隙。第六十八师团由中境切入，第一一六师团则借舟艇在洞庭湖面进行"水上机动"。

11月1日当日，第十集团军长江南岸第一线前哨部队第九十八师首当其冲，战况激烈。正面敌军番号经判明为第三、十三、三十九师团、第六十八师团的一部分及独立第十七旅团。部队之多让国民党当局吃惊不已。

抗战时期的前哨战有一特点，就是两方似乎达成默契，一开始接触的兵力都是团级。说起这个默契，从国民党方面来说，中国疆土辽阔，防线太长，而且每一处都是国土，手心手背都是肉，守住这里丢了那里不等于白搭吗？于是必须点点守备，不得不分散兵力，几百万的部队分来分去，前哨能用个团已经是很大方的了。而从日军方面来讲，日军部队迫于兵员有限，但又长期从事扩张侵略战争，习惯以师团作为战略单位，在战场上则以联队乃至大队单独推进，如此一可将进攻兵力张开，使对方难以判明攻势重点，还有一点，就是不得不承认日军在整体战斗力上相当可观，部队大多经过专业训练，往往一个连队就能够独当一面，每个联队都有自己的骄傲，放在一起反而彼此掣肘。

第十集团军王敬久总司令在接获第一批战报后，判明日军主攻方向如战区的预测，为暖水街、王家畈一带，于是电令所属第七十

九军和第六十六军将主力开往暖水街、王家畈设置防御主阵地。两军分别派出一部迟滞抵抗，在 4 日顺序退入主阵地。主要意图是以暖水街为中心，阻止日军攻势，等待战区重兵来援。11 月 3 日，沿江全线转入激战，自右而左，第七十三军于澧县，第四十四军于东港，第七十九军于街河市都发现日军主力部队。日军规模之大，远出战区预料。

孙连仲司令长官在研判湘西方面军情后，认为日军主力似乎已经表明指向常德，在 4 日晚间电令自第九战区开来的第七十四军开往桃源，作为第十集团军的后卫，同时命令在常德附近构筑工事的第五十七师立即进入常德占领阵地。但是，孙长官对日军主攻方向仍然没有摸透。日军一向奸猾无比，鄂西会战前期，日军也在这个地区大举肆虐，意图造成以此地为主攻地区的假象，最后还是指向石牌。日军强大的机动运输能力能在很短时间内转移大量兵力，孙长官作为陪都大门的守卫军，自然不敢轻举妄动，所以仍然电令江防军吴奇伟总司令固守阵地，慎防来敌。对于战区预备队第二十六集团军与第三十三集团军，孙长官迟迟不愿过早调往湘西，训令两集团军待命策应江防军作战。

11 月 4 日，第一线兵团各部均开始依战区命令转移主力至主阵地。然而，此时的战局却发生戏剧性的变化，战争的天平开始慢慢地向国军方面倾斜。据日军战史记载，第十三师团作战参谋樱井中佐被国军击毙，这个参谋随身携带有这次攻势的重要命令，以及该师团战后将调往马里亚纳群岛的相关资料。第十三师团司令部像炸锅似的一团大乱，侦骑四出，务要将尸体文件抢回。虽然日军战史称该批文件"无损收回"，但国军显然已经从中得到重要情报。11 月 7 日，第一线兵团两个集团军已在王家畈、暖水街、红庙一线形成一整套防线，以第七十四军为主的第二线兵团则仍在运动中，抢

占后方桃源等要点。日军渡江集结完毕后，以第三、十三、三十九、六十八师团主力及协攻之第四十、五十八师团部分部队（联队级支队）向国军展开全线进攻，战局急转而下。7日上午，正当第一线的第七十九军暂六师已因伤亡惨重而撤退，王敬久总司令电令前线各部奋勇逆袭，恢复阵地，均未奏功，战况危急。暂六师在街河市与敌激战四日后，退入第十集团军主阵地的中枢——暖水街。第十集团军总司令王敬久将军在奉命出击之后，妥为谋划。王总司令深知所部处于守势状态的两个军，在兵力与机动力皆不如日军的状况下，无从攻击取胜。但江防军方面援军不能轻出，右翼第二十九集团军正遭严重打击，后援的王耀武集团仍未赶到，第十集团军势必得靠一己之力取胜。第十集团军虽然兵力居于绝对劣势，王总司令只有不足五个师可与日军近三个师团对打，大胆采用攻势防御战术，以暖水街、王家畈阵地为核心，将日军引诱集于此三角地带，而集团军的主力则不拘形态，采取活泼步调，内线作战，或冲突或合围，拘束日军，并相机逆袭包围。王敬久总司令以第七十九军暂六师为暖水街防卫部队，担任吸引日军猬集的"磁铁"，其余四个师则且战且退，将日军诱入暖水街阵地周围。第七十九军的第九十八师与第一九四师努力抗击当面之敌，第一九九师则于暖水街侧翼机动邀击日军。此时暖水街主阵地反而阵线犬牙交错而孤悬敌后，侧翼暴露，王敬久总司令乃电令暂六师赵季平师长突围。暖水街阵地虽然坚持半周，依然力持不垮。赵师长奉到命令后，才率暂六师含泪突围。不过因王总司令部署有方，第七十九军王甲本军长仍大胆运动第九十八师与第一九九师，突进侧击，而第六十六军也固守防线，适时配合转移攻势，日军或进或退，皆遭节节阻击。所以即使暖水街弃守，日军仍然无法突破第十集团军的防御地境，只能一直绕着暖水街打转绕圈圈。

正当第十集团军全线激战，殊死搏斗之际，第二十九集团军却正踏入杀阵。在第三师团渡江全力进犯后，第一一六师团亦以一部水面机动，在滨湖区点点突破。第四十四军多面受敌，当面已无阵线可言。

第二十九集团军在日军掉转主攻方向后，转入守势，但因部队原先已与日军纠缠交错，所以在日军骤然加强兵力后的进攻下立遭突破。孙长官赶紧电令第二十九集团军暂时放弃滨湖区，撤守石门至澧县间之澧水防线。王缵绪总司令部署集团军向澧水方面转进集结，以第四十四军驻守澧县及各渡口，第七十三军主力据守石门。11月13日，王缵绪总司令以第四十四军久战疲乏，乃扩张解释孙长官先前相机撤退的命令，率领其嫡系第四十四军部撤过澧水。但是非其嫡系的第七十三军仍坚守石门与敌酣战，局势危急。

汪之斌军长匆匆率部撤到石门后，大吃一惊。这个湘西防务的中枢，居然没有像样的防御工事，军委会电令中的"国防工事"，只是一条二十多公里的散兵壕。而此时第四十四军逃过澧水，更使石门侧翼依托尽失，成为无险可守的绝境。汪之斌军长只好抢挖野战工事，背对澧水急忙布防，作无望之斗。以暂五师坚守石门，第七十七师与第十五师则在外围展开，阻击野战。日军以两个完整师团集中于石门一隅上，第七十三军抵挡不住，被日军打得千疮百孔。

14日，日军对石门发动总攻，除正面强攻外，并以一部经原第四十四军原防线越过澧水，抄绝第七十三军退路，石门右翼被突破，战况危急。此时军委会慌了手脚，军令部次长刘斐反而越过第六战区，电告王缵绪总司令，准许第七十三军突围。14日晚间，汪之斌军长率部开始渡过澧水撤出石门，留下暂五师死据石门，掩护全军渡河，但此时日军已经绕攻到石门后方，所以第七十三军在涉水突围时遭到日军截击，一片混乱，建制全散，两个师均失去掌握，各

146

自夺路突围。汪军长率军部退往慈利，收容部队。

15 日黄昏，暂编第五师最后撤出石门，日军已在澧水对岸严阵以待。暂五师在渡河时立遭围攻，师部被截击，部队大乱，彭士量师长亲自指挥残部，奋力冲突，在南岩门口被敌机扫射命中，壮烈殉职。暂五师在撤退中伤亡殆尽。

石门方面的作战失利，其实只要第六战区能贯彻原定作战方针，便可以避免。军委会的战后检讨，一针见血。盛称第十一军能大胆暴露侧翼，以连续快攻击破第二十九集团军，使国军来不及利用这个侧翼，并且突破石门后，截断了第十集团军与王耀武集团的联系，使这两个主力兵团"不及发生统合战力"。

石门失守之后，第二十九集团军虽竭力抵抗，但日军以第三师团为主力，冲过石门缺口，横渡澧水，直扑第二十九集团军侧翼。第四十四军的第一五○师防线被冲得支离破碎；第一六一师则被节节击退。为避免被切散，王缵绪总司令轻弃澧水门户，意图自保，但覆巢之下，第四十四军首当其冲，自食恶果。王泽浚军长在战线过长、突破口过多的情况下，无从坚持防线，抵挡不住，只好后撤重整。而第七十三军已经脱离主战场，此时奉令急开慈利重整布防。

17 日，日军在打开石门缺口之后，大胆突进，在洞庭湖滨待命达半个月之久的攻城"奇兵"第一一六师团以一部由陆路协同第三师团打开出路，确定可以在常德会师之后，立即全师渡过洞庭湖。此时横山勇以第三十九师团牵制第十集团军，第三师团与第十三师团为正面攻击主力，加上独十七旅团及第五十八师团一部，齐头并进，直取慈利，第一一六师团则自湖面侧击第四十四军右翼。最有趣的是第六十八师团，水运直取汉寿，直接在常德侧翼登陆。

此时在整体态势上，国军第一线兵团防线已遭突破，不仅第二十九集团军全师已经淹没在日军三个主力兵团的洪流之中，第十集

147

团军与逼近慈利的第七十四军也因侧翼暴露而处境危殆，除了与第十集团军正面胶持的第三十九师团之外，第一一六师团也已顺利登陆，随时可以窜入国军腹地。日军只要集中主力，钻隙蹈瑕，要重创在平原上已被切散的国军野战军，并非难事。

慈利失守后，第十三师团马不停蹄向南猛进，久未露脸的第六十八师团也被证实已从三仙湖越过湖面，在常德东南的汉寿登陆。第十集团军当面的第三十九师团则显出守势，似乎满足于掩护南路攻击部队的侧翼。最明显的则是第一一六师团，这个师团在第三师团攻陷澧县之后，立即由澧县渡过澧水，笔直地向常德狂奔。局面豁然开朗。

渡过澧水之后，第十一军抓紧机会，甩开北面勇猛善战的第十集团军，猛烈攻击第四十四军，希望在王耀武的第一〇〇军与第七十四军赶到之前越过沅江，一鼓作气拿下常德。此时原定水上机动的第一一六师团已经完全登陆，三个联队兵分三路，尾追第四十四军，直指陬县、临澧。穿过这个缺口，就到常德了。横山勇在右翼使用第三师团与第十三师团，抵御第七十四军的进援部队及第四十四军的残部，左翼第六十八师团则于安乡登船，直趋汉寿，构成常德南面的包围圈。为了及早赶到常德，第十一军甚至在桃源用上了伞兵。21 日傍晚，日军在桃源猛烈轰炸，随后空投近一个中队的伞兵，当地驻防的第四十四军独立团（新由新线撤下整补，约三百员）没见过这种阵仗，日军并辅以一个步骑混成的旅团钻隙向桃源突进。独立团势单力薄，不支后逃。于是第三师团主力与第一一六师团第一〇九联队乃得以排山倒海之势，猛扑主力第一五〇师。

第一五〇师许国璋师长刚接到集团军转来战区颁布不得退过沅江的严令，乃率部死据陬市，寸土必争。但第一五〇师本挡不住如狂潮般的第一一六师团，不到半天便几乎全军覆没。许国璋师长眼

见日军即将突破，急派师属工兵连前往阻击，工兵连不到半小时便死伤殆尽。许师长乃亲率五四〇团残部上前冲杀，身受重创。第一五〇师几乎全军覆没。许师长重伤昏迷，被警卫抬上渡船后送。醒来时见到自己已经渡过沅江，部队大部溃散，联络中断，大为震撼，悲愤交集，在担架上痛斥左右，身为师长怎么可以丢下部队只身后退，立刻夺过身边卫士佩枪自尽，左右救之不及。王缵绪总司令闻此噩耗，电调第一六二师副师长赵璧光上校代理第一五〇师师长一职，率残部与第一六一师一道撤过沅江右岸整理。

桃源沦陷之后，千呼万唤的第一〇〇军先头师第十九师终于赶到，一到战场便立刻投入作战，在黄石市与第三师团恶战。唐伯寅师长深知自己应援的速度关系全局，竟驱促部队每日强行军七十公里。第十九师到达黄石市，已是人困马乏，喘息未定，难敌日军锋锐，激战半日后撤出黄石市。唐师长这一仗，算是昭告日军——王耀武集团已经开到。

21日，第十集团军虽已转向，向石门攻击前进，但第三十九师团拼死抵抗，进展不顺；第二十九集团军伤亡惨重，不足决战，反而亟待整理。此时日军第三师团及第一一六师团已经开到桃源，第十三师团到慈利；第六十八师团则于22日攻陷汉寿。主攻的四个师团已就包围常德之定位，前锋并与常德守军接战。然而，从这里开始，常德会战的故事才真正开始。

历史永远不应遗忘的城市

久经战阵的王耀武知道他肩上的分量，第七十四军固守常德，不仅是单纯的防守，而且要将日军纠缠于此，一直等到国军合围之

势形成，方算完成了任务。守常德的任务交给了五十七师，王耀武再三叮嘱："记住，常德丢不得，日军跑不得，五十七师要黏住他们，要如影随形，如蛆附骨，让鬼子想甩也甩不掉。"副军长兼师长余程万没有多言语，重重地点了下头就出去了。五十七师就像他们的师长一样稳重，让他们防守常德，是最适合不过。五十七师在5月时进驻常德整训，兼修筑工事。11月3日起即占领常德阵地，成为孙连仲长官布在两线兵团中的轴心。

少将师长余程万，黄埔一期生，文武兼备，为人谦和，骁勇善战，是打防卫战的能手。身为黄埔三期的王耀武平时也尊称他一声"大学长"，五十七师原是皖军阮肇庆的队伍，并入七十四军后由施中诚续任，然而施中诚也是老北洋的人，用起来自然生分，最终还是换上了来自黄埔的余程万。从表面看，余程万这个人很内敛，但绝对有韧劲。他的这种性格也浸入他所率领的部队的血液中，上高会战中率领五十七师死守上高城，使罗卓英总司令的三路大军得以顺利围歼日军第三十四师团，荣获陆海空军第一号武功状，此时进驻常德，抢修工事，使常德城成为一个坚强的防御阵地。常德城防工事除城郊的野战工事与城墙的第二道防卫圈外，在城内各重要交叉路口与要冲均筑有水泥碉堡，以备巷战之用。规模严谨精良。据攻城日军描述，城内街巷角落均被充分利用，遍筑明碉暗堡，并打通民房，构成完整的防御体系。配上第七十四军传统的出类拔萃的火力配置，形成强大据点。在火力配备上此时第五十七师加强了第七十四军炮兵团的一个炮兵营，一个炮兵连及一个高炮排，炮兵力量远超一般国军的建制师。第五十七师在会战初期待命应援前线（前线失利之速大出长官部预料），此时则全师就位，准备与攻城敌寇决一死战。这一切也注定了常德会战必将作为一场极其惨烈的战役载入史册。

150

从 11 月 8 日，交战双方开始接触。1943 年 11 月 18 日，五十七师师长余程万疏散全城百姓，并在这座"自断后路"的城池，向全师官兵发表了一篇长达三千五百六十三字的《保卫常德文告》。原五十七师一六九团文书吴荣凯仍记得当中慷慨激昂的话语："无论敌寇对我们施以如何大的压力，我们唯一的答复，是血，是死，是光荣！"据称，当时余程万甚至向部下"指定了常德城一处高地为他战死后葬身之地"。

到 22 日，日军进攻的人马已达到一万人，分五路并进，在空军的配合下，轮番进攻，就连夜间也不停止。日军事前专门布置了一个师团主力第一一六师团用于攻城，并在前期会战中尽量避免使用该师团以保证其完整的战斗力，意图在攻城中以压倒性优势一举掠夺常德，并安排第六十八师团掩护攻城部队左翼，第三师团与第十三师团截击王耀武兵团，另安排一部保障后路，总之将常德城围了个水泄不通，援军难以进入，一心想吃掉五十七师。然而此时的战斗，五十七师抵抗住了日军强大的攻击，打出了自己的风格，日军压迫得越厉害，反弹得越厉害，仗打得不急不躁，有板有眼，像牛皮糖一样黏得人难受，让你欲罢不能，攻，攻不上；撤，撤不下来。稍有松动，守军就乘隙而进。激战至夜，日军毫无所得，反而身陷战局而难以自拔。

23 日，攻城日军达到三万人，人数已经远远超出守城的五十七师，摆出合围之势。战区指挥官陈诚忧喜参半，喜的是日军已被吸引至常德一带，正宜聚歼；忧的是第五十七师独力难撑，日军一旦冲破常德，则如虎入深山，蛟龙下海，战局将急转直下。他亲自撰写电文，发至常德，明确指示五十七师血战到底，与城共存亡。余程万的回电是："职现四面受敌，血战七昼夜矣，虽伤亡惨重，将所有杂兵均编入战斗，然士气旺盛，全体官兵谨遵钧座意旨，抱决心

愿与常德共存亡。"回完电报，他就戴上钢盔，拉着卫队投入了战斗。

25 日，天降大雨，日军部借大雨掩护，偷袭入城，第五十七师处变不惊，先以炮火阻截攻城日军，再以重兵封锁缺口，形成关门打狗之势，将入城的约五百名日军悉数杀尽。

26 日，雨依然不停，国军各支援部队日夜兼程，已赶至常德附近，日寇也知道如果不尽快攻破常德就有被围歼的可能，于是对常德城发起疯狂的进攻，冒雨施放毒气，常德城内守军死伤惨重。

27 日，日军狂炸愈发猛烈，守军损失惨重，眼看这样下去等不到援军来常德就要被攻破。余程万无奈之下选择了近乎自杀式的方法，放日军进城，利用堡垒工事，与日军进行巷战，使日军的飞机、大炮等重火力失去了作用，但这也意味着在日军的绝对优势兵力之下五十七师最终会拼杀得全师耗尽。日军蜂拥进城，五十七师官兵分散在常德城内的各个角落，逐街而斗，逐室而斗，日军每推进一步都要付出巨大的代价，但这代价的另一头就是五十七师将士的生命。如果援军不及时赶到，五十七师全体将士迟早将全体殉国。然而，令人难以想象的是日军指挥官横山勇见攻势迟滞，心急如焚，不顾可能造成攻城部队困难，召集第三航空师团主力空援，仿效美军绝招，在常德城中四处滥投燃烧弹，常德城中处处大火，房舍几乎全毁在烈焰之中，惨不忍睹。在大举空袭之后，第一一六师团认为国军即使阵地仍在，也必然被这种规模的滥炸吓掉守城意志，于是乘机全力突进。不想五十七师再度给予攻城日军重创，当头的第一三三联队第一大队大队长协屋复被击毙。一向不怕死的日军各线攻城敢死队也溃不成军，必须承认此时的五十七师官兵已经将中国军人在抗战中的坚守诠释到了顶峰。据幸存下来的老兵回忆，不过半天时间，常德道路上堆积的就全部都是尸体，有日军的，有国军

的，被炮弹炸的弹坑里全都是血水，燃烧弹的高温使得常德城内一片尸臭和烧焦的人肉味儿。

国军在守城中展现出非凡的勇气，最广为传诵的是贾家巷阵地战斗，阵地驻有第一七一团三连一个排，日军在空袭后倾一大队冲锋，竟然无法击退仅仅一个排的国军，又集中炮火轰毁阵地，全排最终只剩八名战士，仍然奋战到底，排长殷惠仁在日军迫近时引爆最后一枚手榴弹，与日寇同归于尽。

28日，连日苦战，五十七师伤亡殆尽，许多作战单位只剩下了番号。余程万师长下令将城内炮工、辎重部队、政工、师部幕僚及所有官佐杂役编队，由第一七一团团副高子日中校率领，投入战斗。就连常德城内的警察也都编入部队，还发掘出常德警局埋藏之枪弹一万发，这是第五十七师在守卫常德过程中得到的第一次接济，最后一次援助，也是唯一一支"援军"。而此刻的王耀武看看墙上的日历，五十七师已经连续作战十几天了，他铁青着脸找到长官："五十七师就是铁打的身板，也经不住这样熬啊。"陈诚虽大吃一惊，但寻思确实如此，便命令夏楚白率七十九军火速支援，并明确发电："不得有任何借口中途耽搁。"然后他转向王耀武毫不含糊地说："五十七师必须拼死支撑，不见援兵不准撤，直到最后一人。"横山勇展开全部力量近两个师团攻城，第五十七师逐屋逐巷，艰苦抵抗。

29日，在上峰的死命令下，五十七师已走到了绝境，日军主力冲进了常德城。全师八千余人几乎全部阵亡，未丧失战斗力的守军不足二百人。水星楼，常德城垣战的第一个交战阵地。有近千年历史的水星楼高约十五米，在常德南城墙上，是全城最高点。11月29日，水星楼毁于日军的密集排炮。在水星楼坍塌声中，还传来楼内守军无比悲壮的歌声和"中国万岁"的呼声。除水星楼外，以城墙为线，常德北门、大小西门、东门，均属攻守焦点。12月1日，在

日军飞机、大炮协攻之下，四座城门都被突破。12 月 2 日晚，微雨，五十七师在已成火海的常德城步步撤守，最后剩下师部指挥所方圆"仅三百米左右"的弹丸之地。余程万本人率师部及卫队固守位于城西南的中央银行与敌做最后较量，各团长划分区域，扼守一屋，作拼命之搏。至下午，残存阵地已进入日军步枪射程之内，一心报国视死如归的余程万向第六战区副司令长官孙连仲发出了最后一电："弹尽，援绝，人无，城已破……与倭贼作最后拼杀，誓死为止……七十四军万岁！"据说当时孙连仲获此电文后泪水顺着苍老的面颊流了下来……

正在开罗参加国际会议的蒋介石此时正与美国总统罗斯福谈兴正浓，说到常德之战，罗斯福很担心守城中国军队的命运。蒋介石神色自若，这次来开罗，充任侍卫长的就是俞济时，这位前七十四军军长向蒋介石打包票，七十四军一向攻必克，守必固，委员长不必担心。蒋介石点点头，他相信七十四军有这个能力，从未让他失望的王耀武有这个能力。于是，他向罗斯福总统许诺说，中国的常德，将是第二个斯大林格勒。没想到蒋介石的许诺语音未落，常德城被破。12 月 2 日，五十七师所有阵地已被日军分割、包围，许多人身绑炸药包，高呼"第七十四军万岁""第五十七师万岁""中国万岁"，冲向敌阵，与敌同归于尽。在蒋委员长和罗斯福总统都不知道的中国战场上，正有这么一群中国军人用他们年轻的生命阻挡着日军，宣告着属于中国军人的傲骨。

12 月 3 日 2 时，余程万师长召集所属四员团长告知自己已经决定突围，并点名第一六九团柴意新团长死守阵地。柴团长毫不推诿，起立报告："师长为全师希望所寄，希望师长早日突围，我在此死守，等师长率援军来解围。"其实柴团长心里明白，援军不可能来了。

余程万师长留下第一六九团残部与第一七一团残部之一部死守阵地，自己率所属三员团长及两团残部百余人，于半夜向德山突围，寻找前来支援的第十军。3日凌晨4时，柴意新团长离开中央银行大楼，集结第一六九团残部，进入双忠巷最后阵地。柴意新深知第五十七师末日已到，决心以死殉国。凌晨，日军集中掷弹筒及枪榴弹，迫炮火力攻击双忠巷。柴意新团长奋然起身高呼杀敌，率残部以刀矛棍石向敌冲锋，反复肉搏十余次，身受两处重伤，仍英勇力战，不幸在白刃战中中弹殒命，壮烈牺牲。这是常德守城战最后牺牲的一位团长，随从百名残余官兵伤亡殆尽，很多士兵死了仍和鬼子死死地掐成一团，最终双忠巷阵地陷落，常德城宣告失守。日军以"减员一万"的代价，终于占据了一座血城。

12月9日，先期突围的师长余程万在毛湾迎来援军（第五十八军）攻入常德。至此，常德城被日军占据仅六天。在常德的断垣残梁中，当国军收复常德后，再度进城的五十七师幸存的官兵，望着青天白日旗再度招展于中央银行大楼，不禁痛哭失声。据称，进攻常德的日主将横山勇，震骇于"部队被重挫，伤亡惨重"，根本不敢在常德城久留，他甚至连战场都未清理，就将主力急撤出城。后日本大本营曾严电"重新占领常德"，他不惜抗命，也不愿再来，称"这次战争人员牺牲很大，要占常德，必须等到来年"，惨烈可见一斑。由于五十七师成功地固守常德，日军久挫城下，中国军队转入了反攻，全线告捷。常德一役五十七师三位副师长全部战死殉国，守城时的全师官兵八千三百一十五人只剩下三百多人。战史记载，整个常德会战始于1943年11月2日，结束于12月24日，历时五十二天。其中，余程万率五十七师死守常德十六天。那个冬天，常德，一度成为一座死城、一片废墟，还曾沦于日军手中，从我军事控制地域版图上，消失了整整六天。整个第七十四军与大约四万名日寇

恶战，共计丧失超过六万名中国军人，被英国《泰晤士报》称为东方的"斯大林格勒保卫战"，史称"常德大捷"。

常德一役，打出国军之威

以下是当时各国对常德保卫战的报道，其中或许不失有些宣传激励的成分，但仍窥探到关于那场战役的点滴碎片：

一只乌鸦站在一间被轰毁的货仓的焦梁上，带着严肃而满意的心情，望着已经从地面上毁灭了的常德……城东门的中国旗又在一根新的竹竿上面胜利地飘扬，两个武装中国士兵很神气地站上了新岗位。

此一役对中国而言，是证明其士兵之作战能力；对其盟友而论，亦足证明中国虽处于极大困难之中，尤能渡过难关，击退敌人。

——美国《芝加哥太阳报》

这里举目尽是烧焦的围墙、残破的砖瓦和灰堆而已……要想在这个曾经有过十六万人口的城里寻一未经摧残的东西，实在难乎其难。

——《纽约时报》

在这城墙的战斗，日渐惨烈，甚至好像在欧洲中世纪时代那样，以手格手，以颊撞颊作殊死的血战。

——英国《伦敦新闻纪事报》

人类的持久战争是有限度的，当战至最后的三百将士，余程万将军决定退出常德城垣，以求报国于他日……假如连这少数人都不能生还，那么保卫常德的英勇事迹将随他

156

们英勇的死友埋葬于废墟之下，泯灭而无闻于世。

坟地掘得太浅了。过路行人都得要把橘皮捂在鼻尖上以避死尸的腐臭……

——《纽约时报》

　　然而就在五十七师师长余程万面对只剩下自己的五十七师，滴血流泪掩埋战友的尸体时，令人震惊的一件事发生了。蒋介石不喜反怒，竟然以"弃城逃跑"的罪名将余程万关了起来，扬言要"名正典刑"。但作为黄埔一期的老大哥，更加作为死守城池和日军血战到底的铁汉，国军中很多高级将领都看不过去，都为他向蒋介石求情。常德市六万名市民联名上书委员长为其求情，但蒋介石没有松口。蒋介石如此冒天下之大不韪的举动到底是为何呢？其实说白了就是个面子问题，之前的开罗会议上，罗斯福一再对中国军队的战斗力表示怀疑，而蒋介石则拍着胸脯保证，常德城必然守得住。可没想到自己话还没落地，常德就破城了，自己在罗斯福总统面前吹爆了牛皮，这能不让他恼火吗，于是铁了心要让余程万好看。最终，帮助余程万化解牢狱之灾的还是王耀武，王耀武深知蒋介石一直很在乎自己以及手下的中国军队在世界上的名誉，惩罚余程万也无外乎于此。因此解铃还须系铃人，王耀武并没有过多渲染余程万的功劳与苦战，他只是搜集了一些中外记者对常德之战的报道，几乎所有的报道都对五十七师作了高度的评价。蒋介石看了这些报道后眉头舒展开来，这一仗多少算为国军在国际上争回点脸面，再加上作为三军统帅蒋介石也不是蛮不讲理的人，如若真动了余程万，恐怕难免让其余国军将领寒心。于是就把余程万关押了四个月后，悄无声息地放了出来，随即重新起用。由此可见，王耀武对蒋介石心思

的揣摩已经很到位了。别看他面目很憨，心思却很细。

然而，常德会战中除了五十七师表现出来的惊人战斗力和永不言败的顽强意志，一直为人所诟病的就是为何直到常德破城，前后半个月时间国军百万部队就没有一支前来支援，如若有一支杀到常德城下，不仅五十七师不必遭遇灭顶之灾，常德城不会被攻破，甚至可能里应外合大破日军。

其实，当得知常德城被围时，战区高层就下令多支部队前去支援，然而结果却不尽如人意。在常德被完全包围之后，第十集团军、第二十九集团军以及王耀武集团军两个军都在前往常德的路上，但日军也不是傻子，派出了外围掩护部队死死咬住前来支援的部队，一时之间难以直趋常德解围。此时第九战区的及时应援成为常德解围的关键。第九战区在会战开始时就与第五战区奉命出击，实行牵制作战。然而，国军内部"事不关己高高挂起"的劣根性再度暴露无遗。

因此，军委万般无奈之下，直接命令李玉堂兵团第十军前去解常德之围，然而李玉堂兵团攻击步调依然迟缓，日军除了将第六十八师团布置狙击以外，又将第三师团调来阻挡援军。军委会每日一电催促李玉堂兵团挺进，第九战区也下了如期攻克的严令，但是因为日军第三师团及第六十八师团的坚强防守，第十军战况胶着。军委会急得跳脚，竟越过第九战区，直接指示第十军方先觉军长要加强重点于左翼，排除第一九〇师当面之敌。无可奈何之下都采用了连哄带骗的方法，谎称常德城郊的日军不过几百人，第三师团正北退等，意图哄催第十军快点前进，足可见当时军委会的无力感。由于当时蒋委员长远在开罗，各路部队的司令员更是一副天王老子做派，致使军委命令如同一张白纸。一直到 11 月 29 日，李玉堂兵团进展仍处胶着局面。

11 月 29 日，蒋委员长自开罗谕令两战区司令长官部，方先觉军

长接获战区代转的委员长口谕后，大惊失色，此时已为29日的晚间10时，距离下达到常德城期限不到半日。第十军三位师长接获委员长严令后，立刻展开该方面空前英勇之攻势。在第十军全力进攻之际，日军第三师团主力被预十师冲退，山本三男师团长因此误判预十师为第十军攻势主力，于是立刻重整主力反扑，与预十师激战。第十军真正主攻的德山方向反而开了大门，第三师周庆祥师长抓紧机会，大胆钻隙前进，一昼夜间竟强行百余里，直逼德山。预十师因为立足未稳，攻势过于猛烈，被第三师团冲击后牺牲甚大，师长孙明谨战死，全师溃散。12月1日，孙长官电告余程万师长第十军已到常德东南，可速与联络。余师长立遣陈嘘云副师长前往联络，但却没能联络上。此时城内屋舍悉成焦土，第五十七师死伤殆尽，就这样带着对援军的恨意，五十七师和常德城一起为国捐躯了。

会战结束后，王耀武为纪念捍卫国土而壮烈牺牲的将士们，决定在常德建造"烈士公墓"。公墓正门是一座高大的三门纪念牌坊，上方是王耀武所题的"陆军第七十四军常德会战阵亡将士纪念坊"汉隶横匾。纪念坊的四根方柱之间的上方架有三块横匾：正中是蒋介石所题的"天地正气"，左侧为陈诚所题的"碧血丹心"，右侧是白崇禧题写的"旗常炳耀"，常德参议会撰联"孤军浴血千秋壮，公墓埋忠万姓哀"。进大门数十步是一座九米高的纪念塔，基座四方刻有国民党考试院院长戴传贤、监察院院长于右任、立法院院长孙科、司法院院长居正四人题词，碑身正面为王耀武所题"陆军第七十四军常德会战阵亡将士纪念塔"。公墓落成当天，常德各界人士及七十四军将士代表举行了隆重集会，数十匹驰骋疆场的白色战马参加了这次集会，盛况空前。

常德一战战果显著，尤其是经过王耀武这么一渲染，看到在全世界赚回了面子，国军最高军事首脑蒋介石高兴不已，称赞王耀武

善于带兵，有指挥才能。战后蒋介石在南岳召见他，倍加奖励。1944年2月，蒋介石提升王耀武为二十四集团军总司令，下辖第七十三、七十四、七十九、一〇〇军。蒋介石还特批王耀武可自行决定集团军内上校以下人事安排，自行选送高级将校到印度战术学校受训，最重要的一点是可优先进行美式装备的调整。在国军部队里美械就是战斗力的代名词，试想在国军的非嫡系部队中，大都是洋务运动期间大批生产的汉阳造时，王耀武手下的整编师乃至集团军却都已经全部装备美械了，战斗力的差距将是天壤之别。1945年1月，国民党军事当局为了做反攻的准备，加强了陆军装备，成立了陆军总司令部，以何应钦为总司令，下辖四个方面军，王耀武以黄埔三期升任第四方面军司令官，与老资格的卢汉、张发奎、汤恩伯等三个方面军司令并驾齐驱，其破格跃升之速，在军界实为罕见，令其同辈望尘莫及。

幸存的老兵们对常德战役的回忆永远逃不过这几个词：尸体、鲜血和死亡。2003年12月8日，"常德会战六十周年公祭"在常德抗日烈士公墓举行，近八十岁的老兵顾华江从贵州赶来，一下火车，就直奔公墓，扑地大哭。当周围的常德市民知道他是参加常德保卫战的五十七师抗战老兵时，纷纷抓住他的手不放。后来，顾老在公祭大会上颤声问："常德人民，你们好吗？"台下两千多个声音齐答："你好！"据说，当时台上坐着的一大排政府官员，在这样惊天动地的问答声中，全都哭了。

八十二岁的李超，是当年驻防常德的国民党第七十四军第五十七师的机枪手。"大约是11月下旬的一天，我们奉命进入碉堡阵地和散兵壕防御工事阻击敌人。只听班长冲我喊了一声'打！'机枪喷出火舌，冲在前面的几个鬼子顿时倒下了。鬼子疯狂反扑，我握机

枪的手都震麻了，后来觉得手掌黏糊糊的，一看是血——是跳动的枪身把我的手掌震裂了。11月24日晨6时，日军向刘家桥进发。一营副营长李少轩带一个班前去增援守军。弹药耗尽后，大家与日军展开了白刃战，李少轩在肉搏中与敌同归于尽，全班只有三人生还。我们后撤时看到那些殉国士兵，死了仍和鬼子死死地掐成一团。28日中午，一股日寇从马木桥方向攻入常德城，我们在大街小巷和鬼子拼开了刺刀。师部除师长留下负责指挥和联络，其他四十多人全部与敌肉搏。这次战斗，我们杀死了一百多个日军……"

七十九岁的刘志青，当时在七十四军五十一师一五二团迫击炮连任观测员。"当时我们在阵地坚守了七天七夜，与敌人反复展开拉锯战，鬼子就是没能攻上来。在经历多日反复的拉锯战后，大家都非常疲惫。一天拂晓，人困马乏，大家都在阵地上睡着了。我突然听到前面二十米处有一阵'呼、呼'的声音，抬头一看，月光下，一片白晃晃的刺刀近在眼前，一群鬼子弓着腰正悄悄向我们阵地摸过来。我想完了，因为我们在二线，敌人肯定已经突破第一道防线了。我便抓起身旁的手榴弹，向敌群连续扔出了好几颗，十多名鬼子被炸死。爆炸声惊醒了沉睡中的步兵，他们一跃而起，与敌展开激战，山上山下立刻枪声大作。当时炮兵失去了战斗力，只能拆炮后退到二线，但由于发现敌人太晚了，炮身被日军抢走。第二营奋勇冲锋，日军很快被击溃。我们追过三个山头才发现第二班的炮身。"至今仍然让刘志青自豪的是，"从我们进入阵地到常德会战结束，鬼子也未能攻下我们的阵地"。

老兵吴淞，服役于国民党第十军三师九团三营。1943年秋，常德会战打响，蒋介石亲点第七十四军五十七师师长余程万率部保卫

常德。五十七师全体官兵誓死抵抗，但无奈敌我兵力悬殊太大，常德被日军攻陷。11 月底，吴淞奉命随第十军驰援常德，吴淞经历了人生中最为惨烈的一次战斗。吴淞说："三百多公里的路连夜赶了四天，一到常德外围没作休息就马上打了起来。"此时的常德城已饱受炮火和毒气肆虐，沦于敌手。吴淞所在的部队攻打德山，协同驻守常德的五十七师残部与日军展开激烈战斗。"我们一到达德山就投入到了战斗之中，战斗异常激烈，阵地被你来我往地来回占领。"他记得，九团团长张惠民在一线指挥战斗，遭遇日军超低空飞机机枪扫射，"他牺牲的时候，全身上下都是弹孔，血肉模糊成一片。刚作战的时候，我心里还紧张，但是人死多了，就顾不得怕了。杀啊，杀啊，就冲上去了"。1943 年 12 月 11 日，常德收复。这时，吴淞发现自己所属的三师九团三营包括自己只剩下了三人。"从德山孤峰岭打到老茅头，我们的部队牺牲了一千四百多人。"战后，营长以上的阵亡者用棺材装着运到长沙，"我到长沙那个码头去看过，还只走到河边就听到哭声，码头上摆满了一排排的棺材，亲友家属站在棺材边个个大声痛哭，一些来吊唁的普通市民也都泪流满面。事隔数十年，回忆起当时人们迎接阵亡将士灵柩的情景，仍历历在目，心有戚戚。战死的官兵太多了，棺材和船不够，连级以下的只能就地掩埋，很多战友就埋在这乾明寺后面的山头上……"

"常德是我人生中生死难忘的关键一站，这里掩埋着很多牺牲的战友……常常，他们的身影会在我眼前晃来晃去。虽然我的处境也不好，但我可比他们幸运多了啊！抗战期间，不知道死了多少人，好多人都不能活着看到今天。"1998 年，吴淞最终选择在常德石门夹山寺剃度出家，法名来空。在得知德山乾明寺修复后，他就立即来到了德山乾明寺，与长眠在此的战友朝夕相伴。

"我愿所有的人不要再受到伤害，所以我出家，我念经，是希望

没有战争，没有这些残酷的悲剧。我就以这里为归宿，可以与我长眠在此的战友在一起。只要我在乾明寺，每天早上都会为他们念大悲咒，前几年，我念七七四十九遍，现在人老了不行了，我就念七遍。"

老兵顾华江，曾任国民党军七十四军五十七师一七〇团卫生员。"11月18日晨，常德临澧县郊的河滩打响了第一枪，师长发出命令，誓与阵地同存亡。当时，我和几个勤务小兵被抽调出来，集中到卫生队学看护。战斗开始后，不断有伤员送来。11月28日，日军向北门阵地发射了两枚窒息性毒气弹，防守阵地的两个排官兵窒息而死。11月29日上午，一架飞机在常德上空盘旋了两周后，向我们包扎所投下一大包东西。我们以为是炸弹，但很久不见爆炸，就冒险打开，大伙儿一看都乐了，原来是四大包子弹。真是雪中送炭，师长开玩笑说：这可比十万大洋都重要啊！从29日开始，全城转入激烈的巷道战，我一七〇团坚守上下南门，弟兄们整整一天都没来得及吃饭。我上去给他们送水时，有一个兄弟还没喝完水，就看见敌人往上冲，他手里没有枪，只有手榴弹。他等敌人离我们二十米左右时，拉断两根导火线冲了上去，与四五个鬼子同归于尽。12月1日，我军终因力量悬殊，防区越来越小。从那天起，我们白天护理伤兵，晚上防守城垛。当时手无寸铁，大家灵机一动，拆出担架竹竿，将一头削尖，制成竹标枪。一天深夜，我们发现敌人顺着三架云梯爬城，我们几个人守在城垛上，来一个就用竹标枪刺一个，鬼子们哇哇叫着跌落下去，大多摔死。结果我们连续刺死了十二个鬼子。"

这些老人大多年近耄耋，岁月在他们的身上留下了深深的痕迹，但谈到那段在常德的岁月时，原本因为苍老而略显暗淡的眼神都变得凌厉起来，好像透过那目光我们又重回那段炮火硝烟的岁月，看到那用血肉铸成的御辱长城。

第七章

湘西痛歼敌寇
当选中央执委

湘西，日军的退兵一战

　　1945 年是抗日战争发生根本转折的一年，国军在正面战场上虽然战况惨烈，但也成功地消耗了日军的大量有生力量，加之八路军、新四军的敌后配合，中国军队的整个战场转入反攻阶段。当年"日出扶桑万树敌，天下军队我第一"的日本军队已成为强弩之末。日军大本营为了挽救颓势，将目光瞄向了湘西，这是以攻代守的一招。当中日战争进行到第八个年头，不仅仅中国，整个世界的战略形势已经发生巨大的变化。1945 年初，美军攻占菲律宾后，日军大本营担心美军在中国东南沿海登陆夹击台湾、琉球，要求侵华日军加强对苏、浙、闽、粤的防务。4 月，美军在冲绳登陆，苏联宣布废除《日苏中立协定》，表明盟军对日最后一击的时刻已经为时不远。日本为了防卫本土，必须加强中国东北和朝鲜的防务。但这时在中国大陆的日军兵力极其分散，而且主力又远陷华南，中国派遣军司令冈村宁次为掩护两广的日军撤退，遂将目光投向湘西，欲作最后退兵一战。

4月9日到6月7日，日军调集八万人的军队发动了针对湖南西部，特别是芷江机场的大举进攻。为什么要将最终方向锁定芷江呢？芷江地处湖南省西部，云贵高原东缘，东接怀化县，西至贵州省万山、新晃，南与会同、贵州天柱相连，北抵麻阳，距省会长沙市四百九十八公里（铁路）。全境东西宽六十一公里，南北长六十三公里，总面积两千多平方公里，约占全省总面积百分之一。整个地貌以丘陵为主，地势由北向东南方向倾斜，四周高，中部低，形成盆地。县境山地分南、北干支。北干支为米公山、西晃山，平均海拔一千米；南干支为天南山，最低点海拔二百零八米，最高处海拔一千零四十五米。舞水是境内最大河流。

　　芷江除了拥有与川黔桂鄂等省接壤，夹在湘、资、沅三大水系中间，东临长沙、衡阳，南瞰桂林、柳州，西枕芷江盆地的有利地形外，更重要的是位于湘西雪峰山西麓的芷江机场。芷江机场是中国军队最大的空军基地、中美混合飞行团所在地，也是中美空军的前沿阵地，这个基地拥有当时最先进的战斗机、远程轰炸机，还有数十架运输机，担负着苏、浙、皖、闽等数省的空中运输任务，在集散作战部队、轰炸日军占领的衡阳、长沙、岳阳、汉口、南京等前沿阵地、交通要道和军事目标等方面，发挥了重要作用，日军视之为心腹大患。

　　因此，日军明知国民政府在湘西部署了装备精良的部队，仍不惜劳师动众发动湘西会战，其企图有二：一是企图摧毁芷江机场，以保证湘桂、粤汉两条铁路畅通，将华南日军转移到沿海地区阻止美军登陆；二是占领湘西，沿湘黔公路直趋贵阳，威胁昆明，并沿川湘公路进攻四川，威胁重庆。当时日军以坂西一良中将为指挥，纠集六个师团的兵力，约十万人，沿湘黔公路向芷江进击。国民党调集十个军十一万余人，以雪峰山为依托，诱敌深入。湘西会战在

168

日本的战史书籍里称为"芷江攻略战",中方也称"雪峰山会战",是中国人民抗日战争中的最后一次会战。雪峰山会战战前国民党军事当局为方便联系盟军,遏制日军西犯,接受美军建议,将中国陆军司令部设在昆明,由参谋总长何应钦兼总司令,统一指挥西南各部队。同时,给三十五个步兵师配备美式装备,旨在力挫日军,打破其战略意图。

日军方面以第二十军坂西一良中将司令官为战役总指挥,计划战役共投入五个师团的兵力,总计约十万人。具体战斗序列如下:

第一一六师团,师团长为菱田元四郎,下辖步兵第一〇九联队、第一二〇联队、第一三三联队,骑兵第一二〇大队,野战炮兵第一六六联队,还有辎重第一一六联队;

第四十七师团,师团长为渡边洋,下辖步兵第一三一联队、第九十一联队、第一〇五联队,骑兵第四十七联队,山炮第四十七联队,工兵第四十七联队,辎重兵第四十七联队:

第一一六师团、第四十七师团一部战前集结于邵阳县以南地区,而第四十七师团主力(重广支队)集结于黑田铺地区;

除了两个主攻师团中央突破以外,第六十四师团、第六十八师团和第十一军的第三十四师团,负责协助主攻部队完成对芷江的合围。

第六十四师团,师团长船引正之,下辖步兵第六十九旅团的四个步兵大队(二个旅团编制)。该师团 1943 年 5 月在华中以独立混成第十二旅团为基干组建。

第六十八师团,师团长堤三树男,该师团 1942 年 2 月在华中以独立混成第十四旅团为基干组建。本次参战的主要是其主力第五十八旅团和其他部队编成的关根支队,支队长关根久太郎,下辖独立步兵第六十五、第一一五、第一一六、一一七四个大队。关根支队

169

战役开始前集结于湖南东安；

第三十四师团，师团长伴健雄，下辖第三十四步兵团，骑兵第三十四联队，野炮兵第三十四联队，野战工兵第三十四联队，辎重兵第三十四联队。

国军方面是以何应钦上将亲自指挥的九个军二十六个师为主的强大部队。会战主力为第四方面军，总司令为王耀武将军，下辖四个军。它的作战目的是在武冈和新华一线与日军主力决战。

第七十四军，军长施中诚中将（包括第五十七师，师长李琰少将，黄埔五期生；第五十八师，师长蔡仁杰少将，黄埔五期生；第一九一师，师长萧重光少将；暂六师，师长赵季平少将，黄埔四期生；第一九六师，师长曹玉珩少将，黄埔四期生）。

第十八军，军长胡琏中将（包括第十一师，师长杨伯涛上校，黄埔七期生；第十八师，师长覃道善少将，黄埔四期生；第一一八师，师长戴朴少将，黄埔四期生）。

第七十三军，军长韩璇（包括第十五师，师长梁祗六少将；第七十七师，师长唐生海少将，黄埔三期生）。

第一〇〇军，军长李天霞中将（包括第十九师，师长杨荫少将，黄埔四期生；第五十一师，师长周志道少将，黄埔四期生；第三十六师，师长徐志勖少将，步校一期生）。

新六军，军长廖耀湘少将（包括第十四师，师长龙天武少将，黄埔四期生；新二十二师，师长李涛少将，军校六期生；青年军二〇七师，师长由廖耀湘将军兼任）。

除了第四方面军以外，为保证对日军的绝对优势，中国军队还有两个集团军参战。分别是：

汤恩伯中将指挥的第二十七集团军和王敬久将军的第十集团军。

第二十七集团军下辖第二十军、第二十六军、第九十四军（该

军军长为牟廷芳少将，包括第五师、第四十四师、第一二一师）。它在四方面军右翼，作战目的主要是出动第九十四军协助武冈一带的四方面军作战。

第十集团军下辖第九十二军，军长侯镜如。它在四方面军的左翼，作战目的主要是以一部协助四方面军在新化一带作战。

此时王耀武率十八军、七十三军、七十四军、一〇〇军及湖南省吴奇伟所率保安部队共约三十万兵力迎击敌人，经过周密部署，决定将主战场选在雪峰山东南麓，并且选择有利的地形构筑复杂的工事，争取战役的初期就能遏止敌人。雪峰山一役，敌我双方投入兵力都在二三十万人以上。战线北起安化，南到绥宁，横向千里。

1月29日，日军下达攻占芷江的命令，扬言"摧毁敌前进航空基地""攻占芷江一带"。日第六方面军接到命令后，即以第二十军和十一军一支为主攻部队，共计五个师团加三个独立混成旅团，另配备有空军和战车部队，此外还拉上了当时的汉奸部队，伪和平军第二师协同作战，由二十军司令官坂西一良任作战指挥。

3月下旬，日军整修了衡邵、潭邵公路，在邵阳附近集结粮食弹药等作战物资，为进攻芷江机场做好准备。日军的作战意图非常明显，再次采用屡试不爽的兵分三路进攻芷江：中路担任主攻，由第一一六师团、第四十七师团和独立混成第八十六旅团在湘潭、湘乡、衡山、衡阳到邵阳一带集结，准备从邵阳沿宝榆公路西进，围歼洞口、武冈以北，沿江以东的中国守军，进而突破安江，直取芷江；右路是六十四师团，进攻安化、辰溪、溆浦；左路是三十四师团和六十八师团关根支队，准备攻占新宁、武冈、绥宁、洪江或由武阳、水口到洪江，协攻安江和洪江。再以六十四师团和六十八师团一部向宁乡、益阳佯攻，以牵制中国军队南下。

而国军方面，针对日军作战意图，蒋介石召集陆军总司令何应

钦、第三方面军司令汤恩伯、第四方面军司令王耀武等召开紧急会议，决定由何应钦任总指挥，率王敬久第十集团军、李玉堂第二十集团军及新一军，以雪峰山为依托，与日军决战，确保中美空军基地安全。中国军队利用雪峰山有利地形构筑纵深防御工事，迎击敌人。面对日军的三路大军一路协军，国民党方面也做了四步部署：

一、在武冈、新化间部署第四方面军即王耀武部队，担任正面防御作战的主力军。所辖第七十四军驻武冈、绥宁，第一〇〇军驻洞口，依据有利地形构筑工事，以确保芷江机场安全；第一军部署在隆回、溆浦一带；第七十三军部署在新化，警戒湘乡、益阳方面的敌人；第十八军从常德调往辰溪、沅陵待命；另有二十六军驻湘西参战。战前第七十四军第五十八师派出二十余人的勘察组在武冈、洞口、绥宁的雪峰山考察一周，修订军用地图，记录要隘、通路、制高点和特殊地貌，特别是对武冈县境内雪峰山两主峰之间的一条长约十公里的山谷进行了全面调查，为会战做准备。

二、第三方面军即汤恩伯兵团担任策应，配合主力作战，在广西龙胜、湖南城步等要地部署部分军队；在靖县、绥宁一线部署第九十军为战役机动部队，策应第四方面军作战，以第九十四军向武冈以东运动。

三、第十集团军驻常德汉寿一带防御。

四、从云南紧急空运芷江的新六军担任总预备队。芷江机场所驻空军协同作战。此外，湖南组织了大批抗日自卫团和游击队予以支援。

根据作战司令部拟订的战略部署，第四方面军全线陈兵于雪峰山东麓，七十四军布防于绥宁、武冈、石下江、洞口地区，警戒东安、邵阳之敌；一〇〇军配置于山口、隆回、溆浦一线，严防邵东、湘乡之敌；七十三军设阵于安化、新化一带，注视湘乡、益阳之敌。

172

中美混合空军大队除支援地面作战之外，还负有侦察敌军动态，轰炸敌后交通枢纽及车站、仓库设施等任务。

从安江接受作战任务后，七十四军军长施中诚和副军长张灵甫立即乘坐中吉普赶回军部所在地洞口，连夜召开师、团长会议，传达方面军的作战指令，布置各师、团的战防任务。这是王耀武被提拔之后，施中诚、张灵甫升任现职以来，所打的第一场大战，抗日铁军的牌子现在交到他们肩上扛着，他们不能不慎。

经过缜密考虑，施中诚将各师的兵力做出部署，五十八师防守武冈，五十七师布阵江口、石下江，五十一师设伏铁山庙、天台界等几处湘黔公路的要点。

五十八师是俞济时的老班底，张灵甫升职副军长后，蔡仁杰接过了他的职务。蔡仁杰是黄埔五期生，沉稳寡言但富有谋略，接到把守武冈的重任后，他带着几个团长将武冈周围的地形仔仔细细地察看了一遍，然后依着山形水势在城外设置了三道防线。武冈东临资水，西倚雪峰山，是日军夺取湘桂铁路的必经之地。由于地处湘西要地，武冈城经历代修筑而变得十分坚固——墙高十米，厚及八米，护城河亦宽达二三十米，深达五米，自是易守难攻之地。但坂西一良一心只想夺取芷江，摧毁中美空军基地，进而率军直捣重庆，他当然不会顾及他面前的这些"骨头"的。

三路迎敌三血路

4月9日，雪峰山会战正式打响。会战中，日军采取分进合击、两翼策应、中间突破、合围芷江的战术，说白了就类似于小学课文写作手法里的"总—分—总"，各打各的，最后会合。中国军队采取

节节阻击、诱敌深入、包围聚歼的战法，类似于诸葛亮常用的打法，诱敌深入到雪峰山东麓，再包围全歼。中日两国军队在以雪峰山为主战场的广大地区展开了一场针锋相对的决战。

北路：日军第六十四师团兵分两路，一路从沅江向益阳进犯，沿资水而上，一周之内进入桃江境内。一路从宁乡西进，攻占桃江，继续向安化西进，结果路上遇到个"硬骨头"，遭中国守军第七十三军顽强阻击。激战十余日，七十三军成功阻敌于资水东岸的安化烟溪和新化附近，日军推进举步维艰。

南路：日军第六十八师团一部和三十四师团主力，于16日两路合击攻占新宁县城后，再分兵攻击前进。然而就在小小的新宁县城，日军部队也碰了个不小的钉子。4月12日，日军三十四师团进攻新宁，新宁守军七十四军五十八师守城的一个营和日军交战，双方激战三天，中国军队一个营居然抵挡主敌三十四师团数千主力的三日强攻。这一奇特的现象让后人都难以想象当初日军抗战之初的坚不可摧从何而来。4月15日，三十四师团得到六十八师团五十八旅团的增援，于是日军一个师团加上一个旅团的兵力，在新宁与国军一个营激战了一天，新宁守军一个营就杀伤日军数百人，但是自身也损失过半，被迫撤出了新宁，新宁这才被日军占领。就这样，新宁城的不顺让日军部队多少有些心神不宁，然而后来发生的战事说明这才仅仅是个开始。

日军第三十四师团一部西犯梅江、长铺子，受到中国军队第三方面军九十四军四十四师顽强阻击。激战至24日，中国军队歼敌二百余人。26日，三千余日军向绥宁、洞口至洪江的要地武阳进犯，29日武阳陷敌。5月1日，中国守军第七十四军第五十八师两个团向水口附近制高点的日军展开反攻。次日，在空军支援下，从三面反击夺回制高点，毙敌六百余人，俘虏七人。3日，第五十八师、一

九三师在中美空军支援下，向抢占茶山制高点之日军反攻，毙敌七百余名，打破了日军取道洪江直扑安江的计划。5月15日，第七十四军在第三方面军第九十四军的配合下向老对手——日军三十四师团发起强攻，夺回武阳镇。至此，被何应钦称为"开湘西会战胜利之先声"的武阳大捷结束，此役毙敌大队长以下官兵一千五百余人。可怜日军三十四师团，当年在江西发动上高会战，就是遇到王耀武的七十四军，结果被打得铩羽而归。现今三十四师团在湖南地界，再遇王耀武手下七十四军，同样的对手，同样的结果，最终只是成全了七十四军和王耀武的美名。武阳大捷是湘西会战由被动转向反攻的标志，为反攻作战打下了基础。

在进攻武阳的同时，日军六十八师团余下所有主力包括师团的坦克部队在内，全力进攻战役关键重镇武冈县城。

七十四军在战前紧急加固工事，用老百姓提供的糯米配合三合土在武冈城外建立起一道核心防线，该防线由于使用糯米，坚硬无比，连大炮轰上去也只是一个小的缺口。

1945年4月27日开始，日军在坦克和近百门火炮的配合下从三面发起强攻，五十八师针锋相对。一连三天日军除了丢下大量的尸体以外，只突破了城外的简易二道防线。中国军队最后一道防线和武冈城墙都极为坚固，日军炮火根本无法将其摧毁，同时五十八师防御火力极为顽强，日军伤亡很重。1945年5月1日，日军集中所有可以使用的火力进攻武冈西门，数百特攻队员在炮火掩护下蜂拥前进。大部分队员在离城墙很远的地方就被击毙，少数靠近城墙引爆了炸药，强大的威力顿时把城墙炸出十多个洞。

日军还没有来得及得意，守城的士兵和自发参战的老百姓投出数百个大沙袋，把十几个洞口全部堵死。

日军看特攻不成，又命令部队以人海战强攻，一度架起梯子爬

175

上了城墙。而守军果断使用美制喷火器，随着四处喷射的火焰，木梯被烧断，同时守军用汤普森冲锋枪对城下日军猛烈扫射，日军成批成批倒下。双方激战一天，日军伤亡惨重仍然无法靠近武冈县城。

此时中国守军一营也伤亡较重，向上级求援，王耀武命令武阳的四十四师一部立即增援。日军突遭四十四师袭击措手不及。由于四十四师的士兵冲击极为凶狠，日军一度认为中国数万人来增援，顿时大乱。此时武冈守军也全部出城夹攻，日军大败，各级军官不顾武士道精神扔下士兵逃跑，士兵也跟随逃亡。中国军队各部追击猛攻，日军殿后部队被打得滚的滚爬的爬，全军溃败到武阳外靠近绥宁一线。

武冈之战，中国军队一营兵力与拥有坦克重炮的十倍之敌血战七天七夜力保千年古城武冈不失，真是抗战历史上的一个奇迹。

中路：由日军总指挥坂西一良坐镇指挥，以一一六师团、四十七师团为主力，于4月9日兵分三路从邵阳出发。第一路第一〇九联队等于4月11日晚越过资水。14日攻陷罗家坳，15日攻占白马山太原村（今隆回县境内），16日攻陷马王界，一路长驱直入。但之后日军的步伐终被阻挡，日军以七百余人猛攻乌树下，受到中国守军顽强阻击，日军中队长以下数十人被击毙。另一路一三三联队四千余人，于4月15日从邵阳吹风亭出发，17日以两个大队合攻隆回，受到中国军队顽强阻击。中国守军增援部队赶到后，日军溃逃金竹山。20日，日军进犯马颈骨等地。21日，中国守军第五十五团与日军肉搏，毙敌联队长以下官兵二百余人。第三路一二〇联队等四千余人，于4月13日从邵阳九公桥强渡资水，沿邵洞公路推进，26日进逼宝榆公路洞口附近，遭中国守军第十九师、五十七师阻击，被迫停止正面强攻，采取迂回包围方式，企图围歼中国守军。日军一三三联队亦从三面猛攻山门，山门陷敌。日军又以千余人进犯半

江峰，受到中国守军英勇阻击；4月28日，中国守军毙敌四百余人，俘虏敌军中队长以下官兵二十二人，缴获步机枪三百余支。5月2日，敌一一六师团指挥所推进到管竹溪，主力到达雪峰山中段主峰一带，对安江、芷江构成严重威胁。

日军一三三联队4月16日攻占木鳖洞后，企图攻占龙潭再进占安江、芷江。中国守军七十四军五十一师在中美空军大力支援下，在龙潭给敌以沉重打击，于4月23日发起强攻；十九师和六十三师亦围攻青山界日军，于4月底将敌分割包围，陷敌于崇山峻岭之中。5月3日，日军第二十军决定向后转移。5月9日，日军下达了中止芷江作战、适时恢复原来态势的命令。

中国军队的反攻作战

1945年5月初，中国军队控制局面，发动反攻。第四方面军的反攻首先从青岩战役开始。

5月1日，驻守铁山的中国守军七十四军五十七师一七〇团连续九次击退六百余敌人在炮火掩护下的冲锋，毙敌二百余名；5月3日，在中美空军轮番轰炸支援下，守军向猛攻青岩、铁山一带的日军三千余人还击，连续十五次击退日军的集团冲锋，毙敌六百余人；5月5日，中国军队在空军支援下，在铁山、青岩多次击退敌人强攻，毙敌六百余名；5月7日至8日，在空军有力配合下，中国军队击退四千余日军对铁山、青岩高地的波状式强攻，毙敌三百余名。至此，青岩之战以毙敌一千六百余名的战绩告捷。同时，绥宁、武阳守军全歼敌关根支队主力；茶山守军全歼敌三十四师团二一七联队主力；新化洋溪守军将敌重广支队阻击于洋溪东南，龙潭、木鳖

洞一线守军将敌一○六联队分割包围，从而使突入江口的日军一一六师团陷入孤立无援的困境。

从 5 月 8 日起，第四方面军向日军发起了总反攻：第五十七军和新六军第二十二师从江口向日军发起猛攻；第一○○军附五十一师先后猛攻木鳌洞日军和上渣坪、半江峰日军；第七十四军五十八师和五十七师与九十四军占领桥头后，第九十四军一部与第七十三军一九三师追击高沙、桃花坪逃敌。此外王耀武命令十八军火速开往洞口，七十四军协助十八军，务必阻挡住一一六师团。同时以一○○军为主攻，首先消灭孤军深入的一○九联队。

此时五十八旅团和三十四师团已经溃败或被全歼，四十七、六十四师团自顾不暇，一一六师团只能靠自己了。

这里有必要提一下，在这场战役里悲催程度仅次于三十四师团的四十七师团。重广支队四千余人，主要负责策应一一六师团，于 1945 年 4 月 9 日进攻蓝田。蓝田附近的第七十三军军长韩璇判断日军兵力尚没有集结完毕，数日之后会发动总攻。韩璇决定给日军一个出人意料的打击，七十三军在日军尚未总攻之前，使用两个团的兵力首先向日军主力方向进攻。敌四十七师团措手不及，被打得狼狈不堪，连续两次增兵才抵挡住国军的进攻。这次主动进攻严重打击了日军的士气，也让韩璇判断出了四十七师团的底牌。1945 年 4 月 14 日，敌四十七师团开始强渡资水，韩璇命令军队象征性抵抗，日军强渡出人意料地顺利，师团长渡边大喜过望。等到日军主力刚刚渡过资水以后，中国军队以重炮予以猛轰，同时出动空军扫射日军还在渡河的部队。渡河的日军小船木筏在中国空军的扫射下一条条地沉没，伤亡惨重。日军激战一日兵力居然还是无法集结（其实各自距离不过几千米），各部在七十三军的强力打击下各自为政，只求自保，渡边师团长根本无法指挥自己的部队。直到第二天，日军

才乘着夜色完成了部队的集结。

1945 年 4 月 28 日，中路突破的敌一一六师团已经遭遇中国军队包围，紧急向四十七师团求援。四十七师团接到命令以后全力向七十三军进攻，试图突破其防线。七十三军集中火力抵抗，日军进攻部队全部被阻挡，伤亡惨重。

1945 年 4 月 30 日战事胶着，七十三军韩军长命令反守为攻，七十三军第七十七师唐生海师长对四十七师团展开正面强攻，第十五师负责侧面奇袭。

1945 年 5 月 2 日，第十五师在空军掩护下从侧翼突然冲入四十七师团洋溪桥主阵地，日军一线士兵在国军冲击下根本无力抵抗，很快全线溃败，丢掉了洋溪桥阵地。

四十七师团作战近一月，只占领了黑回铺、月光山、洋溪几个无关紧要的区域，几乎没有进展，在七十三军的阻击下伤亡惨重，遭遇完全失败。

其实一〇〇军包围一〇九联队以来，已经连续进攻了十天，一〇九联队伤亡超过七成，幸存的一千余人困守在几个小山上，时刻遭遇国军飞机轰炸和重炮的打击，补给中断，日军靠丛林杂草和山水充饥。

一〇九联队走投无路，甚至派出一个汉奸试图缴械投降，开创了抗战以来的历史。但是国军方面不知真假，没有接受。5 月 10 日，中国军队收复山门。12 日，一〇〇军发动总攻，首先以重炮压制轰击，之后又以中型轻型迫击炮精确打击。炮击之后，国军两个师士兵奋勇出击，他们和以往不同，在遇到日军坚决抵抗的时候，国军士兵就暂且停止进攻，利用迫击炮、步兵炮和火箭筒将其摧毁，这样的打法虽然比较慢，但是效果很好，伤亡也小。一〇九联队无力抵抗，阵地很快被截成数段，大多数阵地里的士兵稍加抵抗就全线

溃败。

1945 年 5 月 13 日，国军两个师长以下各级指挥官全部亲临第一线，几小时以后，日军主阵地被攻陷。日军士兵此时已经没有抵抗的意志，各自分头逃生，大多被国军当场击毙，其中就包括一〇九联队联队长泷寺保三郎。

日军只有一大队借助山地躲避到 18 日，最终被国军发现全歼，大队长也被当场击毙。至此一〇九联队被全歼。

5 月 21 日至 6 月 7 日，中国军队第十九师在洞邵公路线的芙蓉山高地向日军发起猛攻。芙蓉山地理位置非常重要。为保证一一六师团残部成功突围，日军上级命令关根支队派出自己建制完整的二一七联队夺取芙蓉山。

关根支队在第三十四师团的掩护下，1945 年 5 月 22 日经桃花坪向西南撤退，1945 年 6 月 1 日夜渡过资水在九公桥附近集结。

二一七联队在 20 日得到溃逃来的一一六师团一二〇联队和一三三联队残部两千多人的支援。

1945 年 5 月 21 日拂晓，二一七联队出动一千余人开始进攻芙蓉山的狮子山高地。在重炮的掩护下，日军一个大队首先渡江，防守狮子山的九连凭借优势地形反击，中国空军十架飞机也向江中日军扫射。日军伤亡惨重。

到了夜晚，日军趁着夜色以全部主力进攻，终于渡过江，并且开始攻击狮子山阵地。此时国军狮子山工事几乎被日军炮火全部摧毁，守军抵抗几小时以后退守芙蓉山主阵地。

5 月 22 日凌晨，日军连夜将炮兵部队移到狮子山，其中除了十二门迫击炮以外还有四门步兵炮和四门山炮。火炮刚刚准备完以后，日军随即猛烈轰击，很快发射炮弹两千余发，将芙蓉山工事摧毁过半，并且在雷区开辟出一条道路。日军以一个大队兵力冲击芙蓉山

碉堡，守军奋力抵抗。双方展开白刃战，反复冲杀十次，日军最终没有成功。

5月22日夜晚，日军集中二一七联队余下一千人，从三面攻击芙蓉山阵地，此时国军守军仅有两个连二百人。他们凭借阵前的三十米宽的雷区和两道铁丝网抵抗，日军以人海战术冲锋。国军弹药不足，只得在日军靠近的时候投掷手榴弹，之后以白刃战克敌。日军连续冲锋六次全部失败。到了夜晚，负责指挥的一连韩连长被一发炮弹击中阵亡，士兵伤亡过半，余下只有一百人。

日军趁夜攻陷了芙蓉山大半阵地，此时追击的七十四军暂六师一部轻装赶到，向日军发动进攻，一举攻陷日军在芙蓉山占据的三个高地。日军第一大队被击溃以后，不顾同胞死伤向后方溃退。日军第二大队残部三百余人被国军包围，双方激战两小时，日军死亡八十三人，其余从小路溃逃。暂六师一部紧追不舍。此时第二大队已经到了辰水边上，准备渡河，暂六师随即追到。河边的第二大队士兵只得跳水逃生，被淹死和在水中击毙的就有百人，只有数十人逃走。

不过一一六师团已经连夜走山路逃走，暂六师还是慢了一步。

至此，历时三昼夜的芙蓉山战役以日军的败退宣告结束，仅日方公布二一七联队即当场战死军官十七名，士兵三百余人；而重建的一一五大队几乎再次被歼，一一七大队残部也有大量死亡。国军夺获轻机枪一挺、迫击炮座板两个、步枪七支及其他战利品多件。战后，重庆报纸赞誉固守芙蓉山的该营，可与上海四行仓库的"八百壮士"齐名，分列抗战一前一后，相得益彰，弥足称颂。为表彰其功，战后颁发营长孙廷简二等勋章一枚。第三方面军从5月初取得武阳之捷后向武冈、洞口之敌展开追击，连连取胜。在武冈、龙田、塔塔岭，第九十四军四十四师一部与友军夹击两千余日军取得

成功，迫敌向高沙逃窜；5月7日，第九十四军四十四师一部攻占新宁县城；第一二一师追击高沙日军；第九十四军第五师追击花园日军，该师所属第十三团于5月11日攻占黄桥铺，并与第十八军十一师截断洞口、竹篙塘敌军退路；5月12日，第一二一师猛攻高沙镇日军，激战九小时，毙敌五百余名，收复高沙；第五师和一二一师各一部穷追敌第三十四师团二一七联队残部和第五十八旅团残部三千余人，从冷水桥、马鞍石追至明月岩、仙人桥、风神岩一带，至13日在风神岩歼敌数百人，再追至茶园镇、荆竹铺一带，第一二一师霍世才团重创强行突围的日军，霍团长英勇殉国。残敌两千余人逃回九公桥原驻地。

同时，中国军队第九十四军四十三师击退日军第十一军由广西向新宁增援的部队，保证了追击日军的中国部队的安全。第三方面军各部于5月24日追敌至金秤市，与资江对岸日军对峙。据说，当时国民党七届四中全会召开在即。当雪峰山各处战场还在作生死绞杀的时候，何应钦已向重庆最高当局发出了胜利捷报，山城报章已刊出了祝捷的贺电、社论，大街小巷已拉出了"庆祝湘西大捷"的标语，锣鼓鞭炮声通宵达旦，但让他未料到的是，各地战事还在进行着，这让何应钦不好向四中全会"献礼"，他不能不提醒王耀武：放开一个缺口，早点结束湘西的战事。

王耀武心头一惊，轻轻地"啊"了一声，但作为下级他又是一个"服从"高于一切的人。他把电话打到了溆浦前进指挥所的邱维达那里，想让邱维达执行何应钦的意思。邱维达一听要放走敌人，立即和王耀武顶了起来："抗战以来，我们总是败多胜少，你我不是不知，这次将士们流血牺牲，眼看就要全歼敌人，现在却要放跑这些十恶不赦的兽兵，我不赞成，只怕下面的将士也不同意。要放缺口，我不干，还是你去做工作吧！"受过德国军事教育的邱维达向来

直言快语，说话不转弯，王耀武虽然被呛得难受，还是理解他这位下属此时的心情。

不得已，王耀武只好直接电告胡琏，说服胡琏的十八军敞开道路，放走坂西一良的残部。胡琏平时对主官唯恐巴结不上，这时见有主官反过来"求"他，哪有说"不"的胆量？于是网开一面，让坂西一良从他的眼皮底下溜了回去。尽管如此，这次大战仍取得了巨大的战果。

此役日军伤亡两万七千人，其中死亡一万两千四百九十八人，还有大约一千人被国军围困后失望自杀，日军被全歼一个旅团还有四个联队，一个师团被重创。国军缴获迫击炮四十三门、榴弹炮十三门、山炮五门、重机枪四十八挺、轻机枪二百四十挺、掷弹筒二百六十个、步枪无数，还得到了日军洋马一千六百五十匹（马在山路行走较慢，日军最后只顾人逃命，丢弃了大量马匹）。国军方面伤亡两万零六百六十人，其中阵亡七千八百一十七人（军官八百二十三人），比日军伤亡人数的三分之二还少。除此以外，国军还夺得日军军旗九十多面（抗战中日军军旗必须死死保住，日军方面的命令是只要还剩一个人就必须保住军旗），并且俘虏日军四百四十七人（军官四十二人）。在知道俘虏这么多日军以后，连何应钦都非常惊讶。

以少胜多，耀武得以"扬威"

雪峰山战役中的胜利是抗战后期中方赢得的最大的一场胜利，扬了中国的国威。抗战中，国民党军队败仗多，胜仗少。而湘西会战，国际声誉有所提高。此役也充分显示了中国官兵高尚无畏的爱

183

国主义精神。如第七十四军一个连为守卫武冈而全部战死殉国，连长周北辰身先士卒，手持冲锋枪，与突入之敌实行白刃肉搏战，夜晚又带领两名战士突入敌阵，杀死数名正在酣睡的敌人，并生俘两名敌少尉军官，但最后身中两弹而光荣牺牲。

雪峰山战役的胜利，沉重打击了日本侵略者，粉碎了日军侵占芷江、摧毁芷江机场的图谋，并使日军在中国战场上转入防守阶段，揭开了国民党正面战场反攻的序幕。

湘西会战中，日军第二十军在整个战略态势已处于被动的形势下，以冒险的进攻开始，以狼狈的溃逃告终。日军自湘西反扑被扼制后，从此再未敢在其他地区进行冒险，雪峰山麓日军尚未撤下战场，冈村即于1945年5月初开始撤退侵入广西的军队，接着又从广州和湘西撤兵。

雪峰山麓遭到惨败后，日军在整个中国战场都陷入混乱溃逃的狼狈境地。相反，国民党军事委员会因"湘西会战我军士气日盛，敌之战志消沉，要求迅速收复桂柳，以开拓总反攻之机运"。

关于抗日战争中近乎"独苗"的以少胜多的战役，雪峰山一役能如此顺风顺水的原因无外乎以下几点。

首先，湘西地形对中国军队有利，对日军不利。其境内雪峰山、武陵山南北纵列，山脉相连，高峻陡峭，难以逾越，"愈向西进，山势愈险愈高，正是孙武所说的'死地'"，资、沅、澧诸水交错东流，水深谷险，道路狭窄，汽车牵引的重炮不易运转，只能以轻武器从平川往高处仰攻。中国守军则居高临下，从山麓到山顶利用险峻地形，构筑层层阵地。山下系水田，日军很少有可利用的地形，只能沿公路大道徐徐前进，公路两侧有我伏兵层层阻击，给敌以重创。

其次，双方军事力量的对比是国军强日军弱。由于美国以现代

化武器援助中国，中国军队此次战役的武器装备，无论是陆军火力还是空军火力均超过日军。特别是日军丧失制空权，战斗力因而减弱，不能攻破国军之重要据点，这是克敌制胜的关键。中国空军以驻湘西、滇东、川东的芷江、陆良、梁山（今梁平）等地之第一、第二、第三大队各一部，联合美国空军频繁出动，仅第五大队即出动飞机九百四十架次。由于中美空军掌握了制空权，紧密配合陆军突击日军，使敌伤亡惨重。同时，广泛袭击日军汉口、岳阳、湘乡、邵阳、衡阳、零陵等地空军基地、仓库及重要交通线，部分瘫痪了日军的运输补给。另外，中国军队有雄厚的后备兵团作为后盾，而日军是孤军深入，无后备兵力。故虽然日军来势凶猛，行动快速，分进合击，但因日军不顾前后之联络，冒险急进，而遭中国军队守军各方面之打击。正如服部卓四郎所说的："因敌军在优势的美国空军配合下，不断空运地面部队增援战场，顽强抵抗，我军损伤续增，总司令官终于5月9日下令停止进攻。"

此外，此次战役中国军队集中了优势兵力，作战部署严密。"1号作战"后，国民党惧怕日军进攻内地，规定"今后的作战方针是防备日军向常德、芷江、贵阳方面进攻"，所以在各要冲都构筑了工事。由于此次会战，从时间、地区和双方动员兵力来看，关系到中国抗战成败，故国民党政府表示，"绝对不像过去一样"使日军"有所幸获"，并且一再向官兵强调，这一仗只能打胜，不能打败。为了打好这一仗，国民党政府调集二十三个师，集结优势兵力和装备使用于该战区。在作战指导思想上，中国军队采取了"攻势防御"的作战方针，即先守后攻。守是为了消耗敌军有生力量，攻是为了进一步歼灭敌人全部或大部有生力量。按照此种方针，具体会战可分两个阶段。

第一期作战，第一线兵团各军密切配合空军轰炸，充分利用既

设阵地和有利地形，发扬国军优势装备与火力，必要时使用第二梯队兵力对敌进行猛烈反冲击，相互配合作战，节节消耗和杀伤敌人的有生力量。

第二期作战，预期当面之敌已受到最大伤亡和进攻受挫时，国军第二线兵团及时进出有利地区，断然采取攻势，配合第一期作战，将进入雪峰山深谷之敌军包围就歼。在战术上，中国军队采取了"诱敌深入"的方针，即集中步兵炮和火箭炮在公路两侧，多准备数道阵地，每一阵地达到预定目的就相机转移，不硬拼消耗。

最后，雪峰山战役得到了湖南省各界在人力、物力上的全力支持，其中也包括了共产党领导的抗日游击队的密切配合，以及美军的空中支援。1944 年 8 月邵阳沦陷后，共产党员尹如圭在邵阳县太一乡（今属邵东县）建立了一支抗日游击队，在衡阳、湘乡、邵阳边境一带袭击日军，开展游击战争。如曾在黄龙大山的一次袭击中毙敌三十余人，游击队也发展到三百多人。武冈县平镇乡（今属洞口）共产党员萧健所领导的抗日自卫队，在雪峰山战役中，多次配合国民党军队对日军作战。1945 年 5 月，萧健所率领的抗日自卫队参加王耀武部夹击三角坳日军主阵地，有力地协助了国民党正规部队，共同毙敌一千余人。美国空军第十四航空队第六十八飞行联队，中美空军混合团第一大队（轰炸机队）、第五大队（战斗机队）和中国空军第四大队驻扎芷江机场，夺取该地区制空权，有力地支持了正面战场。

战役胜利后，陆军司令何应钦、美籍参谋总长麦克鲁到防地视察，看到日军横尸遍地，而在肉搏中左手大多被王耀武部砍下，尸臭熏天，足见战斗的惨烈。

湘西会战雪峰山战役的胜利是王耀武的得意之作，此役结束后，王耀武达到了自身荣誉的顶点，获美国金质自由勋章，并获选国民

党第六届中央执行委员。当时他年仅四十岁。这是一般黄埔同学望尘莫及的，以至当时国军内部曾有一个顺口溜叫"三李不如一王"。话说这一评价可真是不低，要知道这"三李"是何许人也？三李指李仙洲、李延年和李玉堂，都是当时黄埔一期生，同为山东人，当年从黄埔毕业时人称"黄埔三杰"，又因为三人都是山东人又被世人称为"山东三李"。三人凭借着赫赫战功和黄埔大师兄的名号在名将如云的国民党军队中也是声名鹊起。

李玉堂，可谓骁勇善战，其中最为世人所熟知的就是三次长沙会战，第二次长沙会战中起初李玉堂带领手下第十军阻击日军不成被攻破阵地，随即再度强攻，成功在长沙城外围堵日军。但战后战区指挥官决定将李玉堂撤职。谁知道李一手带出来的第十军全军将士，强烈抗议，险些产生哗变。后来第三次长沙会战，日军再度来犯，司令官薛岳欲再度起用李玉堂竟然遭到拒绝。因为高傲的李玉堂知道除了自己，国军中恐怕没人用好第十军这把利刃。相传最后蒋委员长亲自出马，将电话打到前线，只问了李玉堂两个问题，就放心地把第十军和长沙城交给了他。这通电话的内容如下：

（蒋）：你是第十军军长李玉堂吗？

（李）：报告委座，是的！

（蒋）：你是黄埔一期学生吗？

（李）：报告校长，是的。

（蒋）：那好了，那么长沙交给你了。

随后电话挂断。蒋中正简单的几句话，包含着处分的解除和校长的信任，既坚定了李玉堂的守城决心，也成就了其一生戎马生涯的最高峰。

当时，面对飞蝗一样围攻而来的日军，李玉堂镇定自若，从容指挥，将指挥部设在岳麓山前一个祠堂内。一日中午，李玉堂在指

187

挥部一手拿煎饼，一手用筷子夹食大头菜，忽有敌弹飞来，将眼前一个盛大葱和虾酱的咸菜罐子击得粉碎，李不为所动。转眼又一弹飞来，将筷子击为两截，李有点气愤地骂了一句"把他娘！"即用手抓大头菜吃。部下劝李更换指挥位置，李认为飞来的乃是流弹，无碍大局，终未搬迁指挥部。

在李玉堂以身作则的感染下，第十军将士豪气凛然，于岳麓山和长沙城头与敌人展开血战，致使日军伤亡惨重。1942 年 1 月 1 日，日军再度发动对长沙的进攻，第十军也抱定与长沙城共存亡的决心，连续与敌激战三昼夜不分胜负，日军调集大批飞机对长沙城守军实施连续长波次轰炸，守军伤亡惨重，日军占据上风。延至 1 月 4 日，奉命守卫长沙南门城外的第十军预十师三十团与攻城的敌人短兵相接，展开肉搏，一时血肉横飞。日军在飞机配合下，攻势凌厉，长沙城岌岌可危。黄埔四期出身、三十团团长郭先才上校见部下伤亡激增，情况危急，恐支持不到黄昏长沙就落入敌手，焦急中乃决定孤注一掷、拼死一搏，发动全团展开冲锋。一时间，十数支军号响起，全团官兵包括炊事兵、杂务兵、传令兵等一切勤杂人员全部投入冲锋与肉搏的行列中。军号声与喊杀声与全团官兵势将一死的浩然气势，使敌人大受惊吓，惊慌溃退，兄弟部队乘胜追击，长沙之危就此得解，第三次长沙大捷的序幕就此拉开。当晚军长李玉堂获颁青天白日勋章。1 月 5 日，第九战区司令长官薛岳上将下达了追击、堵击和截击溃退日军的命令，湘北大地顿时杀声四起，炮火连天，敌军以伤亡五万七千人（阵亡三万三千九百四十一人）的惨重代价宣告此役败亡，中国军队就此书写了近代战争史上最为辉煌的一页。在整个长沙大捷中用命最甚、立功最大的第十军，获颁国军最高荣誉"飞虎旗"一面，被军事委员会命名为"泰山军"。

李仙洲，能征善战，参加过徐州会战、武汉会战、枣宜会战、

豫中会战诸役。忻口会战，以师长之身在前线指挥，被日军狙击手打穿胸部，士兵们冒死把他从阵地上抬下来抢救。当时忻口前线日军炮兵占据绝对优势，连单个人都很难上下，何况一副担架呢？可见李颇受部下的爱戴。事后证明，李仙洲实在命大，日军一枪打来，他恰好在呼气，肺叶萎缩，子弹从两叶肺之间穿过，所以伤得不重，如果是吸气的时候中弹，那就悬了。1938 年任第九十二军军长兼第二十一师师长，后中将军衔。

李延年，虎将一名，1938 年率部赶赴徐州第五战区，增援台儿庄会战，负责截击由海州、鲁南调来参战的两支日本援军。李率部奋勇冲杀，将日本援军击退，保证了会战的顺利进行。会战终于连克强敌，全歼日军两个王牌师团，名震中外。战后，二军集体立功受奖，李升任第十一军团长兼第二军军长。1939 年初，又参加昆仑关抗战并打前锋。战斗异常激烈，与日军相持月余，毙敌三千余人。

最具传奇性的是李延年指挥的包围洛阳。1944 年 5 月，日军集结十万精兵，配以十万伪军，由洛阳西犯，妄图攻取潼关后，再经西安、宝鸡直趋四川。蒋介石眼看日军要挖他的心脏，便从胡宗南装备最好的王牌部队三十四、三十七、三十八、四十集团军中各抽调两个军，又从川军三十六集团军李家钰部抽调四个师，从西北军四十军马法五部抽调两个师，共三十余万人，令其开赴豫西前线，并命李延年为抗日前敌总指挥，指挥上述大军坚守潼关。李接此委令后，当即用电话向蒋介石请示道："胡宗南的部队，有些骄兵悍将，倘有不服从命令的，军长以上者，请示委座办理；师长以下者，我就地惩处。这样我就敢立军令状，如果潼关失守，我自刎人头！"蒋答复说："师长级的将领，有不听指挥打了败仗者，你可便宜行事。"

不几日，战役开始。在第一道防线的胡部官兵多年养尊处优，

缺乏实战经验，经不住日军来势凶猛的攻击，很快溃败下来。特别是几个师长、团长不战而退，弃阵而逃，致使全线动摇。在如此危急情况下，李延年一面派其特务团堵截溃退官兵，一面下令将部队撤至第二道防线。随之，召开检讨大会，把擅退的师长傅维藩和弃阵而逃的两个团长枪决，把作战不力的师长戴慕真判处无期徒刑。这一果断措施震惊了全部官兵，全军肃然。随即定出反攻计划，严明军纪。旬日后，李亲自指挥，向日军发起反攻，仅四天时间，即收复失去的阵地。从此，日军龟缩在洛阳附近，再未敢西犯。战后，蒋赐李抗日一等勋章。

"山东三李"出身正统，战力非凡，可谓蒋介石心中杰出军人的典范。论资历，王耀武最浅，"三李"早年的军阶也都比他高，可是到了抗战结束时，王耀武已经是一个方面军的司令长官，手里的部队不是王牌也是嫡系，"三李"官最高的也不过是个军长。不得不承认，王耀武这个后起之秀确实有着不少过人之处。

这还不是王耀武最辉煌的时刻。1945 年 8 月 15 日，日本宣布战败，无条件投降。9 月初，王耀武作为长衡地区受降长官，接过了日本第二十军指挥官坂西一良中将呈上的指挥刀。这才是王耀武最辉煌的时候。作为一个中国军人，王耀武从一个师长开始，历战而至方面军司令官，亲身经历了中国近现代第一次战胜，并以战胜国将领身份受降。他的七十四军被誉为"抗日铁军"。在整个抗日战争中，只有七十四军逢战必有战功。

第八章

首挫莱芜战役
再失心腹爱将

抗日战争结束以后，蒋介石在"独裁"的路上越陷越深，王耀武紧随其后。为了扫清其前进阻碍，国民党在与中共达成"停战协定"的同时，暗地里积极进行反共内战的准备。1946年1月，王耀武根据蒋介石的命令率第四方面军司令部秘密空降济南，建立第二绥靖区司令部并任该部司令。10月，又兼任山东省政府主席。在蒋介石的统一组织下，1946年11月，王耀武率领绥靖区部队对山东解放军展开了进攻。然而让他万万没想到的是，1947年2月，解放军发起莱芜战役，自己手下的十万精兵竟然在此役中折戟沉沙，尤其是第二绥靖区副司令李仙洲被俘，给王耀武以沉重打击。此后，山东战场形势发生根本变化，解放军由守转攻，大量歼灭国民党军。王耀武已感兵力紧张，捉襟见肘。紧接着华东野战军在不到两个月的时间里，又消灭了胶济线上的国民党部队八万多人。蒋介石为了扭转不利的形势，是年5月，打响了孟良崮战役。当战役以整编七十四师被歼、中将师长张灵甫阵亡结束之时，王耀武顿时六神无主，身为山东省政府主席的他已经无力回天。

幻想翻盘，交锋山东半岛

王耀武对于蒋介石这个校长是忠心耿耿，但是也不代表他没有自己的想法。他也提前知道了内战一定会爆发，但是他也深感力不

从心。八年抗战让他心力交瘁，他也想休息休息。但是形势的发展也不容许有过多的怨言。曾经有朋友劝他急流勇退，避免自己的一世英名毁于一旦。他确实想这样，打了报告称假住院。然而蒋介石直接把他接到了重庆，看了看他也觉得没啥大问题，他就说胃病不好治。蒋介石开始利用自己的师生关系让王耀武感觉不好意思，以便同意任命其为山东省政府主席，来镇守一方。理由很充分，有情面上的，有自己老上级已经去工作的事例，他自己也在土地革命时期与红军交过手，认为自己还是能打过这支"不入流"的军队的。就是在这样的想法和环境下，他同意了再次效力。

面对现实，王耀武在山东战场的行动是在国民党军整体失利的前提之下开始的，此次行动中指挥也显得未免有失水准。实际上在内战开始之时，国民党是遭遇了军事上的很大失败。尤其1946年11月以后，整编七十九师于宿迁被歼灭，师长戴之奇在绝望中自杀；整编二十六师及归该师指挥的机械化快速部队于山东峄县城和在兰陵镇地区被歼灭，解放军生俘其师长马励武；整编五十一师在枣庄被歼灭，师长周毓英被活捉。就是在这样的背景下，蒋介石企图打几个胜仗来挽回不利局势。1947年1月，在蒋介石的主持下制订了"鲁南会战"计划，企图与陈毅、粟裕率领的华东野战军决战于临沂地区，使人民解放军腹背受敌，全部归于歼灭。蒋介石是十分重视王耀武的，从全国战场来看，重点进攻的两个解放区，一个是胡宗南进攻的延安，一个就是王耀武镇守的济南。可见，王耀武在蒋介石的心中地位还是挺高的。西有胡宗南，东有王耀武，由此可见一斑。

说起粟裕，王耀武对其并不陌生，曾专门研究并积累了一大摞研究资料。粟裕对王耀武的军事指挥才能也是十分欣赏。双方在国共对抗的各个时期均有交手，互有胜负。在1934年12月谭家桥之

役中，王耀武令粟裕付出了损失三百余人、八名师以上干部负伤、八十七团团长黄英特阵亡的惨痛代价，死后还将骨灰的一部分洒在了谭家桥，粟裕对此役的伤痛可见一斑。王耀武的指挥才华在此役中令粟裕印象深刻。然而王耀武没想到的是，解放战争时期双方再次交手，胜利的天平没能再向自己倾斜。如果说谭家桥之战中粟裕参谋长无指挥权，无力改变失败的结果，那么莱芜战役中粟裕副总指挥为一雪前耻而摩拳擦掌，结果令人期待。山东，这个兵家必争之地上，王、粟两人展开了生死的较量。

蒋介石认为之前驻徐州的绥靖公署主任薛岳指挥不力，造成了部队的损失，所以于1947年1月派参谋总长陈诚前往徐州坐镇指挥。陈诚奉命即令其亲信胡琏率整编十八师由苏北开往临沂西南约四十七里的地区待命，并电令在广东的整编六十四师黄国梁部赶到徐州集结待命。陈诚也立刻由南京赶到徐州，与薛岳研究下步部署。他们兵分两路，薛岳仍驻徐州，陈诚进驻陇海路东端的新安镇指挥。陈诚命令整编十八师胡琏部、整编七十四师张灵甫部、整编八十三师李天霞部、整编二十五师黄百韬部等向驻临沂一带地区的解放军进犯。王耀武收到命令派十二军霍守义部经明水及吐丝口镇向莱芜一带地区活动，总体上要形成对解放军第三野战军南北夹击的态势。然而，当2月中旬整编第七十四师等部向临沂进攻时，第三野战军主力立刻战略转移，由临沂撤入沂蒙山区，分两路撤退。一路撤至蒙阴一带，一路撤至沂水一带。其主力部队并未受到实质伤害，战斗力仍然存在。华东野战军主力集结于临沂地区目的在于休整待机。张灵甫整编七十四师，也是国民党的一支王牌师，美机械化装备，战斗力颇强，也随着胡琏等人一起进攻。陈毅、粟裕也必须考虑这个实际情况。

由于七十四师在此役中未起主要作用，这支部队的来龙去脉将

在后面讲到。回到解放军方面，面对国民党北进军团的进攻，野战军司令员兼政治委员陈毅、副司令员粟裕、副政治委员谭震林采取的战略是各个击破、逐次歼敌的手段，具体讲就是要首先诱逼南线进攻的三路国民党军突出一路，予以割歼，再打余部。因此，华东野战军并不急于与国民党军交战，按照"不计一城一地得失，大量歼灭敌人有生力量"的方针不断运动有序转移。

解放军第三野战军自临沂向北转移后，陈诚不明就里，捏造战绩，谎称已把第三野战军击溃，在蒋介石面前邀功。他还打电报给王耀武说："我军在苏北和鲁南与敌作战，歼敌甚众。敌军心涣散，粮弹缺乏，已无力与我主力部队作战，陈毅已率其主力放弃临沂，向北逃窜，有过黄河避战的企图；务须增强黄河防务，勿使其窜过黄河以北，稗使在黄河以南的地区歼灭之。"陈诚把这个不实的战绩报告给蒋介石后，蒋介石以为第三野战军已无力量与国民党的主力部队进行正面对抗，想乘这个所谓的大好时机将第三野战军陈毅所指挥的部队引诱至新泰、莱芜地区而消灭。他与陈诚拟订了新的作战部署，由陈诚电令王耀武执行，不要求他做过多思考。当然，陈诚也不会考虑王耀武这个下属的意见。陈诚电令王耀武的大意如下："匪军在临沂等地失败后，已无力与我军主力作战，有北渡黄河避战的企图，着该司令官派一个军进驻莱芜，一个军进驻新泰诱敌来攻，勿使其继续北窜。待我守军将敌吸引住以后，再以部队迅速增援，内外夹击而歼灭之。"

王耀武作为比较有头脑和军事指挥才能的人，不像他的上司一样为了邀功请赏就胡乱指挥。当他接到陈诚的电令后，就立刻认为陈诚夸大战绩，不切实际。因为王耀武看到自 1946 年春至 1947 年 2 月，国民党军在苏北及鲁南地区并没有实质意义上歼灭过解放军一个整编师或者一个整编纵队。又据下面整编二十六师被俘人员回来

说，解放军死伤虽大，但补充的新兵及武器很多，士气旺盛，他们的下级干部与士兵都不愿意北撤。王耀武由此认为陈诚所说解放军已无力与国军主力部队作战，显然是错误的判断。

况且王耀武本身对此战是有不同看法的。他认为，陈毅、粟裕部自苏北受挫后，企图会合刘伯承部，由豫东向徐州发起钳形攻势。该作战意图被打破后，陈毅部集结新四军全部及山东各解放区与军区部队，集结于邦城、临沂及其以北沂蒙山区，确保根据地，寻求反攻。同时解放军对胶济沿线亦大肆袭扰、破坏，以策应其主力作战。从军事地形上考虑，鲁中地区皆为绵亘山地，尤以博山新泰以东至蒙阴一带，山峦重叠，地势险要，多羊肠小路，不便于大军行动，而明水经大寨、吐丝口至莱芜到博山，经莱芜至新泰公路，悉遭解放军破坏，且沿途到处埋设地雷，设伏截击，运输联络至为困难。从这点考虑，他并不同意部队从这里向徐州北进军团进行策应。

动员的电令到济南后，王耀武并没有立刻执行命令，而是向国防部提出了不同的意见。王耀武是带兵之人，在研究山东地区的自然形势以及双方兵力部署后，得出若济南抽调大部兵力南下，势必将影响济南保卫任务的结论。对此他曾拟出两个方案建议国防部重新考虑作战计划。曾建议仍以十二军以博山为依托，在明水、博山、莱芜之间地区活动，吸引解放军，如解放军大部队来攻，即退入博山的既设阵地，与在博山的七十三军协同作战。王耀武考虑，解放军毕竟不是一群乌合之众，人家也看得出来哪条路好走，哪里的地形地势好搞伏击。上面一门心思地只想合围，却不顾实际情况乱指挥。有些话不能当面讲，但是王耀武心里还是有怨言的——仗哪能这么打？

在复电的前夕，王耀武令参谋长罗幸理携带两案的稿件，去征询山东省党部主任委员庞镜塘的意见。在罗幸理的说明下，庞镜塘

也颇不赞成由济南抽调兵力南下，并特别指出济南的防守将会因此而存在空缺。庞镜塘完全同意罗的观点，并且他从山东战争的历史来分析，自北向南作战有三条路：一是由临沂南出穆陵关控制沂蒙山区，一是沿泰山祖徕山一线南进临沂地区，一是取道吐丝口出泰山的东侧直捣新泰莱芜地区。前两条道路居高临下可成战略攻势，南攻的军队稳操胜券；后一条道路则出兵峡谷，处处被动。若孤军深入，更易对方聚而歼之。罗幸理表示了赞同，并且建议将此意见直接汇报南京请其转给军事主管部门。这样，就可以照顾多个方向，免遭失败。

然而王耀武的努力未能在南京以及徐州方面产生太大影响，反而南京方面再三电令第二绥靖区促其遵照前令执行。2月13日，蒋介石以亲笔信催王耀武派部队进驻莱芜、新泰两城。信的大意是这样的："佐民弟鉴：匪军在苏北、鲁南地区作战经年，损失惨重，士气低落，现已无力与我主力部队作战，并有窜过胶济路、北渡黄河避战的企图。为了吸引住敌人，不使其北渡黄河得有喘息的机会，而在黄河南岸将敌歼灭，以振人心，有利我军以后的作战，切勿失此良机，务希遵照指示派部队进驻新泰、莱芜。新、莱两城各有一军之兵力，敌人无力攻下，敌如来攻，正适合我们的希望。"

当王耀武看到蒋介石来信的口气很坚决，一定要派部队驻新泰、莱芜，随即召集副司令官李仙洲、副参谋长罗幸理、第二处处长陶富业、第三处处长钱伯英、第四处处长吴隶基等人研究如何执行上级的命令。最终决定先派正在博山、明水、莱芜之间活动的十二军军长霍守义率领该军——一师、一一二师进占莱芜城；随后以新编三十六师进占莱芜以北的吐丝口镇维护交通，到达指定地点后迅速构筑工事，持续寻找战机，保持与指挥部的通信联络。令驻胶济路东端兰村的整编四十六师师长韩练成率部乘火车于博山集结，完毕

后即向新泰县城前进。派副司令官李仙洲率领一部分幕僚人员及通信人员等组成前方指挥所，前往指挥十二军、整编四十六师。李仙洲于 14 日先到博山督促部队前进，等到部队进驻莱芜后，指挥所也进驻莱芜指挥。与此同时，王耀武派第四处处长吴隶基指挥一个保安团和章丘自卫团，协助十二军的工兵部队修通由明水经吐丝口镇至莱芜的公路，以利作战后勤保障运输。

王耀武十分了解他那两位上司。在过去共事的过程中，他了解到薛岳为人谨慎，足智多谋，而陈诚虽然有朝气，有拼劲，却是盛气凌人，急功近利，难听进别人的意见。因此，出发前他再三嘱咐他的副手第二绥靖区副司令李仙洲，此次在陈诚的作战指挥下，务必多留个心眼，千万不要冒进，不要贪功，稳打稳扎，步步为营。

2 月 14 日，李仙洲带着前方指挥所的人员到了博山，按照蒋介石的指示催促十二军及整编四十六师前进至指定位置。十二军为东北军旧部，军长霍守义以保全实力为第一要务，这支杂牌队伍是他的政治资本，决不愿为了老蒋把自己的本钱赔在山东。因此，无论李仙洲如何严令，他仍不为所动，命令部队缓慢前进。15 日行至苗山附近时，李仙洲认为霍守义不听他的指挥，感到作战将会困难，又恐行动慢了达不成任务，遭受委员长的指责，就将情况报告绥区司令部。王耀武接到李仙洲的报告后，为了使李便于指挥起见，于16 日即令驻周村、淄川、博山一带的七十三军与十二军换防，以七十三军进占莱芜，仍以整编四十六师进占新泰。于是在王耀武的统一部署下，第二绥靖区副司令长官李仙洲指挥的由第七十三、第十二军及整编第四十六师组成的南进军团，完成了自 1 月中旬开始南下向莱芜、新泰地区开进的任务。与此同时，蒋介石从冀南、豫北抽调四个整编师集结于鲁西南地区，以便阻止华东野战军西进或晋冀鲁豫野战军东援。

王耀武的担心不是毫无根据的，他的战略判断以及敌我双方的实力评估也基本正确。然而，作为蒋介石和陈诚的下属，他的正确意见被搁置一边。黄埔军校出身的他，不能违抗自己校长的命令，即使知道可能会造成严重的后果。王耀武在基本完成兵力部署的时候，深感一场灾难正在等着他。

无力回天，落得仓皇逃窜

王耀武长期的作战经验告诉他，此次作战充满着危险性。给部队打气要说些比较硬气的话来提振士气，但是毕竟打仗不仅仅是勇气的问题，还是需要智慧的。本以为派李仙洲过去能坐住镇，结果还没开始打内部就发出了不一致的声音。上级的指示命令不能落到实处，一个小小的霍守义就敢和绥靖区副司令员顶撞，抗命不遵。虽然自己也懂这些要协调好关系，但是这种上下级的关系总会在未来的某天出问题。王耀武的不祥预感就是从地形、人员这些基本的要素来判断的，说解放军不堪一击的陈诚貌似对这些不在乎。他深知自己上司对这件事情的不重视将会付出巨大代价，但是，他可是遵纪守法的好将领，命令来了就遵循。人一上了年纪就没有年轻时的冲劲，自己看到了战役的危机也不愿和上司顶撞了，输了战役担主要责任的不是他，毕竟上面定的计划和他有多大关系呢？

在王耀武的指挥下，2月13日，七十三军军长韩浚率领直属部队及十五师、一九三师进入莱芜城。19日韩浚报告王耀武说，莱芜西南劝礼庄与莱芜以西方下集一带发现有番号不明的解放军部队，并与韩部派出的搜索部队遭遇。王耀武对这支部队产生疑惑，不认为是共产党的地方部队袭扰。同日，他命令韩练成率领整编四十六

师由苗山以南地区出发，经颜庄向新泰城前进。行至颜庄附近时，据报颜庄以东地区也有解放军出现。随后王耀武结合之前的侦察结果判断解放军有集中力量先消灭七十三军、后歼灭整编四十六师的企图。为了规避解放军的局部优势，集中己方力量，以免被各个击破起见，王耀武立刻命令已到颜庄附近的整编四十六师开往莱芜，到达后与七十三军协力固守莱芜。

虽然王耀武之前分析认为莱芜是个是非之地，不宜久留，但是他无力改变蒋介石的命令。四十六师当日晚赶到莱芜，与七十三军会合。坐镇前线的李仙洲召集韩浚和韩练成两人共同布置防御阵地，以七十三军担任莱芜城的防守，以整编四十六师担任莱芜城南面山地的防守。

陈、粟大军是能忍耐的部队，一直在等待着战机的出现。当莱芜守军基本进驻之后，莱芜地区的战略态势立刻对国民党军十分不利。该部地理位置上过于孤立，且李仙洲集团三个军（整编师）以梯次配置的队形，孤军深入，各部相互支援能力较弱，便于华东解放军开展进攻。华野本来的目标是对准南线进攻集团，三纵正面迎敌，从正面坚决顶住李天霞部，左右两翼则基本不设防，放左侧黄百韬、右侧胡琏进入，待机围而歼之。计谋本身是正确的，但是胡琏作战，既凶且稳，决不冒进。他命令必须与中路部队一并前进，绝对不做出头鸟。而左侧的黄百韬在苏中七战中吃过粟裕的苦头，心中尚有忌惮，也是不敢多走一步。

粟裕对敌人稳扎稳打、步步为营的打法无从下手，愁眉苦脸。陈毅笑着打断了他的心思："急啥子嘛，看看延安的来电再说。"延安的来电很长，但有一句话让陈、粟眼前一亮："敌越深入越好打，我们打得越迟越好，只要你们不求急效，并准备必要时放弃临沂，则此次我必能胜利。"

华东野战军陈、粟、谭部依据北线战场有利的变化，果断改变战役计划，转兵北上，力求歼灭孤立突出的李仙洲部以寻得突破。除继续以一个纵队伪装全军，在临沂以南采取宽正面部署，迷惑并阻击南线国民党军。主力部队第一、第四、第六、第七、第八纵队于2月10日起，以急行军隐蔽向北行军，同时以驻胶东、渤海地区之第九、第十队迅即开赴莱芜地区，形成局部战略优势。15日，华东野战军主动放弃华东解放区首府临沂，并布置地方武装力量在兖州以西的运河上架桥，造成华东野战军将向晋冀鲁豫野战军靠拢的假象。华东野战军除以主力隐蔽待机外，以一部攻取锦阳关，构成对明水方向援军的阻击阵地，以一部进攻莱北吐丝口镇，切断李集团北撤通道，另以一部准备伏击第七十七师。

18日，华东野战军主力七个纵队进抵莱芜周围地区，完成对李仙洲部的战役合围。李仙洲察觉有被围歼的危险，随即向莱芜收缩兵力，并令驻博山第七十三军第七十七师向莱芜归建。19日上午9时许，第七十七师在沿博山、莱芜的大道行至和庄附近地区时，被预先设伏于该地的第八、第九纵队主力一举歼灭，师长田君健在反攻中阵亡。

就在当日，陈、粟部分出一部分兵力围攻莱芜以北的吐丝口镇，目的在于切断防守莱芜部队的补给线，该镇西、南两面发生激烈战斗。战至20日，新编三十六师溃败，退缩至吐丝口镇东南角。20日晚，解放军向莱芜发动攻势，尤以对西关、城西北角的高地、东关三处的攻击最猛，均遭到防守该城的七十三军的顽抗，未取得成功。21日，解放军攻占锦阳关，死死包围住了吐丝口镇守军。李仙洲无力防守，待援无望，已经无法再战，寻求战役突围。此时王耀武收到李仙洲要求接济粮弹的电报，守吐丝口镇的新编第十六师师长曹振铎也要求派部队解围。王耀武考虑莱芜守军既缺粮弹，而这样大

202

的部队光靠空军投送又无济于事，如粮弹断绝也会遭到失败。固守吐丝口镇的新编三十六师师长曹振铎一再要求派部队解围，而济南又无兵可派。如没有兵去救援他，只有看着该师被消灭。而且尚未接到陈诚派部队来解莱芜之围的指示。

根据过去的作战经验，靠援军来解围是没有希望的，纵有部队来解围，也会在途中遭到解放军的截击。王耀武再三考虑之后认为固守莱芜极为不利，守莱芜的部队与其在莱芜被歼灭，不如经吐丝口镇撤至明水及其以南地区。向东可以支援淄博矿区，西可以保卫济南，也可以解吐丝口之围。

与此同时，王耀武派绥区副参谋长罗幸理携带信件到南京向蒋介石报告情况与撤退的决定。蒋介石看信以后，沉思半晌，对罗幸理说："敌前撤退不利，既已下令北撤，应特别注意后尾及两侧的安全。"蒋介石随后带着不安的情绪回复了王耀武："罗副参谋长带来的信已收阅，敌前撤退如部署不周密，掌握不确实，就会受挫折。应做周密的部署并派强有力的部队担任后尾及侧尾的掩护。固守吐丝口镇新编二十六师必须坚守原阵地，以做北撤部队的依托。我当严令王叔铭指挥空军集中力量轰炸扫射，竭力掩护部队转移。并祈上帝保佑我北撤部队的安全和胜利。"从蒋介石这封亲笔信中可以充分看出他已经感到他的部队是无力战胜解放军的，所以他在无可奈何中只好祈祷"上帝保佑"。

在这样的情况下，21日晚上，王耀武电令李仙洲部："着即将在莱芜的部队全部撤至明水及其以南地区待命。"王耀武没能有当年的魄力，此刻的莱芜对他来讲是和宜黄之战有相似之处的。李仙洲有兵五万，一旦据城而守，坚持至支援部队的到来，陈、粟想吃掉它，恐怕也是要费些周章的。但王耀武却不复当年的勇气了，只想着让李仙洲快快逃命。但是，李仙洲对撤退并不看好，认为在这样

的情况下撤退无异于自杀，但是他也拿不出什么更好的办法来对付粟裕。虽然他认为如果临沂附近的国军能够北来支援，可以形成内外夹击之势，但是他的部下已经无力再战，军心已散。

李仙洲面临的是两难的境地：抗令若失败，责任要全担；按照命令撤，前后在围堵。本身此刻就处在缺粮、缺弹的关口，没有十足的把握去和粟裕部硬拼。面对部属的反对声，这个时候李仙洲倒是比较"民主"了，同意了撤退的意见。于是在王耀武的指令下，开始布置撤退的事宜。在讨论中，韩俊主张22日撤退。而韩练成坚持23日，说要准备一天，李仙洲表示同意。但是李仙洲没想到的是韩练成已经被策反，坚持23日撤退是为华东野战军留出空当进行阻击。李仙洲的这个决定也直接影响了战役的最终结局。

解释一下韩练成这样做的原因。他本身既不是黄埔出身，也不是中央军的嫡系部队。西安事变的时候，他也在西北驻军，当时还是一名营长。他亲眼目睹了当时被国民党围追堵截的中共军队的优良作风，也受到了西安事变的影响，心中有了自己的判断，也曾受到周恩来同志教诲。在1946年他率国民党四十六军进驻青岛时，便与华东野战军取得了联系。战役进行到了这个时刻，受陈毅之命派来与韩练成联络的两名地下工作者开始发挥他们的巨大作用。国民党的一举一动全在掌握之中，至于韩练成执意将突围时间晚一天原因也就在于此。至于韩练成，以后在我方的安排下又回到了蒋介石那边，说了一大堆好话，表明自己"突围"的艰难。

蒋介石也当然不会知道这里面的缘由，对韩练成大加赞赏，宽慰有加，甚至许诺重建四十六军，韩练成还去当军长。至于李仙洲在蒋委员长面前那只能是一个无能的指挥官，蒋介石破口大骂。这些事情王耀武病逝之前也不知道，所以莱芜战役王耀武也是糊里糊涂，没能知道这些原因，他当然对韩练成没有戒心了。

回到战场，为防止李集团撤退，华东野战军主力四个纵队在莱芜至吐丝口镇的公路两侧设置袋形阵地，并以由南线赶来参战的第二纵队部署于蒙阴地区。李仙洲果然率领着所部第四十六、第四十七军分两路平行北撤。他的部署主要是以七十三军派出有力部队为左侧卫，特别注意对左侧山地之警戒，掩护主力安全。该军的主力沿通往吐丝口镇的道路前进，以整编四十六师派出有力部队为右侧卫，特别注意对右侧山地之警戒，掩护主力北撤。该师主力在七十三军的进行路线以东，沿赴吐丝口的另一道路前进。李仙洲自己率领指挥所的人员随整编四十六师前进。

2 月 23 日上午 10 时，李集团的先头部队进至芹村、高家洼一线，即遭部署于吐丝口镇的第六纵队的顽强阻击。在此千钧一发之际，王耀武收到蒋介石询问战况的电话，他严令空军副总司令王叔铭指挥空军集中力量向来攻的解放军猛烈轰炸扫射，尽全力掩护北撤部队撤至指定地点。于是王叔铭调动了几十架战斗机和轰炸机，并亲自驾着飞机至战场上空指挥空军轮流轰炸扫射。解放军的高射机枪也不断地向飞机射击，又加地面正值酣战，炮火连天，战斗极为激烈。中午，当李仙洲集团的后尾撤出莱芜城时，第四纵队一部立即抢占该城，断其退路。同时，由第一、第七、第四、第八纵队组成的东、西两突击兵团向拥挤于南北约两公里、东西约三公里的狭窄地域的李仙洲集团，发起向心突击，采取穿插分割战术。先将七十三军及整编四十六师所派出两侧的掩护部队击溃，攻占两侧山地，然后居高临下，继续向七十三军、整编四十六师猛攻。解放军虽不断受到飞机的轰炸扫射，但为了捕捉战机，毫无畏惧，攻势越来越猛。在这战况万分紧急情况下，王耀武要求王叔铭再增加飞机前来助战，片刻不停地向解放军轰炸，并且对他说："只有这样才能将北撤部队救出一部分，否则要全部被歼灭。"王叔铭回答说："我

指挥着飞机轰炸，一直没有中断。可是敌人不怕死，阻止不住他们前进，我有什么办法。"战至 11 时许，七十三军及整编四十六师被迫后退，缩成一团，混乱不堪。

最终，解放军仅用五小时歼灭李仙洲集团。第七十三军军长韩浚率余部千余人钻隙撤入吐丝口镇，会合新编第三十六师向博山方向撤退。防守吐丝口镇的新三十六师师长曹振铎，见解放军正在集中力量围歼由莱芜向北撤退的主力部队，放松了对新三十六师的攻击，以为这是他逃命的好机会，就放弃支援北撤部队的责任，于 23 日下午 1 时许率领该师残余的千人，放弃吐丝口镇向淄博逃窜（后又逃回济南）。该部被部署于青石关地区担任阻击的第九纵队歼灭。整四十六师师长韩练成在解放军敌工干部策动下，临阵放弃指挥脱离部队，更增加了突围部队的慌乱。华东野战军乘胜发展攻势，收复胶济铁路西段及其两侧的县城十三座，使鲁中、胶东、渤海解放区连成一片，改善了山东战场的作战态势。

莱芜战役计歼灭国民党军一个军、一个整编师、一个新编三十六师，共十万多人。将级军官除整编四十六师师长韩练成、新编三十六师师长曹振铎两人外，其余的不是被击毙，就是被活捉。副司令官李仙洲受伤后被活捉，在前方指挥所，第二绥靖区司令部第二处的处长陶富业，七十三军军长韩浚、副军长李琰，十五师师长杨明被活捉。一九三师师长肖重光、十五师副师长徐亚雄受伤后被活捉，七十七师师长田君健自毙。整编四十六师副师长陈炯，三个整编旅长海竞强（副师长兼任）、甘成城、巢威均被活捉。

王耀武的部队在莱芜战役中损失了六万多人，这一惨败震动了南京并且吓慌了蒋介石。2 月 23 日下午 2 时许，王叔铭将自驾的飞机降落到济南机场后，立即用电话向蒋介石报告说，他驾机在莱芜、吐丝口镇一带上空侦察，亲见地面上已无战斗，看样子国军已被全

歼了。蒋介石听到这个消息，带着惊慌的口气问王叔铭："你看清楚了吗？"王又说："我对地面上业已详细侦察，确未见地面上有战斗。"蒋又说："你再派飞机去看看还有什么情形。"蒋介石怕解放军在莱芜将李仙洲所指挥的部队消灭后，会乘胜进攻济南，而济南兵力单薄，如一旦被解放军攻占，将使他的战略部署更陷于不利的处境。因此，他就决定偕军务局局长俞济时和参谋次长刘斐飞赴济南，以"振作"防守济南的军心并亲自指示济南的防务部署。

　　莱芜战役结束后，因济南兵力单薄，王耀武正在忙着调动部队部署济南的防务，忽然接到济南飞机场空军基地司令部的电话说，今日午后南京有重要的人来机场同他谈话，来人不进市区，请他到机场来等候。他问什么人来，他们不肯说明。王耀武以为是南京国防部派高级人员来指导济南的防务部署，到了机场空军基地司令部才知道是蒋介石亲来济南。等了一会儿，蒋介石所乘的专机在济南飞机场降落后，蒋介石站在飞机门口向前看了看，又向王耀武看了一眼，就下了飞机。蒋介石往日见到王耀武，都是带点笑容，这回可不然了，他板着面孔，一言不发，一面走着，一面盯了他几眼，就坐汽车到空军基地司令部去了。

　　王耀武把蒋介石送进了预备好的房子里，尚未坐定，蒋就询问情况。王耀武从军事的角度汇报了情况，告诉蒋介石解放军正在清扫战场。然而清扫战场只是留了一部分的话，解放军主力经西营（济南东约四十公里）向济南前进，将比十二军由周村、淄博一带来济南还近；但西营尚未发现解放军的正规部队，济南西、北两面的四十公里内没有大部队活动。为了集中兵力加强济南的防务，他已令十二军及绥区特务旅放弃周村、张店、淄博等地。特务旅（三个团）已乘火车开回济南，十二军（缺新编三十六师）沿胶济路以北经龙山镇向济南急进中。济南现在只有绥区直属部队和九十六军陈

金城部，这些部队的战力都不强。济南周围既设阵地约有二十公里长，本来计划是用三个军以上的兵力来守的，以济南的现有部队来说，实感单薄，只有缩短阵地，重点配备。

随后蒋介石说："济南是战略要地，必须固守，东、南两面地形复杂，易于接近，防御重点应放在东、南方面，并确保千佛山。为了使阵地与兵力相适合，须缩短阵地，重点部署。应催十二军迅速集中济南。对于民众组训必须加强，以增作战力量。"刘斐接着说："当初派兵进驻莱芜，我是不赞成的。部队既已进莱芜并被包围，就不应该撤退；现已失败，只有当作经验教训。"他又说："马上来攻济南的可能性不大，但安全起见，妥为配备也是必要的，将阵地缩小，重点放在东南面，在重点的地方必须纵深配备。"

23 日晚约 7 时的时候，王耀武被蒋介石叫到另一间屋里愤愤地、红着脸、瞪着眼睛狠狠骂了一顿。他说："你们只是在莱芜这个战役里就损失了两个军零一个师，损失了这样多的轻重武器，增加了敌人力量，这仗以后就更不好打了。这样的失败真是耻辱。莱芜既已被围，你为什么又要撤退？遭到这样大的损失，你是不能辞其咎的，这次你选派的将领也不适当，李仙洲的指挥能力差，你不知道吗？撤退时他连后卫也不派，这是什么部署？你为什么派他去指挥？如派个能力好的去指挥，还不致失败。李仙洲已被敌人捉去，你们要知道，高级人员被捉去，早晚会被共产党杀掉的。济南无论在军事、政治、地理上都是很重要的，如出意外，你要负责！"

23 日当夜，蒋介石在济南飞机场空军基地司令部一间房子里，提心吊胆地过了一宿。他老是怕济南发生事故，使他遭到不测。他一再叮嘱俞济时注意情况和飞机场的警戒。于是俞济时派人守着蒋介石坐来的专机，加强了机场里的警戒。夜里，王耀武又被蒋介石两次问情况，表现得非常恐慌紧张的样子。24 日上午 7 时许，王耀

武带着第二绥靖区副司令官兼青岛警备司令丁治磐到蒋介石那里去，看到蒋介石满脸青灰色，一副没睡好的样子。蒋介石问十二军到了什么地方以及实际的情况，王耀武汇报说，十二军的主力还没有到龙山。蒋介石又板着脸发了一顿脾气，喋喋不休地骂李仙洲无用，在莱芜葬送了这么多部队，太不成话，又说他今天上午回南京，不等霍守义了。他写了一封给霍的信，要王耀武派人送去。这封信的大意如下："守义弟鉴：莱芜的失败是我们的耻辱，济南要地必须保住，与匪作战意志一定要坚强，望随鼓励志气，勿使官兵受到莱芜战败的影响。"上午9时，蒋介石在空军基地司令部召集国民党驻济南党、政、军及省参议会的负责人员二十多人训话，进行"打气"。他嘴硬心怯、言不由衷地说了一套自欺欺人的谎话以后，就于上午10时许垂头丧气地飞回南京去了。

痛失爱将，心血付之东流

莱芜战役之后，王耀武也痛定思痛，准备重新进行排兵布阵。然而解放军的战斗士气很高，指挥也很得当，在接下来的时间里他就看到解放军到处冲杀，各处的保安团纷纷被歼也无可奈何，辛辛苦苦打开的局面全部泡汤。但是国民党军实力还是存在的，蒋介石为实施重点进攻计划，在山东战场上集中了约二十四个整编师、六十个旅约四十五万人。吸取了以往分路进攻常被分割歼灭的教训，决定采取集中兵力、密集靠拢、稳扎稳打、齐头并进的战法。计划第一步完全占领鲁南解放区，第二步实现其占领整个山东解放区的目的。3月下旬，国民党军集中二十四个整编师六十个旅约四十五万人，向山东解放区发起进攻，到4月上旬完成了第一步计划，随即

稳步向鲁中山区推进。其中，最为响亮的一支部队番号出现在了这里——七十四师。

按说整七十四师不属于第二绥靖区序列，看起来似乎与王耀武没什么关系。但整七十四师就是原来的七十四军，王耀武在抗战时期的1940年曾任七十四军建军以来的第二任军长。以后，由他的得力干将张灵甫继任七十四军军长。张灵甫毕业于黄埔军校第四期，在陆军大学甲级将官班受过培训，抗日战争时期，曾被誉为模范军人，在湘西会战中，又因战功卓著而荣获自由勋章，因此深受蒋介石青睐。该军全部美式装备，兵力多达五万余人，战斗力颇强，抗战中战功赫赫，为蒋介石嫡系部队"五大主力"之一。1946年整编为七十四师，下辖三个旅，仍有三万多人，号称"天下第一师"，是国民党军队在华东战场的一张王牌。由于整七十四师是王耀武带起来的基本队伍，该师官兵是跟随他多年的下属，因此这是王耀武的一份家底，向来被王视为"命根子"。然而，七十四师全军覆灭、张灵甫魂断孟良崮，对王耀武无疑是一个致命的打击，对此王耀武是寝食难安，精神几近崩溃。

孟良崮战役是王耀武继莱芜战役后遭受的第二个重大打击，自己带出来的老部队被陈毅、粟裕全歼，爱将张灵甫兵败"殉国"。即使是在最后的决战阶段，张灵甫在山上与济南的王耀武也保持着联系，当他最后决意成仁向王耀武诀别的时候，王耀武在办公室里手握话筒，当场泣不成声，眼巴巴地看着这个曾经奇袭张古山的抗日名将身死孟良崮。整七十四师可是他的亲生子，张灵甫又与他袍泽情深。惯于拉帮结派的蒋介石也深谙其中的奥妙，故亲笔给王写了封信，安慰说："灵甫之死，乃中国陆军之损失也，闻之心痛。七十四军原弟建军，为保持七十四军之特殊军风，必须重建，希速就七十四军原有人员中选荐一优秀人员继任整编师长。"王耀武立刻想到

的是自己的老部下、原七十四军的邱维达，由他来出任重建的整七十四师师长。此人曾任七十四军五十一师师长，与张灵甫同为黄埔四期生，有"张勇""邱智"之名。于是就不难理解七十四师在作战的过程中虽然不受王耀武指挥，但是张灵甫时刻与王耀武保持联系。

下面详细讲述孟良崮战役的过程。此役，国民党方面由陆军总司令顾祝同指挥，统领徐州、郑州所有部队，共二十四个整编师（军），六十个旅，约四十五万五千人。其战役方针是"密集靠拢，稳扎稳打，逐步推进"。其中，以十七个师、四十三个旅，约二十五万五千人编为三个兵团，执行机动突击任务；另以七个整编师，十七个旅，约二十万人执行以徐州、济南为中心的要点守备任务。其具体部署：第一兵团汤恩伯部指挥第七十四、二十五、二十八、五十七、六十五、八十三师，于临沂、郯城、海州一线集结，其任务是首先打通临沂至兖州公路，而后向蒙阴方向发展进攻；第二兵团王敬久部指挥第五军及七十二、七十五、八十五师，于汶上、宁阳地区集结，其任务是首先打通津浦路而后向莱芜、新泰方向发展进攻。第三兵团欧震部指挥第十一、九、二十、六十四、八十四师及第七军、四十八师（后来第七军、四十八师又划归第一兵团指挥），于兖州、邹县、藤县地区集结，其任务是首先打通兖州至临沂公路而后配合第一兵团向新泰、蒙阴方向进攻。企图首先打通徐州至济南段交通，占领鲁南解放区，而后以重兵密集靠拢，齐头并进，进攻沂蒙山区。

各攻击部队从临沂至汶上一线出发，在开进中展开，进攻正面近二百公里，其战役部署呈"一字弧形长蛇阵"。这样的战役方针以及由此而形成的战役部署，更是犯了兵家大忌。国民党军的兵力部署是攻防兵力大体相等（攻击集团兵力二十五万五千，防御兵力二

十万），犯了平均使用兵力，没有集中兵力的错误。这样使用兵力的后果就是：在作战中攻击集团的兵力不足而防守集团的兵力有余。出现这样的情况，是由于蒋介石这个坐镇南京、远在千里之外的委员长遥控指挥的，作战方案是由国防部拟定的。前线将所发生的情况报给徐州陆总顾祝同，徐州陆总再将情况报给南京的蒋介石，然后由蒋介石下达指令给徐州陆总，由徐州陆总将指令传到兵团指挥官，再由兵团指挥官直接号令前线战场指挥官。这是一种典型的"由后向前"的指挥原则。这种指挥原则在大战爆发时肯定会误事。因为，战斗的进程、敌情的变化是瞬息万变的。远在后方的指挥官不可能准确地了解情况，怎么能抓住稍纵即逝的战机？远在后方的指挥员，由于对战场情况不了解，很容易做出误判，从而导致指挥错误。

华野见敌人来势汹汹，便避敌锋芒，主动转移。顾祝同见解放军东撤，即令各部"跟踪进剿"，并特命第一兵团司令汤恩伯率领整编七十四师以及二十五师和八十三师，进军沂水，就此拉开了孟良崮战役的帷幕。

张灵甫是按照顾祝同的指挥艰难前进，然而黄百韬和李天霞可没把命令放在心上，正在指挥部磨洋工呢。其他两路友军除派小部队活动外，也无积极进攻模样，那么战役总计划中的其他兵团策应又是什么情况呢？张灵甫打电话给老友胡琏探听动向，得到的也是嘴皮子上的积极行进中。说了半天，别人都在打着哈欠，伸着懒腰休息，只有七十四师老老实实在按命令前进，张灵甫不免心生焦虑。友邻部队不积极跟进，这种情形他也无能为力，其他兵团的事汤司令管不了，第一兵团他总该管一管吧，张灵甫只有向汤司令"诉苦"。汤恩伯明白后还是要求张灵甫按命令继续向前攻击坦埠，友邻部队的事他会负责。

5月12日傍晚六七时，汤恩伯向各纵队补发了继续进攻的命令，告知各部七十四师正在与华野九纵等部于大箭、桃花峪、马山一线对峙中，命令李天霞以一个旅确实控制盘龙山、大老峪、牧虎山及孟良崮各高地，掩护七十四师右翼，并向大安子庄、青阳、行圆、园曼之线"搜剿"，主力仍控制于鼻子山东北地区，准备机动。但是，那几个老油条会安心地服从命令吗？更何况是要协同那个本来就和他们关系不好的七十四师。相互之间内斗不断，指挥乱套，这仗还能打吗？

反观解放军战役指挥，其基本方式是"由前向后"的指挥。战区指挥员有极大的指挥自主权，是"委托式"指挥的典范。战役方针、作战方案、歼敌目标，通常由战区指挥员自定，而后报中央军委批准。在紧急情况下，中央军委会完全放权给战区指挥员。当战役发展到紧要关头，战区指挥员还会适时组织前敌指挥所，委任一前线指挥员实施前敌指挥，以便更好地协调一线部队的作战。战区指挥所离前线不远，通常距敌不到十几公里；前敌指挥所距敌更近，通常就在火线附近。这种"由前向后"的委托式指挥方式，能够及时掌握情况，及时抓住战机，最大限度地发挥前线指挥员的主观能动性。

5月6日，中央军委指示"凡行动不可只估计一种可能性，而要估计两种可能性。例如调动敌人，可能被调动，亦可能不被调动，凡在局势未定之时，我主力亦位于能应付两种可能性之地点"。接着，中央军委又提出"放开正面，北攻昌潍，诱敌来援，相机歼敌"的意见。同日，又致电指示华野：鉴于青驼寺教训，华东野战军不要着急，尤不宜分兵，除了留出足够的战略预备队以外，其余全部似宜集中莱芜、沂水地区休整待机，待敌前进或发生别的变化，然后相机歼击。第一不要性急，第二不要分兵，只要主力在手，总有歼敌机会。要求对敌正面侧面后面一枪不打，让敌放心前进，又使

敌完全不知主力所在，当此时机好打则打，不好打则以主力转入敌后，局势必将变化。

中央军委的一系列指示，确实是一语中的。华野首长遵照指示，令三个纵队停止南下，所有主力部队脱离与敌接触，撤往莱芜、新泰以东集结。主力部队集中了，占领了有利地势，随时准备待机歼敌。国民党军见华野主力突然不知去向，误判我军"攻势疲惫"。于是，国民党军大举进攻，七十四师突出，战机出现。

5月12日，又是一个关键时刻。这一天，华野首长决定歼灭敌七十四师，并报中央。中央当即回电："敌五军、十一师、七十四师均已前进，你们须聚精会神选择比较好打之一路，不失时机发起歼击。究竟打何路最好，由你们当即决策，立即施行，我们不遥制。"这表明了中央对华野指挥员的信任，坚定了华野打击七十四师的信心。

此时的华东野战军领导陈毅、粟裕全面分析了态势后认为，应将主力置于坦埠及其两侧地区，可出其不意集结数倍于敌的兵力加以围歼，完全可打有把握之仗。由于李天霞和黄百韬未及时跟进，致使国民党军王牌部队七十四师陷入了孤立突出的地位。

1947年5月13日黄昏，华东野战军领导指挥第一、第八纵队利用地形掩护，穿插揳入七十四师纵深，割断了七十四师与其他部队的联系。经过了一天的激战，到15日拂晓，第一、第六、第八纵队分别攻占了垛庄和万泉山，完全截断了七十四师的退路，将其合围于孟良崮及其以北的狭小地区内。

那么张灵甫率全师登上孟良崮是如何发生的呢？张灵甫上山不是主动的，而是被动的，是被形势逼迫的：敌七十四师撤退途中在二八五高地突遭解放军阻击，退路被切断，全师停顿于山谷之中，情况十分紧急，张灵甫被迫决定上山。关于华野一纵队独立师占领二八五高地，切断七十四师退路的史实依据为：《孟良崮战役》（全

国解放战争时期山东重要战役资料丛书，山东人民出版社）中"战役综述"称，"该纵主力占领了二八五、三三〇高地及大山场，切断了敌由垛庄向北的新造军路"。标题"斩断敌归路"中说："一大队（一纵队）在围歼七十四师战役中，带头完成包围圈。二八五高地堵击战是关闭包围圈最后之门，把七十四师逼上墓地——孟良崮。全连顺利控制二八五高地，正是上午九点四十分。"《一纵队独立师战役总结》中说："14日上午9时，一团先头进到西小峪附近，即发现由岸堤至垛庄公路上（为临时赶造之军用公路）有敌分数路纵队向南溃逃，一团即令一营先头部队放弃向垛庄前进，企图迅速抢占北庄东北之二八五高地。该营占领高地及周围无名高地，完全腰断敌退路，迫敌奔向孟良崮山地固守。"

其次，张灵甫上山的决定是错误的还是正确的？答案是：从战术层面上讲是错误的；从战役层面上讲是正确的。虽然形势所迫貌似是无奈之举，但是张灵甫深谙兵法，不会无缘无故地做出看似愚蠢的决定。之所以讲从战术层面讲是错误的，是因为在当时的那种情况下，张灵甫可以有三种选择：一是马不停蹄地攻击重新打回去，全师撤回垛庄；二是先上山，全师主力抢占孟良崮有利地形，以主力部队部署于孟良崮南侧，以部分兵力占领北坡，阻击追兵，采取攻击作战，同时猛攻二八五高地，寻求垛庄方向打开战役缺口；三是全师占领孟良崮，采取环形防御部署，而后再伺机突向垛庄。第一种选择有些冒险，但却是符合积极进攻的原则。第二种选择比较稳妥，既可以先稳住阵脚，又可以保持攻击姿态，也有可能突击出去，可谓中策。第三种选择最为保守，就是国民党经常使用的固守待援，是下策。张灵甫放弃了上、中策，偏偏选择了下策。所以，从战术层面上看，张灵甫上山貌似是错误的。但是，从战役层面上看，张灵甫又是正确的。因为，七十四师占领了孟良崮，可以居高

215

临下，凭险据守，即便是被陈、粟部合围，要迅速歼灭它也不是很容易，这样一来张灵甫的目的——形成胶着对峙，再加上国民党各路援军对华东解放军形成大包围，形成"中心开花"，很可能一口气吃掉。这种战役态势对华东野战军是极为不利的。

从整个战役的全局看，国民党军始终保持着攻势；但由于华野执行"积极防御"战略——攻势防御，不断实施战场反击，促使国民党军不断地在战役的局部处于守势；一旦守不住，就被解放军逐一击破；结果，局部的失败一旦积累就会造成全局的失败。而且，一旦某个部队被合围，马上固守待援，等待统帅部马上调集各路援军增援解救。在大规模战役中，动用战役兵团，对被合围的部队实施增援解救，这是一个被动的打法，让自己陷入了不自由的状态，任凭对手牵着鼻子走。因为一旦合围部队被歼，正在机动中的增援大军就会失去作战目标，陷入十分被动的危险境地。而且不排除围点打援的战法，也将会对增援部队产生影响。张灵甫可能更多的是考虑到了自己的优势，没能考虑对手的优势。

一夜未睡的张灵甫眼睛里布满血丝，神情却是异常兴奋，此时没感到指挥失误，反而命令部队退守孟良崮，同时给蒋介石发电报，建议以七十四师为诱饵，中心开花，里应外合，将华野主力吸引并消灭于蒙阴山区。接到张灵甫的电报，得知七十四师被围，蒋介石兴奋地说道："这才是黄埔生！这才是中央军！这才是七十四师！"他自己首先感动得热泪涟涟，急忙电令顾祝同，调集十个整编师增援张灵甫，以实现所谓中心开花、里应外合之战略构想。王耀武也将自己的目光盯在了这个不起眼的石头山上。

张灵甫敢这么做，实际上和他的性格与军人作风有着很大的关系。但是从实际情况来讲，战场局势对他不利。以前苏北战场，在与华东解放军的多次对阵当中，张灵甫暂时占据了上风，他自己也

清楚，经过长年连续不停的作战，老兵们死的死，伤的伤，七十四师的战斗力已经不可同日而语。他也曾和王耀武通信诉说自己的处境。在不同人的记忆中，张灵甫这一段时期似乎是一个矛盾的混合体，公开与私下场合的言论简直判若两人，用现在的话叫人格分裂。已出版的许多描述孟良崮战役的书籍中，不断重复引用这些文字：张灵甫对蒋介石信誓旦旦，"校长，把新四军交给我张灵甫吧，我让他们死无葬身之地"，张灵甫公然夸下海口说"有七十四师在，就有国民党在"。果然是盛气凌人不可一世，这也是许多人印象中所熟悉的那个傲慢自大、目中无人的张灵甫。但是从另外的一些书籍来看，一些与他关系密切的身边人的回忆向我们展示了另一个我们不认识的张灵甫。在公开场合，张灵甫发些豪言壮语激励士气可以理解，身为一师之长，表面上必须对部下昭示必胜的信念，所谓士气可鼓不可泄。至于他内心的真实想法，他不会对一些身边的中下级军官讲，只有在亲信僚属面前，才会流露出对七十四师现状的深切忧虑。

七十四师进入山东之后，一次在师部与高级军官们的闲谈中，张灵甫抱怨上级总是对他要求休整的申请推三阻四，忧心忡忡地说："我们现在打了胜仗，人家都说是应该的，若是打败了，人家一定说是我们骄傲。现在老兵伤亡很大，补充的新兵又没时间经过系统严格的训练，打顺了还能一窝蜂冲；若是败下阵来，简直就是一群乌合之众。我们打了大半年的仗，陈总长原先答应过的休整始终也不兑现，再这样下去，这仗没办法打了！"他在和王耀武通电话的过程中也不断抱怨，内心不是很平静。毕竟军队是由人组成的，需要休整，但是没人给时间，上级都说战争迫在眉睫。看来国民党不太懂磨刀不误砍柴工的道理啊。

张灵甫的妻子王玉龄到前线探亲的时候在一边听了他们的私下谈话，第一次意识到自己所看到的"常胜将军"的丈夫，原来并不

总像外人以为的那样对胜利信心十足，她开始为张灵甫担心。作为将军夫人，王玉龄有特权在张灵甫打仗的间歇上他的前方指挥部与丈夫小聚，可是那些中下级军官的家属就远没有她幸运。她们与丈夫一别大半年无缘团聚，而七十四师回南京休整的时间遥遥无期，天长日久，部下难免滋长不满情绪。

回到南京之后，王玉龄在张灵甫的默许之下，要七十四师驻京留守处的军官用张灵甫的师长特别费安排交通车辆，让在南京附近的部分中下级军官家属分批去前方探亲，表明师长的体恤来安稳军心。可是这终究不是长久之计，张灵甫还是想争取机会停下来整训，强化部队的战力，顺便解决一下军官团聚的问题。无奈勤快人总是被使唤的，既然张灵甫善打硬仗，但凡有重要的军事行动，七十四师总是冲在最前面的攻击前锋，休整的事则没有下文，对此张灵甫也多有怨言。曾经他对部下许诺说："等打下涟水再回南京休整。"可是涟水打下之后，部队却越走越远，这句话成了一张没有兑现日期的空头支票。为此他在电话里曾经没好气地顶撞陈诚说："你可以对我说话不算数，我不能对我的部下一再食言！"还生气地摔了电话。蒋介石于 2 月 25 日给驻临沂李家庄的张灵甫发了一份电报："张师长灵甫：弟部整补情形与士气如何，此次剿匪另有心得否，预定何日可以出发进剿，希用有线电话详报。"

接到蒋介石的电报，张灵甫正好借机诉苦，他立即回复道："一、自协力攻占临沂后，即继续搜剿，从未奉令整补；二、新兵大部未到，干部尚未甄选，换械尚未实施；三、职部参战已久，急需予以整补时间；四、剿匪心得另呈。"张灵甫要求休整，可是蒋介石正在布置对西北和华东两个地区实行重点进攻的计划，华东始终是他的心腹大患，所以他把"五大主力"中的三支王牌第七十四师、十一师和第五军全都投入了山东，作为支撑山东战场的两大骨干支

柱，对山东实施重点进攻的鲁中会战第一期作战中正需要张灵甫替他在华东战场继续打头冲锋陷阵。在这要紧关头，蒋介石即使有心关照七十四师，也无法让张灵甫如愿停下来做大的休整，唯有令陈诚督饬完成兵员补充。张灵甫仍不死心，之前在3月初，新上任的第一兵团司令汤恩伯前去七十四师校阅，张灵甫抱着巨大的希望提出要求说："给我三个月时间，整训部队。"也不知汤恩伯是有意还是无意，他在检阅到辎重团面前停下了脚步，要参加过抗战的老兵举手，看了看后对张灵甫说："老兵还很多嘛！"张灵甫暗自叫苦，后勤部队大都不是战斗兵，伤亡人数自然比步兵旅要少得多，张灵甫匀出一部分老兵在后勤部门也是未雨绸缪，为部队储备些老底子，谁知汤恩伯这个老油条不问别人偏偏问这些人。

3月13日，汤恩伯向蒋介石书面报告说，他已经视察了临沂的部队，士气尚好，而"尤以第七十四师更焕发齐整"。一周之后，国民党军的所谓鲁中会战第一期行动开始，七十四师的休整之事也就再次不了了之。张灵甫多次要求休整不果，消息灵通的华东解放军陈、粟对此了如指掌。1947年3月8日，粟裕做的关于《莱芜战役初步总结》的报告中指出莱芜战役在军事上的一个收获，就是："滋长了敌高级将领的悲观失望情绪，同时也增加了敌人内部的矛盾。第七十四师师长张灵甫要求休整，并说：'本师重装备不适合山地作战。'李天霞则屡次装病请假要求不干。莱芜战役的胜利，在精神上的确给了敌人一个严重打击。"粟裕认为国民党军众将领的这些反应实际上是对时局产生了悲观失望情绪，并不是全无道理。如果说张灵甫打下两淮之后一度趾高气扬，那么经过在苏北与华东解放军的一再交手，尤其是两次恶战涟水，来山东以后目睹同僚在宿北、鲁南、莱芜一个接一个的失败，戴之奇、马励武、周毓英、李仙洲等高级将领自杀的自杀，被俘的被俘，张灵甫表面上再怎么自我膨胀，

内心也不能不受到强烈的震撼，公开场合的斗志昂扬不过是对部下虚张声势打气而已。几个月来痛定思痛，他对于内战前景和对手解放军的看法，已经发生了非常大的转变。他不再头脑发热，对解放军不敢轻视。当然张灵甫还不会就此认输。"知己知彼，百战不殆"是谁都明白的大道理，熟读中外兵书的张灵甫更懂得，要打败对手，首先得研究对手。他是个好学慎思很有钻研精神的人，不打仗的时候，时常手不释卷，还在苏北期间，他就开始对以前不放在眼里的解放军进行悉心的研究。关于张灵甫研究解放军，当年在国共两军中还流传过一个故事，此事就发生在张灵甫回南京见蒋介石期间。

张灵甫在苏北作战时，曾经缴获了一批解放军撤退时遗留的军服，这批看似土里土气毫无美感的军服引起了他很大的兴趣，反复试验之后，他有了一些想法，于是在回南京的时候顺便给蒋校长带了一套见识见识。在蒋介石面前，张灵甫像个裁缝师傅一样比较起国共两军军服的优劣来。他说："共军军衣比我们做得好。这军衣好处，一是长厚，很暖和，穿起来可节省大衣，又方便。我们的军衣短，遮不住屁股，又很薄，不穿大衣受冻，穿了又不方便。二是肩上扎线，背枪弹不容易坏，我们的不扎，烂得很快。三是军裤很长，我们的很短，还要用绑腿打起来。"他还向蒋介石抱怨说，国民党军的军服是让商家来定做的，中间环节漏洞太多，有人层层贪污克扣，致使服装质次价高，而且一不保暖二不耐穿。蒋介石听了觉得很有道理，他当即招来联勤司令，责令其限期改进。此后，由联勤总部发包的军服生产商家，均被要求按规定在衣领处加缝厂家编号，以便识别，防止商家偷工减料。在与张灵甫的交手过程中，陈毅对这个死对头也产生了浓厚的兴趣。孟良崮战役之后，他特地向七十四师的被俘军官了解张灵甫的生前情况，听被俘的七十四师参谋长魏振钺讲了这段张灵甫与解放军军装的故事，他在后方做报告时以此

为例说："张灵甫是研究我们的。"当然，这是后话了。

张灵甫是花了不少心思对国共两军进行研究，驻临沂李家庄期间，他应蒋介石的要求提交了一份《剿匪心得》，分指挥、作战、空军协同、后勤、士气、政治等几个方面，洋洋洒洒写了近十页，列出"共军优点与我军缺点"，并拟出若干具体战术对策及改进办法。他已经得出结论，目前的"剿共"局势"非短时日内可以结束"。因此在大军指挥方面"宜区分守备部队、攻击部队、绥靖部队、控制部队、整补部队，以便各守专责，且能轮流整补恢复战力"；对于"国军烂核桃夹硬核桃"的战术，他对兵团级的作战布置造成战力强的部队无谓消耗发出抗议："战力较强之部队应使用于决战方面，既决战之后适时予以整补之机，仰能充实战力，否则经常使用于第一线逐次消耗战力，无补战局。"只是"高级指挥部作战方针颇为积极，但兵团部署适得其反，以有力之部队在第一线支撑战局，以战力较差之部队在掩护下逐步推进，使匪先期避免决战，纵或抵抗亦演成正面之战斗不能获得歼灭性之战果"。这是希望七十四师能像过去的七十四军那样，被上级当作战略预备队的攻击军而非常规作战部队使用；作战方面，他认为目前步坦协同战术落后，分散配备给步兵部队的坦克在正面攻击时仅能作"活动碉堡"使用，没有充分发挥坦克部队的灵活突击作用，战车应"出其不意由侧背迂回或由中央作纵深突入"，但是如此徒步步兵速度跟不上则仍难以获得战果，因此他建议蒋介石"若配属一部摩托化之步兵，可获巨大战果"。张灵甫提出以摩托化步兵配合坦克突进的战术，似是受了二次大战欧洲战场，尤其是苏德之间装甲部队和摩托化部队作战模式的影响，建议蒋介石也加以仿效，在内战战场实习现代化的装备战术。从军事的角度看，张灵甫的这一番言论点中要害，也充分表明了这个黄埔出身的将领军事素养的高超。

张灵甫的建议不过是军人的战术探讨，对于国民党的"政治修明"于事无补，当然也改变不了国民党军的失败命运，而他对于解放军的研究越深入，得出的结论却越让他气馁。到了山东之后，他曾经对第十一师师长胡琏、第七军军长钟纪等将领感慨说："共军无论在战略战役战斗皆优于国军。数月来，共军向东则东，向西则西，本军北调援鲁，南调援两淮，伤亡过半，决战不能，再过年余将死无葬身之地，吾公以为如何？"

行家伸伸手，便知有没有。打了二十来年的仗，张灵甫战绩胜多负少，也是一个相当出色的军人。面对神出鬼没、仗越打越精的解放军，他开始了冷静的反思，对这场战争也不复先前乐观了。有趣的是，他的"死无葬身之地"一语后来被广为引用，并且多被解读为：张灵甫气焰嚣张，常对左右重申，一年内不消灭共军，死无葬身之地。殊不知，张灵甫可是真的在担心死无葬身之地呢。是历史的巧合还是必然呢？这个值得我们思考。

张灵甫还是有自知之明的。整编第七十四师是美式机械化重装军团，一出动便是上百的辎重车辆、大炮和成千的骡马随行，在苏北平原尚可纵横驰骋进退自如，发挥快速机动的特长。可是一旦进到沂蒙山区，部队在山间小路行军必然笨重不堪，毫无机动性可言，离开公路就是死路一条，自己的大炮等重型装备全部失去了效能。写过《山地战之研究》的张灵甫十分清楚自己部队的这些特点和长短，七十四师的重装备和训练适用于平原，如果不对部队进行适合山地作战的必要调整和训练，贸然以平原作战的模式投入沂蒙山区，尤其是武器装备没有适应山地作战的需要，就是愚蠢地拿己之短打敌之长，所以他对进山区作战十分忧虑，希望回到平原地区作战，理由是整编第七十四师的重装备不利于山地作战。我们看看张灵甫向自己信任的人倒的苦水。当年在汤恩伯的手下有一个身份特殊的

人物，叫毛森。他原是戴笠手下的军统大特务，兼任第一绥靖区第二处处长，负责搜集军事情报。汤恩伯去鲁南就任第一兵团司令后，毛森奉令随军行动，他因此与张灵甫交往密切，并且成为朋友。毛森回忆张灵甫对他大吐苦水："他满腹怨忿，很气愤地对我说：'我是重装备部队，如在平原作战，炮火能发挥威力，陈毅二三十万人都来打我，我也力能应付；现在迫我进入山区作战，等于牵大水牛上石头山。有人跟我过不去，一定要我死，我就死给他们看吧！'"

在这样的心态下，张灵甫在山东的作战态度不免消极起来，他不再是苏北战场上那头醉心于进攻、进攻、再进攻的"斗牛"了。相反，据毛森说，在当时的南京国防部、徐州陆军司令部和鲁南的国军将领中，甚至传出不利于他的耳语，他们背后议论说，张灵甫如今像一头"懒牛"，一打仗就"鬼叫"，不肯出力。不过牢骚归牢骚，作为军人，张灵甫远比那些背后议论他的同僚们"敬业"得多了，一旦打起仗来，他还是不畏战，肯出死力拼命，所以在解放军的战史中，这头"懒牛"在山东丝毫不见有偷懒的迹象，在解放军的眼里，张灵甫还是一如既往充满了危险，像一头凶狠好斗的猛牛，横冲直撞。

七十四师从上到下这样的情况似乎已经向我们预示了什么。回归到山东继续看战场发展。形势的突然反转使陈毅、粟裕的脸沉了下来，主动与被动的转换，就在这转念之间，虽然他们以五个主力纵队包围了七十四师，而蒋介石则以十个整编师又进行了反包围。双方都明白，取胜的关键在于七十四师的盾有多坚，陈、粟大军的矛有多利，不是鱼死，就是网破。陈毅命令各阻击部队坚决挡住国民党军，同时根据战场情况，重新调整部署，一纵从西，四纵从北，六纵从南，八纵从东，九纵从东北，五个纵队同时对七十四师发起了总攻。

李天霞与张灵甫素有矛盾，因此，在蒋介石的催逼下，他的整编八十三师只派出一个团的兵力驰援。倒是黄百韬的整编二十五师不遗余力地执行了命令。凭借武器的先进，到 14 日上午黄百韬已将战线推到了黄崖山、狼虎山一线。黄崖山距孟良崮六公里，两地隔一段开阔地带而相望，这道山峦自然成了整编二十五师通往孟良崮的最后障碍。因此国共双方谁占有了黄崖山，谁就把握了这次大战的主动权。斗争的焦点已经在夺取黄崖山的战斗上了。张灵甫得到情报后认为自己将会成功地吃掉华野，完成他的使命。王耀武看到这样的情况也为自己的老部队松了一口气，接下来就看黄百韬的进攻速度怎么样了。

当然，华东野战军不会看不到黄崖山的重要性。华野六纵十六师得到命令昼夜行军，开始了夺取黄崖山的行动。四十八团为其前锋部队，克服劳苦，一边行军，一边睡觉；一边跑步，一边嚼炒米，终在 15 日的拂晓抢到了黄崖山主峰的山脚下。这时候，黄百韬的一支先遣部队也刚好开到了西面山脚下。双方都意识到胜败就在毫厘之间，展开了比拼。

三营九连连长翟祖光毫不犹豫地带人从东坡攀缘而上，向山头冲去。国民党军则从西坡匍匐而进。五十分钟后，当翟祖光率领连队登上峰顶，抢占了制高点时，这时国军离山顶仅有三十米，一分钟的行程。我们完全可以想象，如果国军先占领，战役结果可能还真的反转了，山地的作战就是要占地形的优势，只要坚守住，攻击部队将付出巨大的代价。随着翟祖光一声令下，所有枪支朝国民党军扫去，打死打伤一大片。黄崖山主峰因此控制在了四十八团手里，十六师的其余部队则相继占据了黄崖山附近的猛虎山、万泉山等要点。尽管黄百韬随后出动营、团级的集团冲锋，企图夺回这些阵地，但地形上的劣势使他的一切努力都化作了徒劳，相差六公里而"爱"

莫能助。

历史就是这么有戏剧性。三十二年后，当年的六纵司令员王必成在武汉回忆这一段历史时，对抢夺黄崖山之战仍然感慨不已：倘使国民党军先我一分钟到达山顶，阻击二十五师的战斗，乃至整个孟良崮战斗恐怕就是另一番场景了。

援军迟迟赶不到，原因是地形。黄百韬的整编二十五师距孟良崮仅有六公里，而另一部的整编八十三师距张灵甫也只有五公里。然而"望山跑死马"，国军遇到了这个问题，翻山越岭可不是直线距离的问题。再加上解放军的顽强阻击，连前进一百米都非常困难。另外，由于大山阻隔，国军看不到目标，无法实施火力支援，装备优势大打折扣。以黄百韬部为例，如果在平原地区，他完全可以集中炮火从后面轰击解放军的攻击部队，但是在山区，他只能听着大山那边的隆隆炮声干着急。

孟良崮上双方展开了争夺战，战况非常激烈。华东野战军二十三师夺取万泉山后，立即向七十四师中心阵地猛扑。副师长戴文贤从师警卫排和部分连队中，抽调精干人员组成了突击小组。时任二十三师六十九团一营二连班长的葛兆田有幸入选，并担任主攻。每个突击小组七人，轮番冲锋，猛攻张灵甫的指挥部。不料，前几个小组都失败了。葛兆田一挽袖子，跟着副连长冲了上去。

张灵甫将指挥部放在一座山崖根儿里，前面用石头垒了道石墙以防流弹。葛兆田冲到指挥所里的时候，只剩下他、副连长和一名战士。葛兆田持枪高喊："一营在东，二营在西，三营堵正面，告诉他们缴枪不杀，谁动打死谁！"这时听见敌军指挥部里有人喊："别开枪，我们投降！"一群官兵随即从指挥部里走了出来。走在最前头的一个军官见只有三名解放军战士，端起冲锋枪就扫。副连长受了重伤，葛兆田一下子火了，也抱起冲锋枪开始扫射。这名军官和一

225

串敌军士兵应声倒地，余下的敌人赶紧高喊："别打别打，我们真投降!"葛兆田厉声命令："一个一个地出来，把枪扔在门口!"待敌人全部走出后他数了数，一共八十三人。这时，葛兆田走过去看那个被打死的军官，身材高大，肩上有两颗将星，胸前还缀满了勋章。当山风掀起他的裤管时，葛兆田发现他的一条腿是橡皮假腿。当时葛兆田也闹不清他是谁，心想反正这个官儿小不了。

正在这时，副师长戴文贤率领后续部队冲了上来，一见躺在地上的国军军官，问道："这个军官是谁打死的?"葛兆田还以为要受表扬，便得意地回答说："我打死的。"不料，戴副师长发了火："你为什么打死他? 我要处分你!"葛兆田也来了犟脾气，一拧脖子说："他打我，我不打他? 蒋介石打我，我也敢开枪!"戴副师长也不好再说什么，对他说："那好，你先把俘虏押下去吧!"

当然，这只是张灵甫死亡的一种说法。我们对于历史的认知往往需要更加客观的史料来印证，史学界对于张灵甫的死也确实能反映出认知的不同。国民党方面一直宣扬的是张灵甫自己结束了自己的生命，对于这个问题史学界到现在还是争论不休。然而这个纯粹的军人，在面对失败的时候也会有相当的骨气，我们能够理解这个想法。自杀也是他死亡的一种合理推断，这个骨气他还是有的。但是毋庸置疑，是解放军将这个不可一世的王牌送进了阎王殿。

孟良崮战役胜利结束了。国民党整编第七十四师及整编第八十三师一个团共三万余人全部被歼。蒋介石痛失虎将，哀叹七十四师被歼是他"最可痛心、最可惋惜的一件事"。陈毅司令员兴之所至，挥笔写下了气壮山河的诗篇："孟良崮上鬼神嚎，七十四师无地逃。信号飞飞星乱眼，照明处处火如潮。刀丛扑去争山顶，血雨飘来湿战袍。喜见贼师精锐尽，我军个个是英豪。"孟良崮战役解放军缴获国军山野炮二十八门、步兵炮和战防炮十四门、大小迫击炮二百三

十五门、轻重机枪九百八十七挺、长短枪九千八百二十八支、火箭筒四十三具、炮弹七千二百零二发、枪弹二百零八万发。

华东野战军的胜利实际上更多的是赢在国民党的内斗上了，也正充分体现了国民党江河日下的实际情况，预示着胜利的天平正在逐渐向中国共产党倾斜。国民党方面各路援军的保存实力、消极怠工也是其固守待援失败的原因。各路援军指挥官的心态，就是那个九师师长王凌云说的："那时候蒋介石无论说得再厉害，下面为了保存实力，谁也不拼命打仗，做些假报告，搪塞了事。"

孟良崮战役，王耀武一手提拔起来的悍将张灵甫也同七十四师一同而去。王耀武犹如被捕去了精气神，忍着悲痛为七十四师和张灵甫写下了祭文。他知道，共产党能吃掉七十四师，就能吃掉国民党任何一支部队，攻克国民党任何一座城池，包括他镇守的济南城。因此，在之后讨论守卫济南的问题时，他明确表示信心不足，建议撤至兖州，保存有生力量，巩固徐兖。但蒋介石不作此想——不战丢济南，他丢不起这个面子。于是向王耀武许诺，战事一旦爆发，他保证尽全力增援济南。

胳膊拧不过大腿，王耀武只能尽力守济南，环顾手下，往日的精兵猛将已被蒋介石尽数调离，虽然号称有守军十万，但多是杂牌或保安旅之类的地方武装，关键时候要掉链子的。唯一让王耀武寄予希望的，就是蒋介石答应的援兵，但王耀武盼星星盼月亮，也只等来了七个连的援兵，真的不够解放军塞牙缝的。因此济南战役对王耀武而言，其结局只能是"失败"二字。

227

第 九 章

折戟济南战役
乔装失败被俘

自孟良崮战役之后，山东算是获得了相对的平静。但是对于战争而言，平静的地方往往蕴含着更大的危机。王耀武失去了七十四师的老底子，济南的其他部队战斗力又不如解放军。济南战役前夕，解放军相继攻克了山东多个城市，形成了对济南的夹击之势，战略态势上济南在此时已成一座孤城。虽然王耀武曾两次飞赴南京要求放弃济南，集中兵力于兖州，巩固徐兖。但是蒋介石未同意放弃这块政治要地，必须守，下达了固守待援的死命令。1948 年 9 月，济南战役打响，王耀武错误的战略方向判断致使其迅速失守，内部的离心致使部队纷纷掉转了枪口对准了他自己。大局已定，王耀武最后仓皇出逃，于山东寿光县被俘，结束了自己的戎马生涯。

无力回天，奈何仰天长叹

　　济南战役之前，解放军在山东的战斗不断加大了强度，人民解放战争也已经进行了两年多，解放军与国民党军经过反复较量，敌我双方兵力对比已经发生了明显变化，全国战局处在了伟大变化的前夜，战略决战的时机已经到来。

从全国战场态势看，人民解放军已转入战略进攻。从山东战场看，已形成解放区四面包围济南的态势。加上两军的力量对比和人心向背，国民党军明显处于劣势。名义上，他手里还有十一万人，但是很多是保安团，只有三个整编师而且战斗力不强。他的对面，华东野战军至少能拿出二十万主力野战军对付他。但是这一建议遭到了蒋介石、陈诚、杜聿明的反对。蒋介石给王耀武的充饥画饼是一旦济南战起，他会让杜聿明带十七万人救援。王耀武也明白解放军对济南已成包围之势，很难突进支援，所以基本上对这件事持消极悲观态度，大不了撤退。他接到命令，他的九个正规旅、五个保安旅及特种兵部队约十万人固守省城济南。从另一个角度讲，不待在济南的话，他还能去哪儿？

鲁南战役之后，山东野战军和华中野战军合编为华东野战军，下辖十一个步兵纵队，并用从国民党军手里缴获的大量火炮、坦克、汽车，组建了特种兵纵队。粉碎敌人重点进攻之后，华东野战军组成西线兵团，挺进鲁西南执行外线作战任务，同时组成东线兵团（即山东兵团）留在山东执行内线作战任务。

1948 年春，全国各野战军经过冬季整训，相继发起春季攻势。山东兵团按照中央军委提出的解放山东的预定计划，于 3 月至 7 月间，连续进行了周村、张店、潍县、兖州等几个攻坚战，肃清了济南青岛间胶济线和济南徐州间津浦线之敌。8 月，西线兵团与山东兵团会师。至此，济南已处在解放区包围之中。王耀武把这一切看在眼里，急在心里。解放军的日益强大对他的威胁逐渐上升，他也像热锅上的蚂蚁急得团团转，飞了南京想把济南的兵力转移至徐州地区，已期达到军事上的优势。他也知道，政治上一城一地的得失很重要，但是打不败敌人哪来的城池？对于死守济南他可是很无奈的。

王耀武在解放军的凌厉攻势之下丢失了许多重要城镇和广大乡

村，中原、华东两解放区已经被打通。在山东境内，除青岛、烟台、临沂、济南等孤立据点外，其余已基本无法守卫。此时，华东野战军外线兵团的第一、第四、第八纵队位于亳县、涡阳地区，第三、第六、第十、两广纵队及中原野战军第十一纵队位于济宁、嘉祥、金乡地区，苏北兵团第二、第十一、第十二纵队位于沭阳、涟水地区，山东兵团第七、第九、第十三纵队及渤海、鲁中南纵队位于莱芜、泰安地区休整；中原野战军主力位于宝丰等地区休整，王耀武也看到了一场更大规模的攻势作战即将来到。

国民党也没闲着。1948 年 8 月，徐州"剿总"和华中"剿总"依据南京军事会议决定的战略方针，进一步加强了各战略要点的防御工事和兵力，将原来的整编军改为兵团，连同原有的兵团共辖七个兵团，并进一步加强了几个主力兵团的兵力，分别配置在以徐州、信阳为中心的地区，以加强中原的防御。其中，徐州"剿总"共辖六个绥靖区、四个兵团，连同特种兵及保安团队共七十万余人，其部署是：第一、第二、第三、第四、第九、第十一绥靖区共十五个整编师四十二个旅分别防守淮阴、济南、台儿庄、菏泽、海州、青岛等地；第七兵团三个整编师六个旅位于徐州以东新安镇地区，第二兵团四个整编师十三个旅位于商丘、砀山地区，第十三兵团两个整编师六个旅位于固镇、蚌埠地区，第十六兵团三个整编师六个旅位于郑州地区。另"剿总"直辖两个整编师位于徐州。

之所以济南成为焦点，是因为济南是山东省省会，也是第二绥靖区所在地。在蒋介石眼里是仅次于南京、天津、徐州的战略要地，派王耀武去担任山东省政府主席以及绥靖区司令是希望他能镇住场面。国民党高层曾宣称：徐蚌地区是南京的门户，而济南则为卫护徐州的重要堡垒，济南万一失守，不但徐州不保，国都南京势必受到严重威胁，在国际上也将带来不良影响。王耀武也知道，津浦铁

路（天津至浦口）和胶济铁路（青岛至济南）交会于济南，华东、华北地区均需要把济南作为纽带。此地北靠黄河，南倚泰山，地形险要，易守难攻，是国民党军残存在山东省腹地的最后一个坚固设防城市。国民党军第二绥靖区司令官王耀武指挥整编第九十六军（辖整编第二、第八十四师，独立嵌）、整编第七十三师等部，共三个整编师部、九个正规旅、五个保安旅及特种兵部队约十一万人，控制着东自韩仓，西至长清，南起中宫、张夏，北迄泺口、齐河之间地区。济南市区分为内城、外城和商埠。王耀武做出部署，以内城为核心防御阵地，以外城和商埠为基本阵地，以城郊一百多个支撑点组成外围阵地，各阵地内筑有众多永备型和半永备型强固工事，打算长期固守。

正当1948年春末夏初，"济南必有一战"的判断尚在南京最高层人物中流传，王耀武收到蒋介石密令——飞往南京。王耀武搭载一架军用飞机从济南西郊机场起飞，向南飞去。就在这架飞机上，他也在思考着过去与未来。经过莱芜战役和孟良崮战役，他的老本基本被吃掉了，自己能打的部队已经失去了，未来在哪儿？他看不到了。

飞机在南京机场降落后，王耀武一下舷梯，蒋介石的秘书室主任陈布雷便上前与他握手说："王司令，校长早在等你了。"王耀武十分敬重这位在蒋介石身边工作多年的国民党勋臣。他双手握住陈布雷的手说："陈兄你好，佐民多亏陈兄美言，才得到校长提拔。此事虽已过多年，但我一直念念不忘。这次来南京还望陈兄能助我一臂之力。""王司令，"陈布雷说，"你我至交不必客气。不过我提醒你，蒋先生近来的火气太盛，任何事情都不可违他的意志。这也难怪，从战乱以来，各地战场发来的战报大多是兵损将折。就山东战场而言也无使他提神之处。照此下去，国家前途不堪设想啊。"

实际上后来王耀武和蒋介石的讨论是很不愉快的。虽然宋美龄

亲自下厨给王耀武接风洗尘，但是本来二人谈论的事情就是一个"鸡肋"——政治上不能失去，军事上最好放弃。这个就是政治和军事的矛盾，处理不好结果只能是两败俱伤。后面王耀武碍于面子，委婉地提出要弃守济南，蒋介石一下子就阴了下来。是的，蒋介石没追究他在莱芜战役中的失误，王耀武本身是对蒋介石很感激的。面对着蒋介石不发言的批评，他是内心很复杂的。他只能再次表示自己的忠心，来让他的老校长高兴高兴。果然，蒋介石对这种效忠的方式很感动，鼓励他回济南后再接再厉，将解放军压制在山东。

王耀武回去以后，蒋介石为加强济南守备兵力，于8月上、中旬令青岛的整编第三十二师的第五十七旅和徐州的整编第八十三师的第十九旅空运济南；9月15日又令整编第七十四师（重新组建的）于17日开始由徐州空运济南。王耀武看到蒋介石的决心了。在济南遭到攻击时，王耀武部十万余人坚守济南，消耗解放军战力，并以第二、第七、第十三兵团主力约十七万人由徐州北援，企图在兖州、济宁间击破华东野战军主力，解围济南。为加强防御力量，国民党统帅部还决定以济南、青岛为主基地，北平、徐州为辅基地，集中战斗机一百六十二架进行空中支援，另以重轰炸机四十二架对解放军攻城、后援部队及后方运输线进行轰炸。济南北靠黄河，南倚泰山，地形险要，易守难攻。在日寇占领期间，即筑有坚固的防御工事；国民党军接收以后，又系统地进行了全面设防，昌潍解放以后，王耀武督率所部日夜加固旧有的堡垒。在济南周围百里内，从核心到外围，遍布钢骨水泥碉堡千余个及无数个地雷阵，无数道电网、石墙、鹿砦、壕沟，守以十多万重兵。确定了尽量缩小防御圈，加强要点守备，控制强大的预备队，适时进行反击的"防守要领"，第二"绥靖区"以济南内城为核心防御阵地，以外城和商埠为基本阵地，以济南外围县镇及制高点构成外围阵地，各阵地内均

构筑众多的永备和半永备型工事，形成能独立作战的支撑点。

在战前动员的时候，王耀武威风凛凛，昂首挺胸，用戴着白手套的右手向官兵行军礼。他个子不高，是以"五小"（眼、鼻、嘴、耳和个子）而著称于国民党军官之中的。但他阅兵般地走动，中将星徽闪烁着太阳的光芒，他的将官斗篷随着秋风飘动……这一切都在向新来的国民党军官兵显示一种决心，一种要与城池共存亡的气概。战云低垂，形势危急，在国民党第二"绥靖区"司令部作战室，正在召开一次军事会议。国民党守军旅以上军官和独立团、营的团长营长们正襟危坐，听取王耀武的临战训示：

"保卫大济南，早告诉你们'必有一战'，今天可以再告诉诸位，不仅必有一战，而且迫在眉睫。南京国防部于 8 月 27 日来电称：匪有攻济南之企图。对防守要领的指示如下：一、济南防备应缩小防御圈，守备重点；二、控制强大预备队，采取机动防御，依靠火力及机动部队之出击以歼进犯之匪；三、注意夜间防御战，勤加演练。统帅部的电示即是济南守军的方针大要。

"再者，蒋总统对济南防守特别关注，不仅对我有数次面示，且他心中自有精妙安排。再强调，只要我济南守军能顶得住共军的攻击，他将督令援军北上与我济南守军南北夹击共军，那时必能打败共军。

"我们有一十万守军，有星罗棋布的堡垒群工事。我们可以毫不夸张地说，我们的防御阵地是难以攻破的，我们的外围防御地带以齐河、长清、张夏、王舍、人庄等地为警戒阵地，沿鹊山、华山、茂岭山、砚池山、回龙岭、千佛山、马鞍山、腊山、药山之线构筑了主要阵地，纵深达十多公里，有一百六十个支撑点。我们的基本防御地带以商埠为第一线阵地，外城为第二线阵地，内城为核心阵地。这样的阵地不仅比潍县、兖州好得多，而且也是华北大城市的防御体系中所不能相比的。"

236

蒋介石后来直接到了济南指挥这次战役，给他的济南部队打气加油。王耀武在他面前也只能是说好话，不能泄气，哪怕真的不行了。蒋介石自以为很懂军事，然而他的亲密盟友美军却称他在军事上是"一个吃奶的孩子"。他不服也不行，来了济南亲自布阵也只是印证了那句话而已。王耀武也只能是安心地汇报工作了，除此以外，别无他说。蒋介石倒是很欢喜，王耀武做的一切都是他想要部下做的，能不能做到先放一边，这个态度他很喜欢。这个夜晚，他睡了一个安稳觉，第二天便高高兴兴回南京了。

解放军方面，中央军委根据战局发展，命令华东野战军确定了"攻济打援"的济南战役作战方针，即"攻城打援分工协作，以达既攻克济南，又歼灭一部援敌之目的"，并强调指出，此战目的在于攻占济南，但必须集中大部兵力于打援、阻援方向，力争歼灭援敌一部。华东野战军代司令员兼代政治委员粟裕依据中央军委的指示和华东地区的敌情，于8月10日提出了下步作战的三个方案：

一、集中华野全力进入豫皖苏及苏北地区，切断徐蚌铁路，孤立徐州，着重歼灭徐州出援的敌人；

二、集中优势兵力优先攻占济南，以必要兵力阻击徐州北援之敌；

三、攻济与打援同时实施，但有重点地使用兵力。第一阶段先以一部夺取济南机场，主力寻歼徐州援敌一部。第二阶段以一部兵力阻援，主力转攻济南。

通过比较，粟裕考虑第三方案为有利。从军事地形上看，徐州至济南间有公路、津浦路两相平行，地形较为开阔，滕县、邹县间及泰安以北各有一片山区，商丘北至济宁、汶上间全为平原，自徐州以北的利国驿直达东平，有运河及微山、蜀山、东平等一连串湖泊，加上徐州国军的部署，粟裕判断徐州之敌将分两路沿津浦路及

237

经鲁西南北援，因而准备将打援战场选择在汶河以北、泰安以西、肥城以南地区或邹县、滕县间地区，阻援战场选择在鲁西南金乡、巨野、嘉祥地区。

8月12日，中央军委复电同意实行攻济打援的作战方针，并指出作战结果预计有三种可能：第一，既攻克济南又歼灭援敌大部；第二，既攻克济南，又歼灭部分援敌；第三，济南既未攻克，援敌未被消灭，形成僵局，未能获得歼敌的目的。同时又指出，依据中原作战经验，一种可能出现的情况是我部不真攻济南，徐州援敌一定缓缓推进，并不真援，使我无战机可寻。因此，中央倾向于攻城打援分工协作，以达既攻克济南，又歼灭一部援敌之目的。在阻援、打援部署方面，军委指出：应将兵力全部置于嘉祥、巨野、兖州、济宁及其以南地区，"夹运（河）而阵"，以便随时转移兵力用于阻击或歼灭援敌。

随后，粟裕依据军委指示，对战役的实施和兵力使用问题，于8月下旬确定了如下部署：以第三、第十纵队及鲁中南纵队主力约占总兵力的百分之四十四、计十四万人组成攻城西集团，由第十纵队司令员宋时轮、政治委员刘培善指挥。目的首先攻占机场，切断国民党空援，并抓住一切有利战机攻占商埠，而后在东集团协同下攻城；另指挥两广纵队及野司警卫团围攻长清之敌，冀鲁豫军区部队一部围攻齐河之敌。以第九、渤海纵队为攻城东集团，由第九纵队司令员聂凤智、政治委员刘浩天指挥。首先肃清济南东郊之敌，而后协同西集团攻城；另指挥渤海军区部队攻占泺口，控制黄河铁桥，而后向南突击。以特纵炮一团（欠一个营）、炮三团（欠两个连）及各纵队炮兵团组成东、西两个炮兵群，分别隶属东、西集团，支援攻城作战。以第十三纵队为攻城预备队。

26日中央军委复电指出：此次战役必须预先估计三种结果：一、

在援敌距离尚远之时攻克济南：二、在援敌距离已近之时攻克济南；三、在援敌距离已近之时尚未攻克济南。力求争取第一、第二种可能，在第三种情况下，打援优先，攻城靠后。因此，攻城应留出必要的预备兵力，阻援、打援集团更应留出强大的预备兵力，以便在第三种情况下能够消灭援敌。同时，应构筑多道坚固阻援阵地。28日军委又强调指出：此役关系甚大，战役计划应以能应付最坏的情况为出发点，准备用二十天到两个月的时间完成战役。时间是此役的关键，因此在兵力使用上，应以一部兵力真攻济南，集中最大兵力于阻击援敌与打援方向。整个攻济粟裕统一指挥，攻城部队统由山东兵团司令员许世友、华东野战军副政治委员兼山东兵团政治委员谭震林、副司令员王建安统一指挥。为策应华东野战军的攻济作战，中央军委确定中原野战军继续集结于豫西地区休整，待敌人在济南、徐州吃紧，第三、第十六兵团被迫增援时，歼击其一部，使其不能东进参战。

双方的战略判断与筹划基本形成。王耀武虽然打心底里对此役不是很有把握，但是蒋介石还是要求他坚守。能不能守住是一个问题，还有多少兵力可守又是一个问题，援兵何时到也是一个问题。战役结果还是一个未知数……

激战济南最后仓皇逃窜

王耀武部队还是在济南老老实实地布置防守。其守备范围东自韩仓，西抵长清，南起仲宫张夏，北至洛口齐河。以城北泺口至城南八里洼（马鞍山）一线为界，划分为两个守备区：东守备区由整编七十三师师长曹振铎指挥，西守备区由整编第九十六军军长兼八

239

十四师师长吴化文指挥。以两个旅做预备队，又以一个旅和各县保安队分别据守外围的历城、齐河、长清等县城。其防御阵地在日伪原有工事基础上精心加固改建，以城高墙厚的内城为核心，外城商埠为基本防御地带，外围还有一百六十多个据点，设置了多道防线，修筑了密集的障碍雷区，构成约六百平方公里的永备性防御体系，囤积了大批粮食弹药。

在这样的情况下，解放军方面仍决定于9月16日开始攻击，预计以十五天至二十天时间攻克。

9月2日，中央军委复电同意粟裕的部署。其实，夺取济南的准备工作，早在解放周村、潍县之后已着手进行。野战军前委在曲阜召开了师以上干部会议，统一了作战思想，并颁发了"政治动员令"，部队依据各自任务，进行了战术演练；敌工部加强了对吴化文部的策反工作。军队后勤系统和地方支前系统召开联席会议，全面部署后勤工作。至战役发起前，已动员五十万支前民工，一万四千副担架，一万八千辆大小车，筹粮一亿四千万斤，为战役提供了强大的后勤支援。支前的广大民兵和民工，以实际行动给解放军士气以很大鼓舞，为战役胜利做出了巨大贡献。

为了做好接管工作，解放军组成了济南市军事管制委员会，指定了城市警备部队，进行了接管和警备城市的各项准备工作。西路攻城集团9月9日自济宁、汶上，东路攻城集团13日自泰安、莱芜、章邱等地分别向济南隐蔽开进。15日，两广纵队等扫除长清西南地区国军保安部队，并包围长清城，形成了战略方向的欺骗。此时，王耀武判断我军主攻方向在西面，遂将其预备队第十九旅调至飞机场以西古城方向待命，将第五十七旅由张夏、崮山等地撤入市区，准备转用于西郊战场。

攻城兵团于9月16日晚发起攻击后，迅速突破济南外围防线。

9月16日，在华东野战军西线部队展开了凌厉的攻势之后，王耀武急电蒋介石，请求把他亲自培养过、又在孟良崮战役后重新组建的七十四师，派来增援。他不顾炮火威胁，亲自到飞机场迎接七十四师空运援军。然而让他没想到的是，华东野战军十纵和三纵的炮火封锁了飞机场，七十四师仅仅运来七个连，就再没能降下一兵一卒。16日午夜，我军发起全线猛攻，经一天激战，西路集团歼灭长清、齐河守敌后迅速迫近济南西郊。东路集团一举攻克茂岭山、砚池山及回龙岭等制高点。王耀武又判断我主攻方向在东面，立刻将第十九、第五十七旅东调，并以第十五旅以及刚空运抵济的整编第七十四师七个连，自七里河方向反击解放军，另以一部增援燕翅山，打算制止华野的攻势。至17日，西路进攻集团夺占李庄、双山头、长清等据点，进逼飞机场、腊山一线；东路进攻集团攻占济南城东屏障茂岭山、砚池山等要点地，直扑外城。

与此同时，蒋介石命令徐州"剿总"副总司令杜聿明指挥第二兵团准备经鲁西南北援，第七、第十三兵团分由新安镇及固镇地区向徐州集结，准备沿津浦路北攻。粟裕得此消息后命令打援部队做好准备。18日，西路集团以炮火控制飞机场，使济南空运联系彻底中断。19日，守卫城西的整编第九十六军军长吴化文在华东野战军敌军工作部门和中共济南地下组织的政治争取下，率三个旅两万余人举行战场起义，使守城部队一时间军心涣散，士气受挫，战局向不利于王耀武的方向继续发展着。

连续的损失和吴化文部起义，打乱了王耀武的防御部署，动摇了其坚守济南的信心。他向统帅部请求突围，但遭蒋介石严词斥责，并得到了命令坚守待援。王耀武随即调整部署，除留一个营守千佛山、一个团守马鞍山，以三个旅又一个团守商埠外，将主力撤入城内。南线之敌三个兵团，在蒋介石督令下，正分别向商丘、徐州集

241

结中。

攻城兵团抓住战机，立刻调预备队第十三纵队加入西路集团作战。各部乘势扩大战果。20 日黄昏，西路集团经四十分钟的炮火准备和连续爆破，从多个方向突入防守阵地。

22 日中午，第二绥靖区司令部被华东野战军三纵包围。奉王耀武命坚守此地的，是刚刚空运而来的七十四师一七二团。这支部队在商埠其余部分被解放军拿下后依然死守不降。为激励士气，王耀武火线提升刘炳昆为少将旅长。刘炳昆受此激励，顽强抵抗，拒不投降，双方展开逐屋、逐层、逐楼的争夺。华东野战军三纵八师师长王吉文亲临火线指挥，被守军的爆破筒击中后牺牲，年仅三十二岁。激战到下午，守备军团渐渐失去了抵抗的能力。当三纵的战士呐喊着冲上楼顶时，头部、腹部负伤，浑身是血，但仍抱着冲锋枪坐在椅子上指挥战斗的刘炳昆，从腰间抽出王耀武所赠的"中正剑"，刺向自己的胸口。连续鏖战六天六夜的攻城部队，歼灭了包括商埠在内的济南外围守敌，迫近济南外城。至 22 日晚，西路集团占领商埠，东路集团直逼城垣。攻占商埠后，王耀武认为粟裕需经三五天的准备才能攻城。因此，将三个旅集中内城，以四个旅安置外城，积极加修工事，准备顽抗。

为了不给王耀武喘息的机会，攻城兵团首长决定立即对外城发起攻击，并作了如下部署：东路集团第九纵队配属坦克四辆于城东永固门正面及东南角突击；渤海纵队一部向城东北角佯攻，另一部位于城东北地区准备堵击可能突围逃窜之敌。西集团第十三纵队由城西南永绥门及其以北实施突击；第十纵队由城西普利门及永镇门、小北门实施突击。第三纵队集结商埠为预备队。

22 日晚，攻城兵团各突击部队在强大炮火掩护下，进行连续爆破，勇猛突击，经一小时左右激战，分别突入外城，与敌展开激烈

巷战。至 23 日，除个别据点外，攻占外城。23 日晚，攻城兵团对内城发起总攻。

内城方面，南内城高八至十二米，底宽十至十一米，顶宽八至九米，并有上中下三层火力点。华野为迅速彻底歼灭济南守军，决定即刻对内城发起总攻。以第九纵队、渤海纵队由东南方向，第三、第十三纵队由西、西南方向实行突击。23 日 18 时，攻城兵团的全部火炮均参加了火力准备。一小时后，各突击分队发起攻击。王耀武率部拼死抵抗。19 时 53 分，第九纵队第七十九团由东门南侧突破，一个多连登上城头，但因桥被守军打断，后续不继，血战一小时后，全部壮烈牺牲。第十三纵队第一〇九团突上城头两个营，遭守军连续反击，经两小时激战，除有两个连突入城内，据守少数房屋坚持战斗外，大部伤亡，突破口为守军重占，其余部队的攻击亦未成功。王耀武果然不是吃素的，军事素养的高超在这点上可以看出。在这样的情况下还能打出一波反击，这是令解放军没想到的。

在此紧急情况下，各攻城部队重新调整部署，开展火线军事民主，严密组织炮火、爆破、突击三者的协同和后续部队的跟进。华野再一次的攻势行动取得了效果。到 24 日上午，王耀武只能控制大明湖北岸 500 米×100 米的狭小区域。整个区域全部在解放军步枪射程内。

即使在这种情况下，王耀武的指挥依然没有混乱，其军事能力可见一斑。

解放军各部浴血奋战。第九纵队第七十三团于 24 日下午 2 时从城东南角突入内城；第十三纵队第一〇九团于拂晓前从城西南角突入。（战后，这两个团被中央军委分别授予"济南第一团""济南第二团"的荣誉称号。）随即解放军大量进入，迅速向纵深猛攻，激战至 24 日黄昏，全歼内城守军。被王耀武预言"外围能守半个月，市区至少能守一个月"的济南获得解放。马鞍山、千佛山守军分别于 25 日、26 日缴械投降。

王耀武对自己手下部队在这场战役中的表现十分失望。之前韩练成的"叛变"让他十分恼火，李仙洲的用人失误导致了自己部队的巨大损失。而吴化文的起义则是直接导致了济南战役向有利于解放军的方向发展。他本想利用外埠的防御争取内城的守卫，结果这样一来解放军进攻进程的加快让他无法实现自己的目的。让他更恼火的是国民党各部队的基层士兵。此役解放军方面付出两万六千九百九十一人的代价，然而可以在档案中查到的烈士姓名只有五千多位。是档案的遗失造成了无法查证吗？不是，而是在济南战役的整个过程中，解放军每打下一个据点，就及时教育那些士兵，让他们认清国民党的反动。这样一来解放军边打边补，战斗人员是越打越多，有的只是把帽子换了，甚至有的只是把帽徽摘了。王耀武看到这一幕也颇感无奈，国民党已经无法再次将人心收拢了。

回过头来看，在这注定要失败的战役中，王耀武仍然保持了一位名将的风范。虽然济南战役只进行了八天，但考虑到当时国民党部队已经是兵败如山倒，士气、战斗力大幅下降，再加上关键时刻吴化文被策反，王耀武能守上八天，而且还给攻城部队造成了一定的损失，这样的战果还是体现了他这位虎将的高超智慧。另外，面对失败的结局，王耀武并没有惊慌失措，始终保持着镇定，这点就是难得了。济南战役打响后，济南城内也没有出现过大的波动。让人难以想象的是市民仍然正常生活，机关在上班，学校在上课。即使在他准备逃跑前，还把指挥部收拾得干干净净，真有点大将的从容。

再看看其他地区的部队推进情况。虽然蒋介石命令徐州地区的国民党援军快马加鞭，但慑于华野打援兵团兵力强大，援军不敢冒进。直到济南被克时，第七、第十三兵团尚在集结之中，都集结几天了还没集结完，明显是指挥官不想去；第二兵团进抵成武、曹县地区后，听说济南守军已被全歼，马上觉得自己没责任了，回师徐州。战役期间，中原战场国民党军一直被中原野战军严密监视，无

力支援山东战场，解放军安安心心打下了济南。国军空军在此次战役中，为配合地面作战共出动战斗机三百七十五架次，轰炸机七十一架次，战斗轰炸两用机五十架次，实行狂轰滥炸，另以运输机二十七架次空运部队及物资，但终未能挽救济南守军的覆殁命运。

济南战役中华东野战军经八昼夜激战，以伤亡两万六千余人的代价，共歼国民党军十万四千余人（其中起义两万人）、国民党军高级将领二十三人，缴获各种炮八百多门，坦克、装甲车二十辆，汽车二百三十八辆。

济南战役的胜利，使华北、华东两大解放区连成一片，沉重地打击了国民党军坚守大城市的信心，锻炼和提高了人民解放军攻坚作战能力。济南战役的胜利，同时开创了人民解放军夺取国民党军重兵坚守的大城市的先例。中共中央在贺电中指出，济南的攻克，"证明人民解放军强大的攻击能力，已经是国民党军队无法抵御的了，任何一个国民党城市都无法抵御人民解放军的攻击了"。就连为蒋介石撑腰的美国人似乎也认识到这一点。他们说："自今而后，共产党要到何处，就到何处，要攻何城，就攻何城，再没有什么阻挡了。"

各接管机构和卫戍部队，紧随作战部队之后进入济南市区，进行接管和担任警备。作战部队也一面作战，一面协助接管和警备，在战火弥漫中，积极地抢救人民的生命财产，博得了各界人士的同声赞誉。

此役开创了解放军夺取敌坚固设防和十万重兵据守的大城市的先例，进一步削弱了国民党军士气，从根本上动摇了国民党据守大城市进行顽抗的信心；振奋了广大人民的情绪，增强了解放军攻克敌坚固设防的大城市的信心。济南的攻克，使津浦路徐州以北至天津以南段及胶济路青岛以西段全部为华野所控制，从而大大地改善了支援前线的条件。同时，华东野战军也能全部南下，协同中原野战军在陇海路以南进行更大规模的歼灭战，逐次歼灭徐州地区的敌人。

中共中央在 9 月 29 日致华东军区、华东野战军首长的贺电中指出：
"济南战役是两年多革命战争发展中给予敌人的最严重的打击之一。"

然而，王耀武兵败济南后，华野没有找到他，他去向了何方呢？

兵败城破，落得人民罪犯

王耀武在大明湖东北岸边的北极阁临时指挥部里，猛烈的枪声和小炮声离他越来越近，他也在心中想象着他的部队被渐渐吃掉的绝境。作为大将，他还是有风度的，戴上军帽，穿上中将军服，腰间扎上左轮手枪，走出指挥室，来到大明湖边。王耀武向湖中望去，解放军的一颗炮弹在水中爆炸，掀起冲天的水柱，一只小船在水中打转，水鸟惊叫着散去……王耀武仰天长叹，自语："我的路走尽了。"心中一阵悲凉。

这是一场彻彻底底的失败。王耀武此刻的心就犹如大明湖水，波涛翻卷，撞击岸边，飘忽不定。面临抉择，他在痛苦徘徊，自己的最后归宿到底如何？将手枪对准太阳穴，十分简单。虽然这是古今中外将领在战败时常用的方式，但王耀武不想就这么简单地死去。举起白旗向解放军投降？貌似此时此刻不仅为时已晚，而且国民党方面也会定个"叛逆"的罪名，这个罪名还不如死了。率领部队继续抵抗？他何尝不是这样做的，但如今他已知道，无论如何组织都不能抵挡解放军凌厉的进攻了。如果再抵抗下去，不是战死，就是被俘，成为一个解放军的阶下之囚，这条路走了的话，一生英名毁于一旦。

考虑到最后，他想到了走。"三十六计走为上。"趁两军混战之机逃出城去，或许尚有线生机。然而他也觉得很难：且不说能否冲出解放军的天罗地网，就是有可能突出重围，和谁一起走，谁又会

愿与他一起去冒风险呢？越想问题越多，走的决心一时难以下定。

王耀武看着兵败如山倒般的颓势，无力挽回，心痛不已。他终于做了决定，把警卫营长叫到跟前，安排"出走"。警卫营长走了，王耀武回望早已烟尘滚滚的北极阁，心中充满了无限的惆怅。他迅速回到指挥室，抓起电话要通了仍在省府指挥部里的参谋长罗幸理："幸理啊，我要走了。剩下的残局你来收拾吧！或宣布停止抵抗，或一直打到底，由你定夺。"王耀武的"出走"决定是罗幸理意料之中的事。他说："我盼望你能够冲出去，收拾残部，东山再起。""不，那是不可能的。"王耀武说，"我只是不想就地被俘，我走了。我们或许后会有期，也许此次一别就成为永别，听天由命吧，你多保重！"罗幸理还要说话，王耀武已经放下了电话。

王耀武命令他的士兵将所储备的美国罐头、威士忌、法国白兰地、美国红卷烟摆在临湖的大石条上，然后请来了他的副参谋长少将干载、第四处处长少将张介人、副官处处长卢登科、政府秘书王昭建等人。这是准备安排"后事"了，这顿饭吃得可真是悲凉。在枪声急骤、硝烟弥漫、人喧马嘶的情况下，王耀武面带微笑，招呼众人席地而坐，然后他也和大家一样坐在地上。他命卫士们打开各种罐头，又斟满酒。"诸位，请大家举起杯来！"王耀武说，"济南战事诸位已经看到，共军已经不是兵临城下，而是突破城池杀我们头上了。在这生死关头，我请诸位是想表明，我王耀武的一贯主张是人各有志，我不勉强各位在这里与我束手被俘。我也告诉各位，我已打定主意弃城而走。"这个宣布来得太突然，惊呆了在场的所有军官。在军校生活中，教育战败后的主将以被俘或者投降为耻辱，而以"成仁"为军人本分。此时众人感情复杂，渐渐站起，王耀武跟着他们慢慢起身。少将副参谋长说："我早已决定将生死置之度外，同济南城同存共亡。如果弃城而走……"王耀武也揣测到干载的意思，为了不使自己的意愿被打断，他截断话头说："济南一战，

我王某在诸位将军的协力下指挥守城，国军用两万多人的死伤抵挡共军的攻击，在明知不能守的情况下，我们打了八天，还对不起谁？我请诸位喝下这杯中的酒。我还有话说。"王耀武带头一饮而尽。其余众人面面相觑，都不想喝。此时的枪声越来越密，也越来越近了。大明湖南岸向北飘来大量烟尘，大地上响彻着大炮的轰鸣。王耀武对此无视，继续说："我耀武感谢诸位在我任职时的通力合作。抗战时，我们何等荣耀！但自转入内战后，国军处处丧师折旅，败于共军之手，这是我苦思不解的。论兵力，论装备，或是论作战技术、经验，国军总不应败于共军。然而，失败总归是失败了。

"关于济南一战，我初与蒋总统的意见相异，你们大概知道这其中内情。因为他决计要我们固守济南，而且我知道总统既已决意打了，谁也改变不了。这八天的苦战，我们是孤军战于孤城。蒋总统虽累下严令，但援军却迟迟不动。这是最令我伤心之处。时至今日，两道城均已被共军突破，共军眼看就要逼到我们的头顶，我与诸位确已到山穷水尽之地了。谁人家中也有妻儿老小，我愿各位能活着见到家人。唯恐诸位不敢贸然有此动意，我先表明我的态度。我们相伴相随，同甘共苦多年，到此时，怕是天已不再容我们共事了。这酒，这肉，我请诸位尽用，算作我们兄弟的最后午餐。此后，我们各奔东西，前途或明或暗已不可知。此次一别，或许再也不能相见……"没等王耀武说完，干戟手中的酒杯落地，杯碎酒洒，双膝跪倒，伏地大哭，任王耀武怎样拉扯也不起来。少将张介人失声泣道："王司令，我随你多年，未曾想……太惨啊，太惨。"午餐结束。王耀武亲手将剩余的罐头、烟酒统统扔进大明湖。罐头和酒瓶瞬间沉入湖底，泛起了一串串水泡，唯有那些香烟盒久久地浮在湖面，随着涟漪起伏漂荡。

济南城破以后，解放军的一个重要任务就是寻找王耀武，搜了个底朝天也没在济南找到他。华野各部也很奇怪：飞机不能用了，

陆地上都是我们的人，能跑去哪里呢？这个用兵还是很上心的名将即使是逃跑也是很会用计谋的。从济南战役到最后一刻的从容不迫，还是能看出此人的城府极深，不是个轻易认输的人，也不会遇事慌张。王耀武把这份冷静也用到了逃跑上。

随着解放军凌厉的攻势逐渐展开，济南被攻陷已成时间问题。但是王耀武的指挥仍然是从容不迫，他下令提前开饭。在吃饭的时候气氛是十分沉重的。吃完饭以后，他指着成仁祠的匾额说："这地方叫成仁祠，前天乘船到此，我一见这三个字，就想到校长（指蒋介石）曾给我们每人一支佩剑，镌有'不成功，便成仁'。今天我们惨败到如此地步，我们应当怎么办？我作为军人，早已以身许国，这场战争，内有叛逆外无援兵，我们持续了八天八夜，已经尽了责任。此不同于抗日，不必萌发轻生的念头。现在大势已去，到了事不可为的地步，希望大家各自珍重。我深受校长栽培，身负重任，不同于大家，我带一个营突围，徐图后效。校长不是不关心我们，从全局着想，应知他有难处，不应对他稍存怨尤。"从这点来看，他还是知道国共内战的区别在于何处。这不是抵抗异族的民族战场。这些话还是表明他能认清形势，从侧面反映了国民党的失败并不是纯军事的失败。

说完这些话的时候，底下的官兵无不落泪，王耀武对他们给予了宽慰，温存备至，长官和士兵相互挥别。

1948年9月24日早，大势已去的王耀武进入大明湖北岸成仁祠的地下临时指挥所。他说："我们不能自戕。我受蒋总裁栽培，总裁说我代表黄埔的精神，这个地方我也不能坐以待缚。'三十六计，走为上。'"他对其参谋长说："我走了，留在这里被俘也没有好处，事情是很明白的。"就在他马上要走的时候，老部下王玉臣慌慌张张地跑到他面前，哀求王耀武下令抵抗解放军，宁为玉碎，不为瓦全。虽然王耀武要跑，但是也十分厌恶此时的王玉臣的不淡定，要求他

回到岗位上去，随后扭头就要走。从他身后传来了一声枪响，王玉臣的手枪刚刚离开太阳穴。这个军官倒是有些血性，虽然知道要战败，但还是选择了一个自己能接受的方式。

上午 11 时 30 分，王耀武带着四个卫士冒着猛烈的炮火朝北极庙东北角逃奔，通过早已准备好的地道出城，后又丢掉制服，化装成老百姓难民混过了解放军城外的哨线，企图逃往还有美军驻扎的青岛。他想趁解放军不注意的时候向盐泽地突围，伏在一个小村庄里。在解放军察觉之时他下令所率部队南撤，自己换上便装反向向东并向解放军问路，企图蒙混过关。

但是法网恢恢，疏而不漏。华东野战军充分发挥人民群众的力量，利用军地联合来搜查王耀武的下落。按照部署，济南周围各县的民兵、公安干警和群众，实行联防警戒，在各交通要道、渡口码头、车站增设岗卡，盘查潜逃漏网的国民党溃军，一共抓到了八个王耀武。

这是怎么一回事呢？原来，王耀武为了逃命，在济南失守前，利用金钱买通了十几个相貌和他差不多的部下。经过化装在逃跑被捉后全部自称王耀武，导演了一场解放军遍地都捉王耀武的闹剧。但是他最终还是在山东省寿光县被公安民警抓到了，也就是第八个王耀武。

9 月 28 日上午 8 时左右，王耀武在通过张建桥时被值勤的公安战士刘玉民扣住。刘玉民匆匆向上级报告，说："发现两辆大车和七个人，行迹十分可疑，我们把他们扣住了。"听了刘玉民的汇报，寿光县公安局审讯干事王洪涛立即赶往现场。王耀武已经被战士们押着人和车进了村，他乔装的是一个腿被炸伤的老人，盖着棉被捂着脸。王洪涛迎上去，问车上坐的那个年轻男人："你们是干什么的？"他抬起呆滞的眼睛看看王洪涛，然后机械地说："俺是商人，在济南普利街开馆子。家业叫炮火打光了，到青岛寻朋友，混碗饭吃。"但

是王洪涛听他的口音一点也不像济南人，他身上穿的紫花布衣服（当时农民用带色的棉花纺织的粗布，济南人根本没有穿这种布的）暴露他可能有问题。王洪涛又问他："你叫什么名字？""乔玉龙。"他略带惊慌地回答。"车上躺的是谁啊？坐起来！"说着，王洪涛朝大车走去。乔玉龙不自然地用身子挡住，结结巴巴地说："他……是俺叔，病得不能动了！"当他的目光和王洪涛的目光相遇时，王洪涛看出他是出奇地惊慌。王耀武听到后就起来了，他身材有些胖，额头上有一道明显的白印。这些特征更加引起王洪涛的猜测。为了不打草惊蛇，也为了进一步调查这些人的底细，王洪涛打算继续扣住这些人，带回局里审问。

在审问的过程中，王耀武一口咬定自己是乔玉龙的叔叔，也是一起做买卖的人，为了谋生投奔朋友去了。屋里沉默了片刻。王洪涛用眼扫了一下严肃地说："站起来！"王耀武把脚移到地下站立起来，两手自然下垂，腿肚子朝后绷，胸脯子朝前挺，这个标准的"立正"姿势让王洪涛心里更有底了。王洪涛问他叫什么，"乔坤！"他第一次开口答话，声音低沉而又颤动。"哪里人？什么职业？""长清人，在济南开馆子的。""那个年轻的是你什么人？叫什么名字？"王洪涛又问他。他想了一下，支支吾吾地说："我的侄子，乔玉龙。"回答似乎没有破绽。王洪涛朝刘玉民和另一个同志示意，他们便上去搜查他，结果只从他身上搜出一些雪白的高级棉纸。"这是干什么用的？"王洪涛指着棉纸问。他用眼角扫了一下，漫不经心地说："手纸。"这种手纸，一个"开馆子"的小商人无论如何是舍不得用的。王洪涛认为这是一个极大的破绽。随后，王洪涛问了济南的物价和他开馆子的经费问题，回答得模模糊糊，错误百出。最后他都不说话了。为了打开审问的局面，王洪涛将其送进了临时监狱。

随后县里的公安局局长李倍志和审讯股长王登仁都来了。他们三人进行了讨论后认为，这将是一条很大的鱼。消息称王耀武在济

南城破之时出逃，这个在寿光被抓的人会不会就是呢？而且上午的审讯很有效果，那个人还在激烈地斗争，三人迅速决定趁热打铁，马上审问。等人都到齐了，还没等局长等人开口，王耀武就问有没有县长。得到的是他们三个可以负责，尽管讲。于是在这样的情况下，王耀武承认了自己的身份。

三人震惊了。但是保险起见，他们详细地询问了济南战役的全部过程，一些细枝末节的东西这个王耀武回答得全部正确。于是三人立刻向上级汇报，汇报过程中才了解到王耀武还弄了个"金蝉脱壳"之法，好几个"王耀武"被抓了。第二天在战士的护卫下，这个真正的王耀武被送到了华东局的驻地，王耀武开始了俘虏的生活。

王耀武在这场战役中被俘获，也提早结束了他在军队的生活。在抗日战场上，他身先士卒，为抗日战争做出了自己的贡献。但是在国内战场上，他背离了人民，将自己的才能用在了错误的方向。解放战争时期，他主政的山东成了陈毅和粟裕主要的作战对象，也给解放军造成了巨大的损失。从个人能力上来说，他是一名优秀的军人，一名优秀的指挥员，战场判断与战略眼光要高于他的一些上级领导。但是国民党此时已经陷入了反人民的汪洋大海中，个人能力再高也只是犯罪的帮凶。具体来讲，莱芜战役输在了陈诚的好大喜功上，致使指挥判断出现重大失误，当然也不能排除战役本身筹划的不合理性；孟良崮战役，输在了国民党内部纷争与张灵甫的个人性格上，尤其是李天霞部见死不救，授意下面部队暂缓进攻，以报自己未当上这个王牌师的师长之仇。加之张灵甫个人性格较为急躁，没能处理好与其他师长的关系。济南战役，则是彻彻底底地败给了国民党不得民心的政策上，失败的结果不全是指挥的问题。

随着济南战役的结束，国民党已经处在岌岌可危之中，王耀武做了一次陪葬，也是可悲可叹。

第十章

改造重获新生
残生郁郁而终

开始被俘生涯，积极接受改造

　　继在山东寿光发生了由一张卫生纸而引发的被俘案之后，王耀武就被送往益都解放军军官训练团学习。有着黄埔嫡系和颇受委员长宠爱的国军高级将领双重身份，王耀武在国民党同僚中应该说还是享受着很高的礼遇和尊重，对于蒋介石的感恩和感谢在其日记中也体现得十分明显。因此起初在接受改造的战俘营内，一边喝着小米汤，嚼着窝窝头，一边接受着共产党对国民党和蒋介石的批判，王耀武应该是感到十分的不适应。可是没过多久，让世人难以理解的一幕出现了，王耀武"重获新生"了。他转变速度快到让人觉得不可思议。不过王耀武表现出来的"真诚"让人不得不相信他已经明智地站到了人民的一边。

　　至于南京国民党方面遭遇的场面就尴尬无比了，刚刚说王耀武转向快，到底快到什么程度呢？快到南京方面还没有接到他已经被俘虏的消息，他就接受完改造了。当时国民党内没有得到关于王耀武的任何信息，校长蒋介石凭着自己多年识人用人的经验判定，王

耀武一定是难报党国厚爱，杀身成仁了。可就当国防部正给他筹备追悼会之际，1948 年 10 月 19 日，被俘不到一个月的王耀武就接受新华社记者的采访，出现在共产党的广播里，畅谈其在解放区的观感，对共产党的宽大政策表示衷心感谢，宣扬共产党优待俘虏的政策和反对内战，这下可让蒋介石和他的同僚惊愕不已。

而更为甚者的是，不久，淮海战役开始，王耀武和其他十二名被俘将领开始向南京政府广播，其中特别提醒："徐州方面国民党军官兵们、同学们、同胞们，请你们把自己的前途盘算一下，求生存，还是等待死亡？如果要求生存，最好在战场上起义。"气得蒋介石听到王耀武的广播时，大叫无耻。"王耀武是我的学生，我待他不薄。他在我困难的时候却来反对我，还要下面的人也反对我，岂有此理！"

不过虽然国民党认为王耀武迅速变节，没有骨气，但他无论是交代材料还是在日常生活中，对蒋介石还是很客气的，从未辱骂和诋毁过校长。文强被俘后和王耀武关在一起，王耀武就问起文强校长对他的讲话有什么反应。不然怎么说王耀武没事找不痛快呢，明知道蒋介石平时最看重的就是军人的气节，对于投降求饶的败军之将一向是恨得咬牙切齿，还故意往上凑。果不其然，文强说："校长很生气，摔了收音机，还骂你是软骨头。"据说当时王耀武正在井旁打水，听后愣在那里，桶也掉进了井里，此后几天都魂不守舍，闷闷不乐。

很早以前，王耀武就曾给在上海的家人留话说："假如我有不测，你们可去香港，不要去台湾。"这是他的临别嘱托，所以王耀武的妻子郑宜兰就带着他们的九个孩子从上海去了香港。事实证明王耀武是一个明白人。据说后来蒋介石身边有人曾提议把王耀武家人全部"弄死"，所幸的是，蒋介石并没有同意。

256

据王耀武的女儿王鲁云回忆："说到去香港，我记得很清楚是坐飞机。当时我们没钱买去香港的机票，困守在上海。上海的物价飞涨，钱贬值得太快，上午一小篮子的钱可以买一个面包，下午就必得用一个大篮子的钱去买了。终天有一天，有人敲门，进来一位父亲的副官，他说：'王将军是对我有恩的人，我无论如何也要让你们顺利去香港。'结果我们就坐上了军机。香港混杂得不得了，那里不只有中国人，有各个国家的各色人等。父亲曾嘱咐我们不要说从哪里来，不要暴露自己的身份，我们很谨慎的。当时我们都在念书的年纪，都去上了学。我们只有很少的钱，一家人挤在一个大房子里，出门坐公交车。九个孩子要吃饭，衣服倒还在其次，毕竟九个孩子都有校服。父亲被俘，没人理我们了。我们过得很艰难。在香港，全家还想着要救父亲，曾经上过当地人的两次当，花了两三万元，后来就算了，毕竟还有那么多的孩子要吃饭，而且也没有大数目的钱。"

其实对于王耀武在接受改造中转向如此之快，很多人都曾做过猜测，我觉得莫外乎以下几点：第一，认清国民党未来走向。所谓识时务者为俊杰，历史上名将虎将战败后归降的多了去了，并非每一个军人对着自己效忠的政权都是死忠。尤其是王耀武在国民党高层沉浮多年，亲眼目睹了国民党内部派系斗争、贪污腐化、结党营私等丑恶现象，对于国民党和国民政府已经没有感情可言，更觉得没有效忠的必要，因此在接受改造时也就顺水推舟。

第二，是实际情况所决定的。当年有着那么明显的兵力和武器优势，国民党都没能成功"剿灭"共产党，解放战争中同样有着全套美械的国军部队一样一败涂地，作为一个有着政治远见的将领，王耀武已经看到了共产党在中华大地上无法抵挡的席卷之势。历史的车轮无法阻挡，与其螳臂当车不如顺应潮流，而且也能少受些皮

257

肉之苦，何乐而不为呢？尤其是后来王耀武被送去战犯监狱，因为表现突出而提前释放更加说明了这一点。最后，也是最重要的一点，王耀武本身丝毫不想打内战，自己也是无奈之举。如果没有这么一点支持，或者说如果王耀武是类似国民党顽固分子那样，坚决反共，坚决内战，那么即使其他理由再充分，他的转向也是说不通的。

关于这一点，在抗战结束后，王耀武就表现得很明显。1945 年抗战刚刚结束，内战一触即发。当时的王耀武从内心来讲并不愿再带兵打内战，曾想混进政界。也曾有朋友劝他，既然是功成名就，不如急流勇退，既可以抗日名将的身份流芳百世，也可同家人团聚。如涉入内战，恐将前功尽弃。在国民党内部摸爬滚打这些年的王耀武略一思索，认为友人所见确是肺腑之言，于是还没等蒋介石交付新的任务，立即称病请假，迅速住进了武昌的一家医院。蒋介石闻讯之后连发函电慰问，并派专机接他飞往重庆。

在王耀武的《自述》里曾记录了到重庆见到蒋时的一段对话：

蒋问："看你气色、精神都很好，你有什么病？"

王答："胃病咯血，这是多年饮食起居失常的缘故。"

蒋说："休息休息，生活一正常，不久会好的，日军虽赶出去了，可还有内患，共产党和我们能合作吗？内战还是要打的。时局能让你休息吗？你知道济南很重要，派别人去难以胜任，你是山东人，我认为你去最为相宜。你不要怕困难，我一切都有办法。"

就这样王耀武在蒋氏恩威兼施之下，不敢违拒，于是接受了命令。

除此之外，还有一件事也能证明，就是王耀武在抗日战争中多次带领部队冲锋陷阵，并号召手下将士以死报国，面对日寇丝毫不惧，视死如归。但解放战争中尤其是在济南兵败时，王耀武对手下人说内战此役不必赴死，让所剩无几的手下各自散去逃命，自己也

化装成农民试图逃逸。由此看出，王耀武自己在心中也知道抗战和内战的截然不同，在心底里对内战也没有丝毫狂热和忠诚。

淮海战役之后，国军兵败如山倒，战俘团里国民党高级将领在此越聚越多。有感于此，在1949年春节时王耀武很幽默地写了一副对联：

上联：早进来晚进来早晚进来。

下联：早出去晚出去早晚出去。

横批是：你也来了。

新中国成立后，王耀武作为主要战犯移送北京功德林。刚开始在功德林改造时，他的思想还有顾虑，毕竟自己曾与共产党人兵戎相见，不管是在"剿共"期间还是在内战战场上，自己的手上都沾上了共产党人的鲜血。后来是毛泽东叫罗瑞卿转告他说："你功是功，过是过。你的抗日功劳我们共产党人是会永远记住的，只要你安心改造，你很快就会回到人民中间的。"

王耀武听后十分感动，此后他是管理所中改造最积极的人之一。因为表现越来越好，很快也得到共产党领导的信任，委他以学习委员的要职，比别人有更多的活动自由，可以挨门派报纸送信串门。同时王耀武也深知自己这么做，必定会受到国军其他人的鄙夷，因此脾气也变得出奇的好。当时一些国军将领不齿他在共产党面前的表现，故意欺负他。有一次一个军长把王耀武洗好的衣服拿走，把自己的脏衣服放在他床上，因为制服每人只有一套，洗衣服又有固定时间，王耀武只好穿脏的，虽然有人发现并告诉了他，他也只是一笑了之。在广场上晾衣服，有人故意把他的衣服扔到地上。王耀武养了两盆花，被人故意浇开水给烫死了，他也没说什么。最有意思的是有一次小组会上，有人竟揭发王耀武在睡觉的时候经常说梦话骂人，咬牙切齿地喊着，肯定是对共产党心怀怨恨才在梦里表现

出来。给王耀武吓得够呛，还好管理干部并没有相信，反而批评了揭发者。就这样，在监狱里晃晃荡荡过了大约十年。1959 年，王耀武因为积极改造、表现突出，与杜聿明、宋希濂等十人获得第一批特赦释放。先去京郊的红星农场劳动，学习果树嫁接，每月工资六十元。后任政协全国委员会文史资料研究委员会专员，工资升为一百元，在当时可算是绝对的高薪。在文史研究会他撰写了四十多万字的回忆资料，算得上是多产的一个。1962 年，他开始负责审阅各地寄来的文史稿件，对于来之不易的工作，王耀武十分珍惜，工作上也严肃认真，细致负责，截至 1966 年，共审阅了近二百万字的稿件，工作成绩也获得了上级的表扬。1963 年至 1964 年间，他还多次参与国庆等重大活动，在中南海和颐和园多次受到周恩来等国家领导人的热情接待。闲暇之余，参观东北、西北、华东、华中各地工业建设，巡视各省建设状况。1964 年王耀武又与杜聿明、宋希濂、范汉杰、廖耀湘、溥仪等同被特邀为全国政协委员。

晚年父女喜相逢，不堪惊吓早殒命

更值得一提的是在 1965 年，王耀武还得以和自己在香港的子女见了一次面。当时是周恩来总理在一次与王耀武的会面中聊到他的子女都在哪里，王耀武回答说在香港。周总理就问王耀武想不想和子女见一面。这一问让当时的王耀武很惊讶，半天没张开嘴。毕竟作为一个被俘虏的战犯，能够获得自由就已经十分不易了，政府还要安排自己与子女相见，简直是想也不敢想的事情。

不久，周总理就联系上香港的《大公报》社长费彝民。当时王耀武子女隐居在香港，相当之低调，几乎没有几人知晓，但费彝民

凭着其广泛的人脉和多年从事新闻事业的敏锐嗅觉还是找到了王耀武的女儿王鲁云一家。王鲁云带着自己的大女儿，当时只有七岁的黄惠珍一起踏上了北上的旅途。

据王鲁云回忆："我们坐火车去了广州，又坐飞机去了北京。在通关的时候，检查人员要打开我们的箱包，费彝民（也许是他手下）以手轻轻按住我们的箱包，对检查人员说：'不要开。'于是我们一路很顺利。当时北京之行的心情其实是很害怕的。北京街灯很暗。是一个大冷的天，人们都穿着很朴素的棉袄。"

到了宾馆，王鲁云的心情依然很紧张。她见到了杜聿明、郑洞国、宋希濂、廖耀湘等五六个旧时的伯伯。王鲁云将自己从香港带去的烟、肥皂、牙膏、牙刷、花生米、糖果每份一兜，送给他们。这些东西在当时的北京，还是很稀罕的。"他们以前可都是将军、司令、大指挥官啊！现在他们统一穿着人民装，拿着我送的礼物，都高兴得不得了。我心里很是感慨。"

王鲁云当时心疼难过，但又不想让父亲知道，就努力忍着，"爹爹……"她叫了出来，王耀武应声还是一口的山东泰安口音。时隔多年，父女相见，无论是当年驰骋沙场的王耀武，还是现在已为人母的王鲁云，都是泪眼婆娑。"哥哥好吗？妈妈呢？家人都过得怎么样？""你在这（那）边生活还好吧？"都是一些家长里短，却无处不透露着人间最真挚的情感。当时王耀武已经得了帕金森病，但精神状态总体还算好，医生也让王鲁云从香港买一些药来。这次见面只有一周时间，十分短暂，但毕竟见到了自己的亲人，不管是王耀武，还是王鲁云，心里还是颇感安慰。

而郑宜兰，也就是王耀武的妻子、王鲁云的母亲，后来与王耀武离了婚。离婚是郑宜兰提出的，是为了让王耀武能够在北京找一个人来照顾他。离婚之后她就到了中美洲。1981年1月11日因胃出

血去世，终年七十三岁。

1966 年冬，在周恩来的关心下，经人介绍，已经离了婚的王耀武与北京 82 中退休教师吴伯伦结婚。婚后老两口过得虽然平淡但还算安逸。

王耀武原以为可以顺利地度过余生，可惜不久"文革"开始了。

"文革"刚开始时，主要的对象是党内的"走资派"，还没人理他们这群早已过了气的战犯。此时政协的活动已经暂停，每天他们上午写交代材料，下午学习，时不时地接待一下外调人员对一些中共高官的调查，日子还算过得去。1968 年开始党内的"走资派"基本都打倒了，红卫兵们开始对这些历史反革命分子清算了。北京当时还算好，主要是批斗国民党特务系统的高官，对这些军人还算客气，但抄家还是免不了的。王耀武已经开始提心吊胆了。

1968 年某日，因为方志敏的问题，他被拉去给康泽陪斗。当时康泽已经有病，站都站不稳了，但还在台上被红卫兵用皮带、棍棒打得不省人事。王耀武虽然没挨打，却大受惊吓，想到方志敏是死在自己手里的，济南战役时又打死了那么多解放军，还不知道以后这些红卫兵怎么对自己。这么自己一吓唬自己，当时精神就崩溃了，被人搀回家时已经人事不省了。回家后口吐黑水，高烧数日不退，家里人赶紧送到北京人民医院，但那时的医院已经乱成一锅粥了，几天后一代名将王耀武因多器官衰竭而逝世。

有意思的是康泽虽然挨了打，却没有什么事，几天后周恩来安排人以生病的名义将他送进医院，一直住到病逝。以至事后曾有人谈到这事时说：挨斩的没事，陪斩的倒给吓死了。

1980 年 7 月 29 日，在拨乱反正的大潮中，中共中央统战部、全国政协为王耀武与溥仪、廖耀湘三人补开了追悼会，置骨灰于北京八宝山革命烈士公墓。当年王耀武眼中的"共匪"最终还是没有忘

记这个抗日虎将，还给了他一个公道。

　　纵观王耀武一生，"剿共"刽子手、抗日名将、党国罪人，各种评价纷至沓来；圆滑世故、见风使舵、改造自新等等，各种说法不一而足。从中华民族历史的高度来看待王耀武，应该对其进行真实还原，正如毛泽东所说，"功是功，过是过"，王耀武确实为中华民族的抗战立下汗马功劳，并在晚年认清了大是大非，投入人民怀抱。对其一生，我们应给出一个公允的评价，既不能因其过而否定其功，也不能因其功而掩盖其过。

　　立过大功，犯过大过，勇敢自新，自我救赎，这就是真实的王耀武。

后　记

　　人物传记是研究了解历史人物的一把钥匙。王耀武是重要的军事历史人物。他的一生跌宕起伏，是土地革命战争、抗日战争、解放战争时期的亲历者和参与者，也见证了新中国成立后的国家发展历程，既有抗击日本侵略的功劳，也有镇压革命运动的大过。为直观翔实地展示王耀武的传奇一生，我们集合有关研究人员进行了书稿的撰写。承担本书撰稿活动的有汪玉明（国防大学政治学院）、车志慧（河海大学马克思主义学院）、曾庆豪（中国人民解放军陆军某部）、张广杰（青岛农业大学人文学院）、赵筱侠（浙江海洋大学人文、教师教育学院）、屈胜飞（浙江工业大学）、刘佳意（陆军第七十九集团军某部）等。其中，曾庆豪、车志慧、刘佳意承担了部分校正任务，全书由汪玉明负责统稿。由于作者研究水平所限，编写过程中难免有所疏漏，敬请读者批评指正。

图书在版编目(CIP)数据

王耀武传／汪玉明，车志慧，曾庆豪著. —— 北京：中国文史出版社，2020.4

ISBN 978 - 7 - 5034 - 9796 - 4

Ⅰ. ①王… Ⅱ. ①汪… ②车… ③曾… Ⅲ. ①王耀武 (1904 - 1968) - 传记 Ⅳ. ①K825.2

中国版本图书馆 CIP 数据核字(2017)第 286085 号

选题企划：萧　笛　段　冉
责任编辑：卢祥秋

出版发行：**中国文史出版社**

社　　址：北京市海淀区西八里庄 69 号院　　邮编：100142

电　　话：010 - 81136606　81136602　81136603（发行部）

传　　真：010 - 81136655

印　　装：廊坊市海涛印刷有限公司

经　　销：全国新华书店

开　　本：720×1020　1/16

印　　张：17　　　　字数：175 千字

版　　次：2020 年 4 月第 1 版

印　　次：2020 年 4 月第 1 次印刷

定　　价：63.00 元